江西历史文化研究工程丛书

本书系江西历史文化研究工程省社科基金专项
"江右墨林：江西历代书画家名录"（22ZXLS04）的最终成果

江右墨林
江西历代书画家名录

苏 牧 —— 编著

江西人民出版社

图书在版编目（CIP）数据

江右墨林：江西历代书画家名录 / 苏敉编著.
南昌：江西人民出版社，2024.10.--（江西历史文化研究工程丛书）. -- ISBN 978-7-210-15755-7

Ⅰ. K825.7

中国国家版本馆 CIP 数据核字第 2024SG8246 号

江右墨林：江西历代书画家名录
JIANGYOU MOLIN: JIANGXI LIDAI SHUHUAJIA MINGLU

苏敉　编著

| 策 划 编 辑：王一木 |
| 责 任 编 辑：张志刚 |
| 封 面 设 计：游　珑 |

江西人民出版社 出版发行
Jiangxi People's Publishing House
全国百佳出版社

| 地　　　址：江西省南昌市三经路 47 号附 1 号（邮编：330006） |
| 网　　　址：www.jxpph.com |
| 电 子 信 箱：jxpph@tom.com　　web@jxpph.com |
| 编辑部电话：0791-86898873 |
| 发行部电话：0791-86898815 |
| 承　印　厂：江西千叶彩印有限公司 |
| 经　　　销：各地新华书店 |

| 开　　本：787 毫米 × 1092 毫米　1/16 |
| 印　　张：24 |
| 字　　数：355 千字 |
| 版　　次：2024 年 10 月第 1 版 |
| 印　　次：2024 年 10 月第 1 次印刷 |
| 书　　号：ISBN 978-7-210-15755-7 |
| 定　　价：68.00 元 |
| 赣版权登字 -01-2024-579 |

版权所有　侵权必究

赣人版图书凡属印刷、装订错误，请随时与江西人民出版社联系调换。
服务电话：0791-86898820

序 一

我在江西师大教美术史期间，经常遇到两类人的询问。一类是美术史论专业的研究生，他们的问题是：自古至今，还有哪些江西籍书画家值得去挖掘和研究？另一类是本地的收藏家，当他们获得一件江西先贤的作品时，总希望更详细地了解作者的生平和艺术成就，而"万能"的网络往往无法满足他们的需求。当然，以我的浅陋，每每也要让他们失望。这便使我不得不对自己的"江右文化"这一地方性知识存量做一检讨。

自从到了江西，我经常会向外省人介绍江西历史文化之盛况，一遍遍重复"俊采星驰""文章节义之邦"之类的说辞。可是当要列举文化名人时，也仅仅限于陶、欧、王、文等数十位广为人知的大佬。尽管夸吉安时会说"隔河两宰相，五里三状元"，但具体指的是谁，却未必尽知；或者以"无才莫入抚州门"赞叹临川乃"才子之乡"，而一旦有人愿闻其详，只能顾左右而言他。坦白说，我对江右先贤的了解其实很有限，而且视野也比较狭隘。即便于书画方面，情况并没有好多少。除了对黄山谷、方从义、八大山人、罗牧、傅抱石等著名书画家略知一二外，并不能就邓子龙的书法、李秉礼的兰竹之类更为具体的知识有所述评。

我不知道有多少人有类似的感受，但我与美术专业研究生及本地收藏家们一样，对江右先贤无比敬仰，都希望有一部相关的书，当我们遇到问题时，可以提供答案，哪怕只是一些简单的线索。令人欣喜的是，这样的书终于要面世了，其作者便是我的好友苏敉先生。

苏敉先生表面身份是设计师、画家和教授，其实又都不怎么"究竟"。作为设计师，他因不轻易向甲方妥协而难得"大项目"；作为画家，他那古意盎然的文人山水也难取悦主流展览评委的法眼；作为教授，他从未曾填满过考核表上的所有栏目。然而他总能举重若轻地超越这些身份，不刻意追求世俗意义上的"成功"，却善于抓住最核心的部分：做设计简洁明了、寓意深远，画画则笔墨高古、格调清雅，教学生从不拘泥于一件作品、一篇文章，而特别强调"多读多想"。一言以蔽之，他关注的是艺术与学问本身，而不在乎外在的名分。恰恰是这样的苏敉，最适合编写这样的《江右墨林》。

编书从来是吃力不讨好的事情。"吃力"是指不易。为了编好一本书，作者往往要在数百种书籍中搜寻、筛选，若遇抵牾处，还要进行一番考辨。《江右墨林》所参考的文献有数百种，尽管今天有各种各样的搜索工具，但一条条摘录出来，也是一件极为枯燥的事情。而一些著名书画家如八大山人、傅抱石一类，分别有几十种文献涉及，甄别、筛选更是一项苦差事。因此编书者不仅需要学养，还需要定力，非一般人所能为。况且，经过多年的冷板凳功夫，终于付之梨枣，结果却常遭忽视——在当下官方的评价体系中，编著常常不被认定为学术成果。因此，大多数体制内学者不愿为之。此即"不讨好"。苏敉先生是体制内的"非典型"学者，他从不斤斤计较于业绩表中的数字，更不囿于所谓的"科研成果"，他曾说："对中国当下的文字出版工作者而言，有编者、译者、注者、作者之别，其价值我认为也应该以此为序。"在他看来，"编"比"著"要有意义得多。所以，多数人不愿做的事，他却乐此不疲。

我们应该感谢苏敉先生的这份淡定，因为《江右墨林》的出版，为江西美术史的研究添上了浓重的一笔，书中所录一千多个大多陌生的名字，不仅为美术史专业学生和收藏家提供帮助，也使我们印象中先贤的概念变得更加具体而丰富。

有了《江右墨林》，我也少了一种尴尬。下次若再有人问及江西书画先贤，我必定会说：我回答不了你的问题，但有一本书也许可以给你答案。

吕作用

2023 年 8 月

序 二

江西自古有"物华天宝，人杰地灵"之誉。众所周知的唐宋八大家江西占其三，其他如朱熹、陆九渊、杨万里、姜白石、文天祥、汤显祖等，可谓名家辈出，不胜枚举。因此宋代有"区区彼江西，其产多贤才"，明代有"翰林多吉水，朝士半江西"之谚。在传统书画领域，江西虽不如其文学史上那样贤才荟萃、俊采星驰，也似乎不及邻近的江浙皖一带传承有序、画派林立，但因其独特的地理位置和良好的人文环境，逐渐形成了独具特色的书画艺术史景观。

江西书法最早可追溯到魏晋南北朝时期，陶侃、熊远、胡谐之等人濡染翰墨，成为江西文化史上最早的书法家。早期最有影响的书法家是唐代虔州（今江西赣州）人钟绍京。据记载钟绍京嗜书成癖，不惜破产求书，家藏王羲之、王献之、褚遂良真迹数百十卷。更有小楷名作《灵飞经》传世。其笔法源自王羲之、王献之，而又改削了王书的斜侧雅朴，显得十分成熟、精巧。明代董其昌在其《画禅室随笔》中说"绍京书笔法精妙，回腕藏锋"最负盛名。现记载最早的江西籍画家是唐代南昌人孙鲂之父，《唐诗纪事》载："鲂父，画工也。"虽只有数字，但已足以说明其身份。唐高祖第二十二子李元婴，封滕王，永徽四年（653）迁洪州（今南昌）都督，修建滕王阁，唐张彦远《历代名画记》、宋郭若虚《图画见闻志》和《宣和画谱》中均有记载"滕王善画"，宋代朱景玄曾经评价曰："能巧之外，曲尽精理，不敢第其品格。"

五代南唐时，因中主李璟一度迁都南昌，又雅好文艺，造就了此地一时名家辈出的局面。董源、巨然均为钟陵（今进贤）人，董源开辟了"平淡天真"的江南山水画派，运用披麻皴和点苔法表现江南一带的自然风貌，传为董源的作品有《夏景山口待渡图》《潇湘图》《龙宿郊民图》等。巨然是传承并扩展了董源山水画风的第一人，米芾《画史》中记载："巨然师董源，今世多有本,岚气清润,布置得天真多。"元人汤垕《画鉴》云:"得元(董源)之正传者,巨然为最也。"画史上将他们并称"董巨",其成就对后世山水画家产生了极大的影响。同为钟陵人的徐熙,世仕南唐,为江南名族,一生以高雅自任而不肯出仕。徐熙善画花竹、禽鱼、蔬果、草虫,他一反唐代以来流行的晕染赋色,另创一种落墨的表现方法。宋代沈括在《梦溪笔谈》中形容徐熙画"以墨笔为主,殊草草,略施丹粉而已,神通迥出,别有生动之意。"与西蜀黄筌并称"徐黄",谚曰:"黄家富贵,徐熙野逸",两派气息不同,各自胜致,为历代所宗。

宋代是江西文化走向辉煌的时期,有影响的书法家大多是上层文人士大夫,如刘敞、欧阳修、曾巩、王安石、黄庭坚、朱熹、杨万里、周必大、姜夔等。其中欧阳修、朱熹、姜夔在书法理论上很有建树,黄庭坚在书法理论和书法创作上成就巨大,名列"宋四家",影响极为深远。绘画方面有画龙见长的陈容和画梅著称的扬无咎,他们都是文人出身的"士夫画"的代表。而与之相对的宫廷画家中也有江西人厉昭庆、韩祐等。

元代江西儒学、道教兴盛,揭傒斯、范梈、虞集、饶介等文人书法家多是饱学之士。贵溪龙虎山是正一道的祖庭,这里历代张天师多善书画。另有上清宫道士方从义,擅画云山墨戏,曾出游大江南北,广结达官名士,黄公望称其"高旷清远,深入荆(浩)关(仝)堂奥",明代画评家王世贞论其画与高克恭、倪瓒等人同列为"品之逸者也"。方从义在元代乃至整个中国绘画史上都有相当影响。

明代江西因科举发达,又迎来一个文化昌盛的高峰期,大批翰林进士出身的书法家身居高位,影响深远,如危素、胡俨、解缙、杨士奇、严嵩、胡广等。明代江西画家虽人数不少,但名之著者阙如,仅徐敬、郭诩、陈汝言数人差堪一记。至明末清初,江西画坛经过较长时间的平缓期,终于迎来了又一个高峰,出现了八大山人、罗牧以及"江西派"。八大山人在中国美术史上的地位已经是毋庸赘言了,他把写意文人画的笔墨境界推进到一个新的高度,清人郑燮论之已是"名满天下",后世历代画家无不对之推崇备至,其画风和艺境风靡了中国三百年的画坛,至今不衰。罗牧与八大山人相识，但他交游更加广泛，从原籍宁都侨居南昌，后又云游江浙，结识龚贤、恽寿平等名家，晚年回南昌和八大山人、朱容重、彭士谟等组织"东湖书画会"，交游、雅集、诗书唱和，渐成"江西派"。清张庚《浦山论画》云："罗饭牛崛起宁都，挟所能而游省会，名动公卿，士夫学者于是多宗之，近谓之江西派。"如果说罗牧是开创"江西派"的一代领袖，那八大山人无疑可称得上代表了"江西派"最高水准的一面旗帜。清中期江西画家名之著者虽不多，然皆能各呈其艺，"金陵八家"之一的金溪人吴宏，"扬州八怪"之一的南昌人闵贞，曾在乾隆朝为宫廷画院待招的分宜人万上遴等皆为一时之选。

晚清民国，西风东渐，康有为将以"四王"为代表的中国正统绘画批评为历史的糟粕，提出应以"合中西"的方式改造中国画。在"数千年未有之变局"的中西思想碰撞中，江西的文人士子在艺术道路上却不约而同地选择了维护国粹的传统派。临川人李瑞清可谓是以坚守文化传统为己任的杰出代表。光绪二十一年（1895）以进士入翰林，后任南京两江优级师范监督，兼江宁提学使，辛亥革命起时出任江苏布政使。清亡后，李瑞清寓居上海，自号"清道人"，精研书画，其书法擅长大篆、隶书、行草和北碑，自成面目，风行一时。"义宁陈氏"的杰出代表陈师曾在《文人画之价值》提出文人画的人品、学问、才情、思想四要素来回应革新派。陈师曾是中国近代美术史上一位杰出的画家和美术教育家，在诗文、书法、花鸟画、人物画和山水画以及中国绘画史论方面均取得了突出的成就。梁启超称他是"现代美术界具有艺术天才、高尚人格、不朽价值的第一人"。

近现代以来，江西画坛依旧名家辈出，出生在南昌的新余人傅抱石，早年在南昌读书时就显露出非凡的艺术才华，后得资助留学日本，回国后辗转上海、重庆、南京，探索出以写生改造中国画的道路。傅抱石是我国"新山水画"的代表人物，中华人民共和国成立后，曾任中国美术家协会副主席、江苏省国画院院长等职务。由于他长期对真山水进行体察，善用浓墨、渲染等技法，把水、墨、彩融合一体，其独创的"抱石皴"雄辩地印证了继承与创新的关系，墨象奇幻、变化丰富，由此达到大气磅礴、独树一帜的艺术效果。傅抱石还是一位博大精深的学者，其毕生著述二百余万字，涉及文化的各个方面，一生致力于中国画和美术史的创作与研究，在尊重古人、继承传统的基础上大胆探索，为中国画的创新和发展做出了宝贵的贡献。与此同时，南昌人黄秋园一生足迹基本未出江西，坚持以民间画家的身份从事绘画创作。先生远离名利，不求闻达，在绘画方面多能兼善，山水、花卉、人物、界画无所不工，其在淡泊中获得了主体自由，并寻得了以"秋园皴"为其艺术特色的山水画风格，虽生前寂寂，但人亡业显，当代许多艺术大家如李可染、刘海粟、黄君璧等人对黄秋园的成就都给予了极高的评价。

可以肯定地说，在这些有幸被记录下来的闪亮的名字背后，在历史的大片灰色地带，还存在着大量的同样值得被铭记的书画家群体。正如丹纳在《艺术哲学》中的观点：伟大的艺术家不是孤立的，而只是一个艺术家家族的杰出的代表，犹如百花盛开的园林中的一朵更美艳的花，一株茂盛的植物的一根最高的枝条。这些"最高的枝条"因他们的名字在美术史教科书中出现而被人反复提及，他们的作品在各大博物馆中珍若拱璧而被人时时瞻仰。反之，那些不那么高的"枝条"，由于长期处在历史的阴影中不被人关注，而有归入忘川之虞。

近些年来，随着人们生活水平的提高，精神生活日益丰富，收藏之风日盛。许多散落在民间的先贤遗墨被有心人收集起来，一些当年名噪一时如今渐行渐远的名字又重新被人提起。环顾江西周边省份，早有专门记录一时一地书画名人的工具书，如《益州名画录》《海上墨林》《岭南画征略》《扬州画苑录》等等，为研究传播地域文化发挥重要作用。江西号称文化大省，古往今来有着丰富的地方名人资源和历史文化积淀，但至今仍没有专门介绍江西历代书画名人的书籍，诚为憾事。有鉴于此，我们做此基础性搜集整理工作，以为引玉之砖。然上古先秦，史籍匮乏，搜罗不易。而近现代以来，擅长书画者人数众多，多有不见于著录者。仅就见闻所及，量为收录。虽竭力尽善，仍不免纰漏疏误，还望众方家不吝教正。

苏敉

2023年8月

凡 例

一、本书收集整理了历代江西籍书家、画家的名讳与生平。或祖籍或原籍，只要有文献记载，无论其后来宦游何方，皆属辑录之列。另有部分虽非江西籍，但经年常驻或卒于江西，负有书画之长者，亦予以载录。

二、本书所指江西，是以当前江西省行政区域为准。书画家之籍贯地名，除现仍沿用外，均在括弧中注明今地名。

三、本书所录人物上起晋唐，下至近现代。谨依生存不录之例，凡生于公元1949年以前，且2000年以前离世者，均在辑录之列。

四、本书所录以书画家为主，另有长于雕刻、陶艺、瓷画及近代之油画者，视其成就及影响，酌情收录。而近现代各领域名人中，有书画一技之长者亦尽量收录。

五、本书所录一般以姓名为依据，然往往有以字号通行于世，又广为人知者，如八大山人，原名朱耷，则依惯例以号录入。凡僧道人物，或女性皆在词条中注明。

六、各人物生卒时间有据可查者均予以标明，知其大约者加"约"字表示，不知生或卒年者代以"？"，生卒年皆不详者一律省略。

七、各人物姓名之后，标明所属朝代，两朝交界之人物，有生于前朝而成名于后朝者，有仕前朝而后朝尚存者，一律依书画史之惯例。如方从义虽卒于1393年，已入明朝，但在元时已成名，画史中一般认其为元朝人。八大山人生于明末，但主要活动在前清，故依惯例归于清朝。

八、所录人物之简介文字，尽量依据现有史料，综合各家之说，并依据其成就及影响，结合远略近详原则，详略不等。

九、采录前贤，依据府志县志、史书典籍及多种艺文书画名人录等，资料来源均分注各条之下，以备查考。

十、本书编排以朝代为序，同一朝代中按姓氏拼音字母顺序排列。同姓名者均分别单独列出，依出生年代为先后。

目　录

晋

范宣…………………… / 001

陶侃…………………… / 001

熊远…………………… / 002

张野…………………… / 002

南北朝

胡谐之………………… / 003

张孝秀………………… / 003

唐

楚珍…………………… / 005

崔希真………………… / 005

韩覃…………………… / 005

霍仲初………………… / 006

李渤…………………… / 006

李元婴………………… / 007

卢肇…………………… / 007

舒元舆………………… / 007

孙鲂父………………… / 007

陶玉…………………… / 008

吴彩鸾………………… / 008

云轲…………………… / 008

钟绍京………………… / 008

五代

蔡润…………………… / 010

曹仲玄………………… / 010

董源…………………… / 011

贯休…………………… / 012

巨然…………………… / 013

李颇…………………… / 013

宋齐丘………………… / 013

徐崇嗣………………… / 014

徐熙…………………… / 014

浔阳画工……………… / 015

宋

艾宣…………………… / 016

蔡规…………………… / 016

蔡宏…………………… / 016

陈格…………………… / 016

陈景元………………… / 017

陈康伯………………… / 017

陈容	/ 018	慧上人	/ 030
陈阳	/ 019	骞亿	/ 030
戴道成	/ 019	江陵	/ 031
德源	/ 020	姜夔	/ 031
德正	/ 020	孔文仲	/ 031
德止	/ 020	李常	/ 031
邓增	/ 020	李格	/ 032
丁野堂	/ 021	李彭	/ 032
董史	/ 021	李千能	/ 033
杜良臣	/ 021	李氏	/ 033
甘叔异	/ 021	李思聪	/ 033
韩祐	/ 022	李仲宁	/ 033
颢彬茂	/ 022	厉昭庆	/ 034
洪刍	/ 022	连鳌	/ 034
洪迈	/ 022	刘攽	/ 034
洪适	/ 023	刘敞	/ 035
洪遵	/ 024	刘琮	/ 035
胡达孝	/ 025	刘道士	/ 035
胡铨	/ 025	刘梦良	/ 036
胡则参	/ 026	刘讷	/ 036
黄乘	/ 026	刘清之	/ 036
黄大临	/ 027	刘兴祖	/ 036
黄石老	/ 027	刘延世	/ 037
黄庭坚	/ 027	陆九龄	/ 037
黄幼安	/ 029	罗士友	/ 037
黄知命	/ 029	聂子述	/ 037
回喑者	/ 029	欧阳楚翁	/ 038
惠洪	/ 030	欧阳修	/ 038

裴煜	/ 039	萧资	/ 046
任询	/ 039	谢谔	/ 046
省肇	/ 039	谢枋得	/ 047
舒娇	/ 039	辛弃疾	/ 047
司马括	/ 040	熊方	/ 047
宋永年	/ 040	熊兴和	/ 048
太虚	/ 040	熊与和	/ 048
汤氏	/ 040	徐本	/ 048
汤叔用	/ 041	徐崇矩	/ 048
汤正仲	/ 041	徐梦莘	/ 048
汪逵	/ 041	徐友	/ 049
汪应辰	/ 041	晏殊	/ 049
汪藻	/ 042	扬季衡	/ 050
王安石	/ 042	扬无咎	/ 050
王寀	/ 043	杨安道	/ 051
王介	/ 043	杨邦乂	/ 051
王珉	/ 043	杨芾	/ 052
王雱	/ 043	杨万里	/ 052
王庭珪	/ 044	余安	/ 053
危道人	/ 044	余彦	/ 053
危和	/ 044	喻樗	/ 053
文天祥	/ 044	袁坰	/ 054
吴拱	/ 045	圆上人	/ 054
吴尚淘	/ 045	缘概	/ 054
夏竦	/ 045	曾布	/ 055
夏执中	/ 045	曾巩	/ 056
向子䛫	/ 046	曾宏父	/ 056
萧蒯	/ 046	曾几	/ 057

曾敏行	/ 057	董仲可	/ 068
曾三异	/ 057	笃列图	/ 068
曾纡	/ 058	杜本	/ 068
曾宰	/ 058	范梈	/ 069
曾肇	/ 059	范元镇	/ 070
张熹	/ 059	方从义	/ 070
赵昌甫	/ 059	冯寅宾	/ 071
赵蕃	/ 060	傅贵全	/ 071
赵乃裕	/ 060	傅若金	/ 071
赵汝愚	/ 060	傅同虚	/ 072
赵希棐	/ 061	高达善	/ 072
赵子云	/ 061	葛万庆	/ 072
郑同	/ 061	葛元喆	/ 072
钟传	/ 061	龚观	/ 073
周必大	/ 062	桂梓	/ 073
周必正	/ 062	韩廉	/ 073
周利建	/ 063	何中	/ 073
朱松	/ 063	胡益	/ 073
朱熹	/ 064	夹谷希颜	/ 074
朱在	/ 065	江汉	/ 074

元

		蒋惠	/ 074
艾斐	/ 066	揭汯	/ 074
程大本	/ 066	揭傒斯	/ 074
程棋	/ 066	黎仲瑾	/ 075
程钜夫	/ 066	李申伯	/ 075
大忻（大欣、大䜣、大诉）	/ 067	刘髚	/ 075
邓宇	/ 067	刘道权	/ 076
董朝宗	/ 068	罗稚川	/ 076

吕天泽	/ 076	叶瓛	/ 083
倪中	/ 076	余诠	/ 084
欧复	/ 077	余襄	/ 084
欧阳玄	/ 077	虞集	/ 084
皮槃	/ 077	张去偏	/ 085
饶介	/ 077	张嗣成	/ 085
盛熙明	/ 078	张嗣德	/ 086
孙履常	/ 078	张羽材	/ 086
滕㻞	/ 078	郑樗	/ 086
汪从善	/ 078	周伯琦	/ 086
汪泽民	/ 078	周愚	/ 087
王龙泽	/ 079	周宗仁	/ 087
王胜甫	/ 079	朱璠	/ 088
王庭钰	/ 079	朱公迁	/ 088
维翰	/ 079	朱振	/ 088
吴澄	/ 079	祝蕃	/ 088
吴亮采	/ 080	祝玄衍	/ 088
吴全节	/ 080	邹伟	/ 089
吴霞所	/ 080	**明**	
吴正道	/ 080	蔡世新	/ 090
熊梦祥	/ 080	曹寿	/ 090
熊朋来	/ 081	陈继	/ 090
熊太古	/ 082	陈鉴	/ 091
熊进悳	/ 082	陈敬止	/ 091
薛玄曦	/ 082	陈宽	/ 091
严凯	/ 082	陈谟	/ 092
颜辉	/ 083	陈汝言	/ 092
杨元正	/ 083	陈汝秩	/ 093

陈肃	/ 094	何乔福	/ 102
陈修	/ 094	何乔新	/ 102
陈仲美	/ 094	何震	/ 103
程福生	/ 095	何宗	/ 103
程辂	/ 095	洪钟	/ 104
程魁	/ 095	胡皋	/ 104
程琐	/ 096	胡广	/ 104
程瑎	/ 096	胡杰	/ 105
戴珊	/ 096	胡锦辂	/ 105
邓文明	/ 096	胡泰	/ 105
邓子龙	/ 096	胡唯	/ 106
丁文暹	/ 097	胡俨	/ 106
丁玉川	/ 097	胡钟	/ 106
杜环	/ 097	胡子昂	/ 107
费寀	/ 098	黄德明	/ 107
费宏	/ 098	黄懋谦	/ 107
费懋谦	/ 098	黄勉	/ 107
傅朝佑	/ 099	黄守一	/ 108
傅瀚	/ 099	计礼	/ 108
傅元澄	/ 099	江济	/ 108
甘彦	/ 100	姜济	/ 108
管珏	/ 100	揭枢	/ 108
郭汝宣	/ 100	揭云	/ 109
郭诩	/ 100	金本立	/ 109
郭岩	/ 101	金善	/ 109
昊十九	/ 101	赖汝迁	/ 109
何晒	/ 101	蓝文豹	/ 110
何萃亭	/ 102	蓝瑜	/ 110

雷瀛	/ 110	刘仲珩	/ 117
李汉	/ 110	柳济	/ 117
李穆	/ 110	龙铎	/ 117
李绍	/ 111	娄妃	/ 117
李时勉	/ 111	罗洪先	/ 118
李士实	/ 111	罗璟	/ 118
李珏	/ 112	罗伦	/ 118
李原明	/ 112	罗玘	/ 119
李祯	/ 112	罗钦顺	/ 119
李子长	/ 112	罗汝芳	/ 119
梁潜	/ 112	罗什	/ 120
林森	/ 113	罗素	/ 120
刘爆	/ 113	罗维善	/ 120
刘端阳	/ 113	罗小川	/ 120
刘锋	/ 113	罗性	/ 121
刘楫	/ 114	吕怀	/ 121
刘节	/ 114	吕夔	/ 121
刘进	/ 114	倪宗器	/ 121
刘麟	/ 114	聂大年	/ 122
刘朴	/ 115	潘峦	/ 122
刘荣	/ 115	潘中邦	/ 122
刘崧	/ 115	潘中孚	/ 122
刘廷敕	/ 115	庞叙	/ 123
刘挺	/ 116	彭时	/ 123
刘豢	/ 116	彭天禩	/ 123
刘一焜	/ 116	皮屿	/ 123
刘永之	/ 116	钱习礼	/ 123
刘漳	/ 117	丘霁	/ 124

璩幼安	/ 124	王艮	/ 131
璩之璞	/ 124	王洪	/ 131
瞿志高	/ 124	王家祥	/ 131
释来复	/ 125	王均玉	/ 131
舒芬	/ 125	王柯	/ 131
宋季子	/ 125	王礼	/ 132
宋九德	/ 126	王谦	/ 132
谭纶	/ 126	王士茂	/ 132
汤显祖	/ 126	王适	/ 132
陶贺	/ 127	王受	/ 132
童轩	/ 127	王艳真	/ 133
涂澂	/ 127	王英	/ 133
涂颖	/ 127	王猷定	/ 133
万象乾	/ 128	王真赏	/ 133
汪道全	/ 128	王直	/ 133
汪德予	/ 128	危瓛	/ 134
汪佃	/ 128	危进	/ 134
汪都	/ 128	危素	/ 134
汪徽	/ 129	吴伯理	/ 134
汪俊	/ 129	吴存	/ 135
汪来贤	/ 129	吴扢谦	/ 135
汪士芳	/ 129	吴均	/ 135
汪舜耕	/ 130	吴逵	/ 135
汪玄高	/ 130	吴勤	/ 135
汪佑贤	/ 130	吴山	/ 136
汪之宝	/ 130	吴雪崖	/ 136
王常	/ 130	吴应庭	/ 136
王纯	/ 130	吴余庆	/ 136

吴与弼	/ 137	许鸣鹤	/ 144
吴钺	/ 137	严嵩	/ 144
伍福	/ 137	杨德彪	/ 145
伍槩	/ 137	杨嘉祚	/ 145
夏言	/ 137	杨时乔	/ 145
夏之时	/ 138	杨士奇	/ 145
萧得周	/ 138	杨体秀	/ 146
萧端岳	/ 138	杨廷麟	/ 146
萧公伯	/ 138	杨胤	/ 147
萧士信	/ 139	杨子超	/ 147
萧以德	/ 139	杨遵	/ 147
萧于京	/ 139	叶昭	/ 148
萧于乔	/ 139	游观岳	/ 148
解缙	/ 139	游其耀	/ 148
解泰	/ 140	游日华	/ 148
解易	/ 140	游士衡	/ 148
解祯期	/ 140	游斯道	/ 148
谢子德	/ 140	游襄臣	/ 149
性朗	/ 141	游遵先	/ 149
熊鼎	/ 141	余本立	/ 149
熊概	/ 141	余德辉	/ 149
熊茂松	/ 142	余绍祉	/ 149
熊周	/ 142	余有道	/ 149
徐瑚	/ 143	余孜善	/ 150
徐敬	/ 143	俞行之	/ 150
徐琼	/ 143	俞可进	/ 150
徐文珍	/ 143	俞塞	/ 150
徐有道	/ 144	喻希连	/ 151

袁彬	/ 151	朱徽	/ 160
曾鼎	/ 152	朱鹭	/ 161
曾棨	/ 152	朱孟约	/ 161
詹伯麒	/ 152	朱谋㙔	/ 161
詹绍庆	/ 153	朱权	/ 161
詹希原	/ 153	朱重光	/ 162
张钓月	/ 154	朱自方	/ 163
张鹗祥	/ 154	祝世禄	/ 163
张焕	/ 154	邹缉	/ 163
张顺	/ 154	左赞	/ 164
张玄庆	/ 154	**清**	
张应雷	/ 155	八大山人	/ 165
张宇初	/ 155	蔡秉质	/ 166
张宇清	/ 156	蔡辂	/ 166
张羽	/ 156	蔡梅	/ 166
张子言	/ 157	蔡潄秋	/ 166
赵雪涛	/ 157	蔡紫琼	/ 167
赵子深	/ 157	曹德华	/ 167
郑克修	/ 157	曹秀先	/ 167
周忱	/ 158	车衮	/ 168
周颠	/ 158	陈宝箴	/ 168
周官	/ 158	陈超	/ 169
周仕	/ 159	陈凤翔	/ 169
周是修	/ 159	陈孚恩	/ 170
朱多煃	/ 159	陈其松	/ 170
朱多煴	/ 159	陈三立	/ 171
朱多炡	/ 160	陈世稌	/ 172
朱拱枘	/ 160	陈世宏	/ 172
朱洪图	/ 160	陈文长	/ 172

陈希增	/ 172	董桂敷	/ 181
陈希祖	/ 173	董练金	/ 181
陈禧	/ 173	董祥晖	/ 181
陈偕灿	/ 174	杜钧	/ 182
陈延恩	/ 174	范金镛	/ 182
陈岩	/ 174	方燮	/ 182
陈尧英	/ 174	封虬	/ 183
陈一元	/ 175	福宗	/ 183
陈一章	/ 175	傅金铨	/ 183
陈重莘	/ 175	傅任	/ 184
程涝	/ 175	高炳驯	/ 184
程刚中	/ 175	高路人	/ 184
程极	/ 176	高心夔	/ 184
程际云	/ 176	龚步瀛	/ 185
程履丰	/ 176	桂瑞藩	/ 185
程懋采	/ 176	桂中行	/ 185
程荣春	/ 177	郭道洪	/ 186
程万里	/ 177	郭古	/ 186
程学恂	/ 177	郭梦琴	/ 186
程岩	/ 178	郭仪霄	/ 186
程英照	/ 178	何宾笙	/ 187
程永康	/ 178	何象宾	/ 187
程志和	/ 178	贺璠	/ 187
戴嘉德	/ 179	贺桂	/ 187
戴衢亨	/ 179	洪图	/ 188
德堃	/ 180	胡崇道	/ 188
邓林	/ 180	胡光迁	/ 188
丁峻	/ 180	胡君仙	/ 189
丁梦松	/ 181	胡克家	/ 189

胡寿椿	/189	慧觉	/196
胡思敬	/189	纪大奎	/196
胡思荣	/190	江峰青	/197
胡廷标	/190	江皓臣	/197
胡浚源	/190	江铭忠	/198
胡永焕	/191	江人镜	/198
胡允乔	/191	江澍畇	/198
华祝三	/191	江炯	/198
黄璧	/191	江永	/199
黄道开	/192	江之纪	/199
黄鼎	/192	姜璧	/199
黄铎	/192	蒋徽	/199
黄海	/192	蒋士铨	/199
黄恒红	/192	蒋予检	/200
黄靖	/193	蒋知白	/200
黄爵滋	/193	蒋志章	/200
黄龙章	/194	觉善	/201
黄嵋	/194	赖安田	/201
黄平格	/194	赖淑	/201
黄少云	/194	赖勤	/201
黄文珪	/194	赖新	/201
黄文瀚	/195	蓝钰	/202
黄游鹏	/195	老欧	/202
黄裕	/195	勒方锜	/202
黄元治	/195	勒深之	/203
黄允迪	/195	雷发达	/203
黄钟	/196	雷恒	/203
黄中谟	/196	雷作和	/204
黄卓诚	/196	黎岱	/204

黎坤	/ 204	李宗涵	/ 212
李必昌	/ 204	李宗瀚	/ 212
李秉礼	/ 204	梁绍鸿	/ 212
李秉铨	/ 205	廖琛	/ 213
李秉绶	/ 205	廖煜	/ 213
李秉钺	/ 206	刘滨	/ 213
李慧	/ 206	刘敕	/ 213
李立周	/ 206	刘飞凤	/ 213
李联璘	/ 206	刘凤诰	/ 214
李良潜	/ 207	刘公化	/ 214
李栬	/ 207	刘幔亭	/ 214
李佩兰	/ 207	刘念拔	/ 214
李启儒	/ 207	刘庆崧	/ 215
李仍	/ 207	刘森峰	/ 215
李瑞清	/ 208	刘曙	/ 215
李昭炜	/ 208	刘廷琛	/ 215
李盛铎	/ 208	刘未林	/ 215
李斯让	/ 209	刘渲	/ 216
李纬	/ 209	刘绎	/ 216
李贤喆	/ 210	刘有仪	/ 216
李栩	/ 210	刘云樵	/ 217
李仪	/ 210	刘宰	/ 217
李宜开	/ 210	刘在田	/ 217
李裕元	/ 210	六十四	/ 217
李元龙	/ 211	龙骧	/ 217
李照梅	/ 211	卢定勋	/ 218
李振裕	/ 211	卢洵	/ 218
李之实	/ 211	鲁琪光	/ 218
李宗淮	/ 211	罗传焞	/ 218

罗芳英	/ 218	齐梅孙	/ 226
罗牧	/ 219	齐学裘	/ 226
罗泉	/ 219	齐彦槐	/ 226
罗烜	/ 219	千叶桃经历	/ 227
罗允夔	/ 220	钱渊	/ 227
吕世田	/ 220	丘凌	/ 227
马骧	/ 220	邱国	/ 227
毛士容	/ 220	邱维屏	/ 227
梅德	/ 220	裘得华	/ 227
梅光远	/ 221	裘曰修	/ 228
梅杰	/ 221	璩金鳌	/ 228
梅启照	/ 221	饶佩勋	/ 228
梅廷对	/ 222	饶士端	/ 228
闵肃英	/ 222	饶应理	/ 229
闵应铨	/ 222	任迪柏	/ 229
闵贞	/ 222	邵方	/ 229
明贤	/ 223	沈三岳	/ 229
缪华	/ 223	施添准	/ 229
牛石慧	/ 223	施宗鲁	/ 230
潘彬	/ 223	石景芬	/ 230
潘缉光	/ 224	史大有	/ 230
潘淑	/ 224	舒怀德	/ 230
潘爽	/ 224	舒梦兰	/ 231
彭良敞	/ 224	舒彝	/ 231
彭若梅	/ 224	帅方蔚	/ 231
彭选	/ 225	帅念祖	/ 231
彭元瑞	/ 225	帅我	/ 232
平丰	/ 225	宋逢圣	/ 232
齐鉴	/ 226	宋家蒸	/ 232

宋育德	/ 232	万青藜	/ 238
孙仲璧	/ 233	万青选	/ 239
孙仲奎	/ 233	万上遴	/ 239
谭承元	/ 233	万石	/ 239
谭光祜	/ 233	万士元	/ 240
谭尚忠	/ 233	万贤杰	/ 240
谭紫瓔	/ 234	汪绂	/ 240
汤大纲	/ 234	汪舸	/ 240
汤第	/ 234	汪皓	/ 240
汤顾	/ 234	汪简	/ 241
汤国贞	/ 235	汪洛	/ 241
汤燮	/ 235	汪鸣相	/ 241
唐赓	/ 235	汪寿伯	/ 241
唐惠世	/ 235	汪廷谏	/ 241
陶福同	/ 235	汪心	/ 242
陶家驯	/ 236	汪志曾	/ 242
涂山	/ 236	王恩注	/ 242
涂岫	/ 236	王炳荣	/ 242
涂学中	/ 236	王传	/ 243
万本惇	/ 236	王光表	/ 243
万承凤	/ 237	王嘉逢	/ 243
万承纪	/ 237	王荆山	/ 243
万方澍	/ 237	王培	/ 243
万方雍	/ 237	王起龙	/ 244
万孚	/ 238	王诗	/ 244
万个	/ 238	王士杰	/ 244
万临	/ 238	王崧	/ 244
万鹏	/ 238	王暿	/ 244
万启进	/ 238	王铉同	/ 245

王瑶芬	/ 245	吴之章	/ 252
王野	/ 245	吴卓	/ 252
王友端	/ 245	夏朝麟	/ 252
王有年	/ 246	夏之勋	/ 252
王友亮	/ 246	项绅	/ 253
王雨峰	/ 246	萧浚兰	/ 253
王云凤	/ 246	谢本万	/ 253
王自吉	/ 246	辛拭南	/ 253
魏鹤年	/ 247	兴彻	/ 253
魏书	/ 247	熊常錞	/ 254
魏禧	/ 247	熊琛华	/ 254
魏元旷	/ 247	熊高福	/ 254
文廷式	/ 248	熊晖	/ 255
吴迪谟	/ 248	熊枚	/ 255
吴浩	/ 248	熊璞	/ 255
吴宏	/ 248	熊岐梧	/ 255
吴坤修	/ 249	熊为霖	/ 256
吴理	/ 249	熊一潇	/ 256
吴麟	/ 249	熊元文	/ 256
吴锜	/ 249	熊之垣	/ 256
吴嵩梁	/ 250	秀松	/ 257
吴庭芝	/ 250	徐德启	/ 257
吴文津	/ 250	徐德一	/ 257
吴文澜	/ 251	徐蕚	/ 257
吴萱	/ 251	徐恩庄	/ 258
吴煊	/ 251	徐芳	/ 258
吴媛	/ 251	徐芳梅	/ 258
吴芸华	/ 251	徐煌	/ 258
吴照	/ 251	徐甲	/ 259

徐敬	/ 259	俞珽	/ 267
徐谦	/ 259	俞文诏	/ 267
徐蓉	/ 259	俞镒	/ 267
徐骧	/ 260	俞鹓	/ 268
许权	/ 260	喻存素	/ 268
许振祎	/ 260	喻宗仑	/ 268
晏善澄	/ 261	喻雨田	/ 268
杨补	/ 261	袁国栋	/ 268
杨来谷	/ 262	臧应选	/ 269
杨锡绂	/ 262	曾异三	/ 269
杨以睿	/ 262	曾燠	/ 270
杨兆敬	/ 263	曾子依	/ 270
杨增荦	/ 263	查培继	/ 270
杨重雅	/ 263	查稚圭	/ 271
叶琛	/ 264	查振旟	/ 271
叶济英	/ 264	詹明章	/ 271
殷奇	/ 264	詹天宠	/ 271
游旭	/ 264	詹天佑	/ 272
于节	/ 264	詹养沉	/ 272
余昌佳	/ 264	詹应甲	/ 272
余飞鸿	/ 265	詹曰正	/ 273
余怀瑾	/ 265	张赓飏	/ 273
余家鼎	/ 265	张固	/ 273
余监	/ 265	张金镛	/ 273
余懋功	/ 265	张景渠	/ 273
余维枢	/ 266	张履春	/ 274
余文璧	/ 266	张琼英	/ 274
余元勋	/ 266	张深	/ 274
俞峤	/ 266	张宿	/ 275

张旭章	/ 275	**近现代**	
张浔	/ 275	敖佩芬	/ 284
张于栻	/ 275	毕伯涛	/ 284
张柱	/ 275	白采	/ 285
赵世骏	/ 276	蔡公时	/ 285
赵维熙	/ 276	蔡公湛	/ 286
赵之谦	/ 276	蔡敬襄	/ 286
郑秉恬	/ 277	谌亚逵	/ 287
郑士谟	/ 277	陈定可	/ 287
郑运扨	/ 277	陈度	/ 287
钟绍棠	/ 278	陈方	/ 289
周承尧	/ 278	陈方恪	/ 289
周峻	/ 278	陈赣一	/ 290
周家钧	/ 278	陈衡恪	/ 290
周昆	/ 279	陈静吾	/ 293
周亮工	/ 279	陈寅恪	/ 293
周圻	/ 279	程惠信	/ 295
周松	/ 280	程门雪	/ 295
朱瀚	/ 280	程其勉	/ 296
朱景岐	/ 280	程维道	/ 296
朱禄衔	/ 280	程意亭	/ 297
朱容重	/ 281	邓碧珊	/ 297
朱珊	/ 281	狄葆贤	/ 298
朱韶	/ 281	杜平	/ 298
朱轼	/ 281	范庆云	/ 299
朱颐	/ 282	方向	/ 300
朱益藩	/ 282	傅抱石	/ 300
朱振本	/ 283	傅周海	/ 303
左莲青	/ 283	甘登信	/ 303

葛第春	/ 303	李盛春	/ 318
龚槐陂	/ 304	李士襄	/ 318
龚秋声	/ 304	李真	/ 318
何许人	/ 304	李之衡	/ 319
洪畿	/ 305	梁邦楚	/ 319
洪青	/ 305	梁书	/ 320
胡定元	/ 306	刘太希	/ 321
胡华国	/ 307	刘雨岑	/ 321
胡先骕	/ 307	刘雨叔	/ 322
胡献雅	/ 308	柳子谷	/ 322
胡湘	/ 309	龙榆生	/ 323
胡颜标	/ 309	卢是	/ 324
黄鸿图	/ 310	吕行	/ 325
黄亮	/ 310	毛鹭	/ 325
黄起凤	/ 310	欧阳公衡	/ 326
黄秋园	/ 311	欧阳渐	/ 326
黄树涛	/ 312	潘钦	/ 327
江定和	/ 313	潘陶宇	/ 327
江家珊	/ 313	潘庸秉	/ 327
江亢虎	/ 313	彭醇士	/ 327
江谦	/ 313	彭沛民	/ 328
蒋彝	/ 314	彭新骅	/ 328
雷震	/ 315	彭友善	/ 329
黎勉亭	/ 316	彭友贤	/ 330
李澄	/ 316	齐宪模	/ 330
李旦	/ 316	饶惠元	/ 331
李健	/ 317	邵祖平	/ 331
李烈钧	/ 317	施文起	/ 331
李山东	/ 318	舒同	/ 332

帅础坚	/ 332	谢康	/ 342
孙常粲	/ 333	谢远涵	/ 343
孙诗谱	/ 333	熊典淦	/ 343
谭组云	/ 333	熊纶	/ 343
陶博吾	/ 333	熊胜	/ 344
田鹤仙	/ 334	熊腾	/ 344
万昊	/ 334	熊尧昌	/ 344
汪大沧	/ 335	徐仲南	/ 345
汪琨	/ 335	徐作哲	/ 345
汪辟疆	/ 336	许德珩	/ 345
汪晓棠	/ 336	许世笏	/ 346
汪义中	/ 336	鄢儒珍	/ 346
汪野亭	/ 336	杨厚兴	/ 346
汪英宾	/ 337	杨觉非	/ 347
汪岳云	/ 337	杨铨	/ 347
王步	/ 338	余塞	/ 348
王梦石	/ 338	曾龙升	/ 349
王琦	/ 338	曾兆芹	/ 350
王琦	/ 339	张恩溥	/ 350
王易	/ 339	张景江	/ 350
王云	/ 339	张渭芳	/ 351
魏瑞和	/ 340	张肇源	/ 351
吴霭生	/ 340	张中原	/ 351
吴爱棠	/ 340	章毅然	/ 352
吴承燕	/ 341	周寿祺	/ 352
吴禹门	/ 341	周树滋	/ 352
吴振邦	/ 341	周小松	/ 353
夏承冕	/ 341	朱嘉	/ 353
夏敬观	/ 341	朱子慕	/ 353
萧惠祥	/ 342		

晋

范宣（292—345）

【晋】字宣子，陈留郡（今河南开封）人。居豫章（今南昌）。少年隐遁，博览群书，于《三礼》尤为精通，亦善绘画。家贫，躬耕自养，东晋初年徙家居豫章，太尉郗鉴辟为主簿，不就，以讲经为业。谯国（今安徽亳州市）人戴逵等人皆闻风宗仰，自远而至，相聚门下。范宣反对魏晋以来文士崇尚老庄"竞以裸裎为高""越名教而任自然"的风习，主张"以礼度自处""深以放达为非道"，与学生一道讲经演礼，致使豫章郡城"讽诵之声，有若齐鲁"。东晋太元年间，顺阳范宁出任豫章太守，相继在郡立乡校，生员常达数百人。从此，江州人士并好经学，时人以为"化二范之风"。著有《礼易论难》。亦善绘事，荀卫之后，推为第一，为时人所重。

《中国美术家大辞典》《江西省人物传》

陶侃（259—334）

【晋】字士行，一字士衡，鄱阳人。晋灭吴后，徙家浔阳（今九江）。父亲陶丹，官至扬武将军。举孝廉，官历武冈令、武昌太守、荆州刺史等职，为东晋名将，封长沙郡公，谥号"桓"。性聪敏，远近书疏，莫不手答，笔翰如流，未尝壅滞。唐窦臮在《述书赋》中称其书法肌骨闲媚，精神慢举。

《晋书》《述书赋》《中国美术家人名辞典》

熊远（？—322）

【晋】字孝文，南昌人。举为孝廉，历任宁远护军、主簿、散骑常侍、御史中丞、侍中、会稽郡（今浙江绍兴）内史等官职，后拜太常卿，加散骑常侍。他为官清正，屡进忠言。工正书，刚断谨正。唐窦臮《述书赋·上》载："孝文刚断，谨正援毫。古体虽拙，今称且高。如贵胄之跃骏，武贲之操刀。"著有《熊远集》12卷。

《晋书》《述书赋》《中国美术家人名辞典》《赣文化通典·书画卷》

张野（350—418）

【晋】字莱民，居浔阳柴桑（今九江），与陶渊明有婚姻契。学兼儒佛，尤善属文。性孝悌而友善，家中田宅都让给弟弟，自己无所取；一味之甘，与九族共享。虽有才华，却淡泊名利，厌弃官场。州举秀才、南中郎功曹、州治中，朝廷征拜散骑常侍，皆不就。入庐山依慧远法师，与刘遗民、周续之、雷次宗、宗炳、张栓等学者居士同修净土之业，研讨转生西方净土世界问题。慧远为弘扬净土宗，在庐山成立白莲社，应邀入莲社的有慧永、慧持、刘遗民、张野、雷次宗等18位高僧名士，世号十八贤，后增至123人。据宋樵《通志·金石略》载，义熙十二年（416）正月六日，慧远法师圆寂，谢灵运作墓志铭，张野为序，首称门人，世人佩服其义。义熙十四年（418），与家人别，入室端坐而逝。著有《庐山记》，并有《文集》10卷。

《莲社高贤传》《金石略》《中国美术家人名辞典》《江西省人物志》

南北朝

胡谐之（443—493）

【南朝·齐】南昌人。出身于下层士族。祖廉之，官拜治书侍御史。父翼之，州辟不就。谐之初仕刘宋，历官州从事主簿，临贺王国常侍，员外郎，南梁郡太守，邵陵王左军语议等。刘宋末年，萧赜为江州刺史，以谐之为别驾，委以重任。南齐高帝建元二年（480），为给事中、骁骑将军。高帝欲让谐之家与贵族联姻，以其家人说话带傒音（当时称九江南昌一带口音为傒音），特选派四五个宫人前往谐之家教子女语。二年后，帝问谐之："家人语音已正否？"答曰："宫人少，臣家人多，非唯不能得正音，遂使宫人顿成傒语。"帝大笑。齐武帝即位后，先后以谐之为左卫将军，加给事中，迁都官尚书，转度支尚书，领卫尉。永明十年（492）转度支尚书，赠右将军，豫州刺史。为人有风度，善于结交士人，兼以旧恩见遇，深得高帝、武帝宠信，朝士多与之交往。又善于鉴别人才，每次朝廷官缺及官员升迁代理，他根据皇上所需人才及时推荐，大多能被任用。受虞悰等大臣称赞。永明十一年（493）卒，谥号"肃"。工书，《述书赋》曰："宝光、谐之同调合韵。骨气胡壮，精神顾峻。"《南齐书》卷三十七，《南史》卷四十七皆有传。

《南齐书》《南史》《述书赋》《中国美术家人名辞典》《赣文化通典·书画卷》《江西省人物传》

张孝秀（481—522）

【南朝·梁】字文逸，南阳宛（今河南南阳宛城区）人，后徙居浔阳

（今九江）。少仕州为治中从事史。后为建安王别驾。不久，去职归山，居于东林寺。有田数十顷，部曲（私家军队）数百人，率以力田，尽供山众，远近归慕，赴之如市。孝秀性通率，不好浮华。博涉群书，专精释典。善谈论，工隶书，凡诸艺能，莫不明习。《梁书》卷五十一、《南史》卷七十六皆有传。

《梁书》《南史》《中国美术家人名辞典》《赣文化通典·书画卷》《中州书家志》《中国书法大辞典》

唐

楚珍

【唐】女。不知姓,本彭泽(今属九江)倡女。草篆八分皆工。书史云:"家藏长沙古帖,标签皆题其署。"宣和(1119—1125)间有跋其后者曰:"楚珍盖江南奇女子,初虽豪放不群,终以节显。吾尝见其过湖诗,清劲简远,有丈夫气,故知其人不凡。"

《书史会要》《中国美术家人名辞典》

崔希真

【唐】一作季真,唐代宗大历初年(766)客钟陵(今进贤)。元夏文彦《图绘宝鉴》卷五:"崔希真,钟陵人,精绘事。"《江西通志》称其善鼓琴,工绘事。

《太平广记》《江西通志》《图绘宝鉴补遗》《中国美术家人名辞典》《中国美术家大辞典》《历代崔氏人物辞典》《赣文化通典·书画卷》

韩覃

【唐】武则天时人,自号庐山林薮人,官扬州兵曹参军。玄宗开元朝召为丽正院校书,迁莱州别驾,坐诬告刺史流远方。宋赵明诚《金石录》载,唐《大行禅师玄德幢铭》,韩覃撰并行书。

《金石录》《赣文化通典·书画卷》

霍仲初

【唐】新平东山里（今景德镇）人。工制瓷器，所制瓷器甚美，色亦素，土壤腻，质薄佳者莹缜如玉，有"假玉器"之称，时称"霍窑"。武德四年（621），唐高祖颁发诏令，指名要霍仲初"制品进御"。

《景德镇陶录》《浮梁县志》《古瓷考略》《中国美术家人名辞典》《浮梁古窑》《中国陶瓷艺术大典》

李渤（772—831）

【唐】字浚之，号少室，河南洛阳人，一说成纪（今甘肃泰安）人。青年时代与兄李涉隐居庐山和嵩山，立志诗文，博学多才，有"李万卷"之称。唐德宗贞元年间（785—805），隐居于庐山五老峰栖贤寺。曾于此蓄养白鹿一头，此白鹿通晓人性，他也因此被当地百姓称为白鹿先生，居住地称为白鹿洞。在此期间访寺庙、游古迹还写出了《石钟山记》《游西林寺》。元和初年（806），受户部侍郎李巽、谏议大夫韦况举荐，召为右拾遗，在韩愈的盛邀下出仕。元和九年（814），朝廷讨伐淮西，上平贼三术：一是感，二是守，三是战。唐穆宗即位，召为考功员外郎。元和十五年（820）十一月，定京考官，他不避权幸，该升则升，该降则降，为权臣所顾忌，言其性情粗放，越职言事，出为虔州刺史。长庆元年（821），调任江州刺史。任江州刺史时，对白鹿洞旧居加以修缮，创办书院，成了白鹿洞书院的雏形。长庆二年（822），李渤被调回长安，任职方郎中，升迁谏议大夫。后因仗义执言，抨击太监横行霸道，并为鄂县县令崔发鸣不平，又出为桂州刺史兼御史中丞，充桂管都防御观察使。在桂两年，因病罢归洛阳。太和五年（831），以太子宾客征至京师，不久卒，时年五十九，赠礼部尚书。平生工诗文，亦善书、画。

《新唐书》《集古录》《江西古代名人》《九江人物志稿》《白鹿书院志》《嘉靖九江府志》

李元婴（630—684）

【唐】祖籍陇西成纪（今甘肃秦安）人。唐高祖李渊第二十二子，曾任洪州（今南昌）都督，贞观十三年（639）封滕王。建造滕王阁，善画蝴蝶，被后世尊为"滕派蝶画"鼻祖。

《江西历代文学艺术大全》《赣文化通典·书画卷》

卢肇（818—882）

【唐】字子发，袁州（今宜春）人。少贫力学，先后请教于韩愈、李德裕等。会昌三年（843），登进士第一名，是江西第一个状元。历任著作郎、仓部员外郎、集贤院学士、朝散大夫等。懿宗咸通年间，先后出任歙州、宜州、池州、吉州四州刺史。工文翰，通笔法，人称"袁之文章节义自肇始"。《金石录》载，《定州文宣王庙记》为其所撰并正书。作品有《文标集》《卢子史录》《逸史》《愈风集》《大统赋注》等等。

《江西省志人物志》《书史会要》《江西历代名人传》《金石录》

舒元舆（789或791—835）

【唐】婺州东阳（今浙江金华）人，一说江州（今九江）人。出身寒微，自幼颖悟过人，15岁便通儒经。宪宗元和年间进士，调户县尉，累迁至御史中丞同平章事，参与"甘露之变"被杀。其文檄豪健，所作《牡丹赋》工巧精丽，备受称赞，为"古文运动"后期重要作家之一。擅长书法，著有《玉筋篆志》。长庆元年（821），尝楷书《承天军裴晋公题名》。

《中国美术家大辞典》

孙鲂父

【唐】南昌人。其子名鲂，字伯鱼，五代南唐著名诗人。《唐诗纪事》载："鲂父，画工也。"鲂既贵，讳之，故其名失传，称其为鲂父。工于绘画。王彻为中书舍人，草鲂诰词云："李陵桥上不吟取次之诗，顾凯笔头岂画寻常之物。"鲂终身恨之。

《唐诗纪事》《中国美术家人名辞典》

陶玉

【唐】武德（618—626）中昌南镇（今景德镇）人。陶氏为制瓷高手，所烧瓷器"体稍薄，色素润"，卖入关中，被称为假玉器，并贡于朝，于是昌南镇名闻天下。名曰"陶窑"。

《浮梁县志》《中国美术家人名辞典》

吴彩鸾

【唐】女，武宁人。吴真君猛之女。太和年间嫁进士文萧。文氏拙于为生，彩鸾小楷书《唐韵》货之，一部市五千钱。龙兴紫极宫写韵轩，世传吴尝写韵于此轩，以之得名。世传其所书《唐韵》皆硬黄书之，纸素芳洁，界画精整，结字遒丽。

《道园学古录》《宣和书谱》《中国美术家人名辞典》

云轲

【唐】僧。工书。宋赵明诚《金石录》载"唐《东林临坛大德塔铭》，弟子云轲书，在江州（今九江）"

《金石录》《中国美术家人名辞典》《中国书法大辞典》

钟绍京（659—746）

【唐】字可大，虔州（今赣州）人。三国魏大书法家钟繇17世孙，与钟繇同以书法闻名，世称"小钟"。初为司农录事，中宗景龙（707—710）年间，以善书入直凤阁，睿宗景云元年（710），任宫苑总监。因从李隆基平韦氏难，拜中书侍郎，参知机务。不久，进封中书令、越国公。德宗建中初年，追赠为太子太傅。钟绍京嗜书成癖，不惜破产求书，家藏王羲之、王献之、褚遂良真迹数十百卷。其书风妍媚，遒婉有法。武后时日月堂门额、九鼎之铭及诸宫殿门榜，皆绍京所题。董其昌《画禅室随笔》评钟绍京书曰："笔法精妙，回腕藏锋，得子敬（王献之）神髓。赵文敏（孟頫）正书实祖之。"《旧唐书》本传称："则天时明堂门额、九鼎之铭，及诸宫殿门榜，皆绍京所题。"张怀瑾《书断》说他嗜书成癖"不惜大费，破产求书。计用数万贯钱，惟市得右军行书五纸，不能致真书一字"。清人包世臣《艺舟双楫·历下笔谭》称赞他的书法"如新莺矜百转之声"。清人叶昌炽《语石》载云："钟绍京与薛少保齐名，开元初书家第一。传世名作有《升仙太子碑碑阴题名》《转轮王经》《灵飞经》等，而《灵飞经》最负盛名。

《旧唐书本传》《东观余论》《墨池编》《书史会要》《赣州志》《中国美术家人名辞典》《中国历代书法家人名大辞典》《江西省人物志》《赣文化通典·书画卷》《江西历代文学艺术家大全》

五代

蔡润

【五代·南唐】钟陵（今进贤）人，工画船水。李后主时为宫廷画家，起初任普通"彩画匠人"，因画《舟车图》进呈后主，后主始知其名，于是补画院之职。其后后主又令他画《楚王渡江图》藏于内府（郭若虚《图画见闻志》）。刘道醇把他的画列为妙品。据刘道醇《圣朝名画评》卷三：燕文贵、蔡润二人皆江海微贱，一旦以为天子画知名，其艺能远过流辈，故列妙品。

《赣文化通典·书画卷》《江西历代文学艺术家大全》

曹仲玄

【五代·南唐】一作仲元。建安（今丰城）人。事南唐后主李煜为待诏。工画佛道、鬼神，始学吴道子不得意，遂作细密，自成一格。江左梵宇灵祠，多有其迹。尤擅长彩绘，尝于建业佛寺画上下座壁，凡八年不就。后主责其缓，命画师、翰林待诏周文矩前往核查。文矩上奏曰："仲玄绘上天本样，非凡工所及，故迟迟如此。"越明年乃成，轰动京城，前去观画者络绎不绝，被誉为珍品。当时江左言道释者，称仲玄为第一。《宣和画谱》著录他的画有《三官》《如来》《观音》《佛会》等四十一件。有《佛会》《释迦像》《观音像》传至后世。

《五代名画补遗》《牛戬画评》《图画见闻志》《宣和画谱》《图绘宝鉴》《清河书画舫》《中国美术家人名辞典》《中国历代画家人名辞典》《江西省

人物传》《中国历史人物辞典》《江西历代文学艺术家大全》

董源（934—约962）

【五代·南唐】一作董元，字叔达，钟陵（今进贤）人，自称"江南人"。主要活动在南唐中主（934—960）时期。任北苑副使，故又称"董北苑"，南唐亡后入宋，被看作是南派山水画的开山大师。董源不仅以画山水见长，也能画牛、虎、龙及人物。作为山水画家，董源也是不专一体的。宋人称许其大设色山水景物富丽，宛有李思训风格。但其最有独创性而且成就最高的是水墨山水。他运用披麻皴和点苔法来表现江南一带的自然面貌，神妙地传写出峰峦晦明、洲渚掩映、林麓烟霏的江南景色。米芾曾盛赞其山水曰："峰峦出没，云雾显晦，不装巧趣，皆得天真。"（米芾《画史》）。他用笔甚草草，近视之几不类物象，远观则景物粲然，在技巧上富有创造性。他的名作《夏景山口待渡图》和《潇湘图》，将夏天江南的丘陵，江湖间草木畅茂、云气郁郁的特定景色表现得淋漓尽致。其笔墨技法是与他所表现的特定景色充分适应的。宋代沈括称他"多写江南真山，不为奇峭之笔"（沈括《梦溪笔谈》卷十七）。所画山形，多是长江中下游一带的丘陵，大都为坡陀起伏，土山戴石，很少作陡峭崭绝之状。这与较早于他的荆浩所表现的气势雄伟的北方山形正好成为鲜明的对比。董源很重视对山水画中点景人物的刻画，每每都带有风俗画的情节性，有时实为全画的题旨所系。虽形体细小，简而实精，人物皆设青、红、白等重色，与水墨皴点相衬托，别饶一种秾古之趣。其传世作品还有《龙宿郊民图》等。董源所创造的水墨山水画新格法，当时得到巨然和尚的追随，后世遂以"董巨"并称。在宋代，除了米芾、沈括十分欣赏"董巨"画派之外，一般论者对"董巨"的评价并不高。到了元代，取法"董巨"的风气渐开。汤垕认为："唐画山水至宋始备，如（董）元又在诸公之上"（汤垕《画鉴》），对董源有了新的认识。元四家和明代的吴门派，更奉董源为典范，明末"南北宗"论者虽然在理论上尊王维为"南宗画祖"，但实际上却是在祖述董源。董其昌对董源则是推崇备至，元代黄公望说："作山水者必以董为师法，如吟诗之学杜也。"清代王鉴说："画之有董巨，如书之有钟王，舍此则为外道。"董源在后世产生如此深远的影响，在中国山水画史上是罕见的。

《宣和画谱》《图画见闻志》《图绘宝鉴》《海岳画史》《画史会要》《云烟过眼录》《东图玄览》《辍耕录》《妮古录》《容台集》《格古要论》《画禅室随笔》《清河书画舫》《莫是龙画说》《画谱拾遗》《宋元明清书画家年表》《中国美术家人名辞典》《赣文化通典·书画卷》《江西省人物传》《梦溪笔谈》《画鉴》《画史》

贯休（832—912）

【唐末五代】俗姓姜，字德隐，一字德远，号"禅月大师"，钟陵（今进贤）人，一说为浙江婺州兰溪人，唐末五代著名诗僧、画僧。七岁在兰溪和安寺出家。咸通初游学于洪州（今南昌），先入庐山东林寺，后入洪州钟陵山开元寺（今进贤县西北），有题赠之作。乾符初返居婺州，后于乾宁元年（894）往钱塘谒钱镠，后赴江陵依成汭。天复二年（902）得罪成汭，被流放于黔州，同年冬潜逃至南岳隐居，三年入蜀谒王建，受礼遇，赐号禅月大师，后卒于成都龙华禅院。贯休个性倔强旷达，为僧而行游天下，事干谒而不阿趋附，辛文房称他为"僧中一豪"。著有《禅月集》5卷，《全唐诗》录其诗78首，编为12卷。其诗对唐末上层社会丑恶现象多有讽刺，敢怒敢言。擅长古体，亦采用乐府形式，风格奇崛恣肆，境界卓异不凡。与同时诗人陈陶、方干、李频、许棠、曹松、韦庄、吴融、罗隐、罗邺、齐己皆有交往。其所画罗汉，状貌古野，绝俗超群，笔法坚劲，人物形象夸张，所谓"梵相"。存世《十六罗汉图》，为其代表作。工篆隶，书称"姜体"，善草书，时人比诸怀素。

《宣和画谱》《宣和书谱》《益州名画录》《中国历代僧侣书法》《江西古代名人》《江西省人物传》《玉山县志》

巨然（约937—975）

【五代·南唐】钟陵（今进贤）人。南唐宋初画家，最初受业于江宁（今南京）开元寺。南唐降宋后，随同后主李煜来到开封，居于开宝寺。因在翰林学士院绘制壁画《烟岚晓景》，被时人所赞，遂蜚声画坛。擅画山水，师法董源，以长披麻皴画山石，笔墨秀润，二人并称为南方画派的"董巨"。北宋沈括即有"江南董源僧巨然，淡墨轻岚为一体"之句。"披麻皴"法对元明清以至近代的山水画发展有极大影响。其在中国绘画史上与荆浩、关仝、董源并称为"五代北宋间四大山水画家"。存世名画有《秋山问道图》《万壑松风图》《秋山图》《层崖丛树图》《山居图》《溪水图》等。

《圣朝名画评》《梦溪笔谈》《江西古代名人》《雅韵山水》《宋代绘画发展史》《图绘宝鉴》

李颇

【五代·南唐】一作坡或波，南昌人。善于画竹，气韵飘举，不求小巧，而多放情任率，落笔便有生意。与同一时期的刘彦齐、丁谦同以墨竹驰名。据载画迹有《折竹图》《风竹图》《冒雪疏篁图》，传世作品仅有《风竹图》。

《宣和画谱》《图绘宝鉴》《图画见闻志》《中国美术家人名辞典》《中国历代画家人名辞典》

宋齐丘（887—959）

【五代·南唐】本字超回，改字子嵩，号九华先生，豫章（今南昌）人。官历镇南节度使、中书令，封楚国公，谥号"缪丑"。为文有天才，自以古今独步，书札亦自矜，而嗤鄙欧、虞之徒。其诗极其奇峭，调亦高古。有文集《玉管照神经》、书迹《凤凰台诗刻》。

《南唐书》《中国美术家人名辞典》

徐崇嗣

【五代·南唐】钟陵（今进贤）人。画家徐熙孙，一说为子。擅画草虫、禽鱼、蔬果、花木及蚕茧等，绰有祖风，又出新意。其画初承家学，因不合当时画院程式和风尚，遂改学黄筌、黄居寀父子。后自创新体，所作不用墨笔勾勒，而直接以彩色晕染，世称"没骨图"，也称"没骨花"。其画"率皆富贵图绘，谓如牡丹、海棠、桃竹、蝉蝶、繁杏、芍药之类居多"。《宣和画谱》著录其作品142件，今传有《红蓼水禽图》《枇杷绶带图》等。其兄崇勋、弟崇矩，均擅画花鸟，崇矩并工仕女画。

《图画见闻志》《图绘宝鉴》《江西古代名人》《宋代绘画发展史》《赣文化通典·书画卷》《江西省人物志》

徐熙

【五代·南唐】钟陵（今进贤）人，一说金陵（今南京）人。世侍南唐，为江南名族。善写生，凡花竹、林木、蔬果、禽虫之类。多游园圃，以求情状，虽蔬菜茎苗，亦入图写。意出古人之外，尤能设色，绝有生意。其画多在澄心堂纸上，至于画绢，绢文稍粗，元章（米芾）谓徐熙绢如布是也。后主李煜集英殿藏有熙画，及煜降，尽入宋内府。宋太宗见熙画安石榴树一本，带百余实，嗟异久之，曰："花果之妙，吾独知有熙矣，其余不足观也。"遍示画臣，俾为标准。米芾尝见其《风牡丹图》，叶几千余片，花只三朵，一在正面，一在右，一在众枝乱叶之背。夏文彦云："今之画花者往往以色晕淡而成，独熙落墨以写枝叶蕊萼，然后敷色，故骨气风神为古今绝笔。"又云："黄筌之画，神而不妙。赵昌之画，妙而不神。兼二者一洗而空之为熙矣。"故说者又谓："画花赵昌意在似，徐熙意不在似者。太史公之于文，杜少陵之于诗也。"徐熙与黄筌并称"徐黄"，谚曰："黄家富贵，徐熙野逸。"两派气息不同，各自胜致，为历代所宗。《宣和画谱》著录其画作249件之多，对后世花鸟画影响颇大。徐熙作品传世有《雪竹图》等。

《梦溪笔谈》《德隅斋画品》《海岳画史》《画鉴》《圣朝名画评》《宣和

画谱》《闻见后录》《广川画跋》《洞天清禄集》《清河书画舫》《中国美术家人名辞典》《江西古代名人》《宋朝名画评》《江西省人物志》《赣文化通典·书画卷》

浔阳画工

【五代·吴】杨吴（902—937）时浔阳（今九江）人。工画。徐铉《稽神录》载："庚寅岁（930）江西节度徐知谏以钱百万修庐山使者庙，浔阳令遣史召画工，负荷丹彩、杂物从之。"

《稽神录》《中国美术家人名辞典》《中国画家著作考录》《中国美术家大辞典》

宋

艾宣

【宋】钟陵（今进贤）人。工写生，善画花竹翎毛，傅色晕淡相宜，盎然有生意，孤标雅致，别具风格。精画败草荒榛，尤长于野色凄凉之趣。所画鹌鹑、特见精绝，著名于时。

《江西历代人物辞典》

蔡规

【宋】建昌军（今南城）人。善山水，谢无逸观其画山水作《观蔡规画山水图》："蔡生老江南，山水涵眼界。挥洒若无心，笔端生万怪。树杪耸烟鬟，云端悬缟带。系舟枯柳根，茅屋临清派。扫壁挂高堂，肃肃起清籁。君名定不朽，第恐缣素败。"之句。师从同乡陈阳，张澂云："苏子瞻谓其学于陈阳而过之，误矣。规何能得陈之仿佛也！"

《画继》《画录广遗》《中国美术家人名辞典》《中国历代画家人名辞典》

蔡宏

【宋】庐山琢玉坊刻碑工人。绍兴六年（1136）刻狄梁公碑。

《刻碑姓名录》《中国美术家人名辞典》

陈格

【宋】庐山人。善刻石碑，字皆有精神，从事于此已十二世，故极精妙。

《庐山二石精妙》《中国美术家人名辞典》

陈景元（1025—1094）

【宋】道士。《宣和书谱》云："道士陈景元，字太虚，号真靖，自称碧虚子。建昌南城（今属抚州）人。喜读书，至老不倦。游京师，神宗闻其名，即其地设普天大醮，命撰青词，赐对天章阁。累迁至右街副道箓，赐号真人。己卯，乞归庐山。尝与蔡卞论古今书法，至欧阳询，则曰：'世皆知其体方而不知其笔圆。'卞颇服膺。"曾祖父、祖父皆不仕。父耀进步第，解朐山令，寓居高邮，以疾终。二兄继夭。景元因家庭环境影响，遂有方外志。景元虽数任道官，却颇厌身为官事所累，后又乞归庐山，诏命赐白金三十镒为助。行李无他物，百担经史而已。景元博学多闻，藏书数千卷，自幼读书，至老不倦，所居道、儒、医书各为斋馆加以区别，四方学者若从其游，则随所类斋馆相与校对，人人尽得其学。王安石、王珪喜与之游，又与吴奎、蒲宗孟、王岐等鸿儒士大夫唱酬甚多。生平不喜作草字，唯正书祖述王羲之《乐毅论》《黄庭经》，下逮欧阳询《化度寺碑》。宋黄伯思《东观余论》云："碧虚子小楷，得丁道护笔势。所书《相鹤经》，既精善，又笔势婉雅，有昔贤风概。"宋陆游《渭南集》云："本朝小楷，宋宣献后，仅陈碧虚一人。"宋朱熹《朱子文集》云："碧虚子诗句字画，皆清婉可喜。"凡道书，皆手自校写，积日穷年。著有《道德真经藏室纂微篇》10卷、《南华真经章句音义》14卷、《南华真经章句余事》1卷、《上清大洞真经玉诀音义》1卷、《西升经集注》6卷、《元始无量人上品妙经集注》4卷、《冲虚至德真经释文》2卷等载入正统《道藏》。时人称他兼有司马承祯之坐忘、吴筠之文章和杜光庭之扶教。

《宣和书谱》《东关余论》《渭南集》《朱子文集》《中国美术家人名辞典》《赣文化通典·书画卷》《江西省人物传》《江西历代文学艺术家大全》

陈康伯（1097—1165）

【宋】字长卿，弋阳人。康伯幼有学行，宣和三年（1121），中上舍丙科。初任太学正、柯州代理知州、太常博士。绍兴八年（1138），任枢密院大计议官和户部司勋郎中。康伯与秦桧太学有旧，桧当国，康伯在郎省五年，泊然无求，不苟合。二十三年（1158）任吏部侍郎，敢于揭发官员过失，指责秦桧当政时乱捕滥杀，大兴冤狱，主张对含冤官吏无论生死均应平反昭雪。秦松死，拜参知政事。寻以通奉大夫守尚书右仆射，同中书门下平章事，高宗谓其"静重明敏，一语不妄发，真宰相也"。乾道元年（1165）正月在京病逝，不久归葬弋阳县新政乡（元代划归铅山县）。卒赠太师，谥"文恭"，改谥"文正"。有《陈文正公录》，收入《四库全书》。明陶宗仪《书史会要》云："康伯工笔札，其迹杂见《风墅续法帖》中。"《宋史》卷三百八十四有传。

《宋史》《书史会要》《中国美术家人名辞典》《赣文化通典·书画卷》《江西省人物传》

陈容（1189—1268）

【宋】字公储，自号所翁。《图绘宝鉴》中记载他作福唐（今福建福清）人；《江西通志》《金溪县志》中记载作临川（今属抚州）人；《闽画记》中作长乐人。理宗端平二年（1235）进士，历官郡文学、临江体，召入为国子监主簿，再出守莆田。贾似道时为丞相，权倾一时，慕其名招为幕宾，无可奈何往就，于是常趁酒醉狎侮之，贾不以为忤。陈容为人，能诗善画，诗文豪壮，画则擅长云龙。他画的龙，泼墨成云，噀水成雾，极得变化意趣。有时酒醉后，攘臂呼叫，脱巾濡墨，信手涂抹，然后以笔完成，或全体，或一臂一首，隐约而不可名状者，似不经意而得，俱极其神妙。元戴表元《剡源戴先生文集》卷十八《题姚秀实家藏陈所翁画龙》中，说到他作画的情形："所翁画龙，虽近出，真者世不多见。（画）有其法，当欲画时，游戏，取人缣素，用墨澜泼，有及，有不及，乘快，隐隐数笔，龙藏其中矣，凭陵傲兀，恍惚变灭，盖君自以寄意为乐。龙成，傍附题述，辞翰散朗，与画相入，真奇物也。世人见其易就，辄亦造次拟为之，不敌一笑。"墨龙而外，也作设色，作品堪比美北宋董羽。他还能作松竹，画法则仿效唐柳公权的铁钩锁法。陈容的云龙，南宋理宗时已名重一时，尤其老年笔力简易精妙，更为艺林推重，就连他自己也颇为自负。他尝自题所画《九龙图》卷，谓是"所翁写出九龙图，笔端妙处世所无"。至于后人推许评价更高，如元代张天师太元子称他"洞微物化僧繇死，千载神交所翁继"；张翥也说"僧繇不作董羽死，晚有若人堪比工"，都将他比拟过去的画龙大家张僧繇和董羽，足见艺术成就之高。弟（一说侄）玘，字行用，号此山，亦善画龙水，其水墨枯荷折苇、虫鱼蟾鹊，很有生意，声誉不亚于陈容。有《荷叶戏鱼图》《蛤图》等十八件，著录于《绘事备考》。存世作品，仅见《龙子图》册页一件，现藏日本东京国立博物馆。

《江西通志》《金溪县志》《闽画记》《历代名画跋》《强恕斋图画精意识》《中国美术家人名辞典》《赣文化通典·书画卷》《宋代绘画发展史》《中国画知识大辞典》《图绘宝鉴》《剡源戴先生文集》

陈阳

【宋】江西人，往来临川（今属抚州）、建昌（今南城）二郡。嗜酒放逸，作木石，清峭奇古，多用黄心皮木，不以笔也。尝自咏云："解画无根树，能描似病人。"作大树浮生石上，有万牛不拔之气。南宋张澂《画录广遗》载："苏轼谓蔡规学画于陈阳而过之，误，规何能望陈之仿佛也。"

《画录广遗》《中国美术家人名辞典》《中国历代画家人名辞典》《赣文化通典·书画卷》

戴道成

【宋】道士。江西人，善画人物。住茅山，武仙童书碑上刻仙童小像，乃道成画。

《茅山志》《中国美术家人名辞典》《中国历代画家人名辞典》

德源

【宋】僧。江西人，善画人物，有《三寿图》。周必大赠诗云："香山已写丹青像，洛诵仍凭副墨传。"

《平园集》《中国美术家人名辞典》《中国历代画家人名辞典》

德正

【宋】僧。信州（今上饶）人。登科为平江教官，弃而出家，是日即敕住江州圆通寺，用堂拈香为三世诸佛，于是其徒不容，弃去，居庐山南叠石庵。服漆辟谷。闽淮名山，意往无碍。凡登山临水，即横笛自娱。后入蜀，其兄阴遣人伪作其徒，胜赍金帛，牵挽而归。过叙州宣化县（今属四川宜宾叙州区），久留樊宾少卿家，作《峨眉图》，山水人物，种种清高。初登峨眉时，炼指供佛，两手止余四指，粗可执笔而画意自足。其松石人物，专学李龙眠，遇兴伸纸挥毫，顷刻而成。贵势或求之，绝不与。

《吴县志》《中国美术家人名辞典》《中国历代画家人名辞典》《画继》

德止（1080—1135）

【宋】号清谷，俗姓徐，宋历阳（今安徽和县）人，少习儒业，能诗文书画。既冠，参禅于宝峰惟照，宣和三年（1121）赐号"真际"，主江州圆通寺，力革丛林积弊，为四方模范。德止生有异才，强记过人，诗画皆入神品，尝画庐山寻真观二壁，朱熹为其题辞。

《画史绘要》《图绘宝鉴》《画史会要》《中国美术家人名辞典》《中国历代画家人名辞典》《历代高僧诗选》《赣文化通典·书画卷》

邓增

【宋】字如川，建昌（今永修）人。以父恩得官将侍郎，工制小诗，作大字。

《夷坚志·支集》《中国美术家人名辞典》

丁野堂

【宋】道士。姓名不详，住庐山清虚观。《历代画史汇传》误作丁野云，善画梅竹，理宗（1225—1264）因召见问曰："所画者，恐非宫梅。"对曰："臣所见者江路野梅耳。"遂号野堂。

《图绘宝鉴》《冬心题跋》《中国美术家人名辞典》《中国美术家大辞典》《赣文化通典·书画卷》

董史

【宋】字良史，号闲中老叟，生活在南宋末年理宗、度宗时期，洪州（今南昌）人。受宋代收藏风气影响，董史的收藏也很丰富，但在宋理宗景定元年（1260）毁于大火，后世几乎没有流传。董史的《皇宋书录》在《四库全书》中名《书录》，是一部专门记载宋代书家及诸多书法史问题的重要书学文献。《书录》体例的最大特点就是提出著述上的史、论、著结合的学术思想。

《赣文化通典·书画卷》

杜良臣

【宋】字子卿，豫章（今南昌）人。学问该洽，以小篆重一时，笔法精妙。

《书史会要》《中国美术家人名辞典》

甘叔异（1134—？）

【宋】字同叔，丰城人。力学精思，工于诗咏。淳熙五年（1178）进士。参桂州民曹，摄荔浦县。诗作有《节轩集》。明陶宗仪《书史会要》云："叔异行书学米芾，草书学黄庭坚。"

《书史会要》《南昌府志》《中国美术家人名辞典》《赣文化通典·书画卷》《江西历代文学艺术家大全》

韩祐

【宋】石城人，绍兴（1131—1162）年间任画院祗候。善花鸟草虫，以写生小品为胜。池塘芦雁，可比石桥王（王宗元）。尝作《山楂白鸟图》团扇，山楂小树，垂垂红颗，白鸟窥枝，颇有生趣。传世作品有《螽斯绵 毦图》。

《图绘宝鉴》《中国美术家人名辞典》《中国美术大辞典》

颢彬茂

【宋】僧人。庐山人，善作王羲之书。《佩文斋书画谱》云："按《书史会要》误作颍彬、茂蒋分为二人，今正之。"

《皇（宋）朝事宝类苑》《中国美术家人名辞典》《中国美术家大辞典》

洪刍（1066—1128）

【宋】字驹父。南昌人，黄庭坚之甥。绍圣元年（1094）进士。靖康初年官朝散大夫、左谏议大夫。建炎元年（1127）因在靖康之变中纳景王宠妃事发，谪沙门岛（今山东蓬莱市西北海中），并死于该处。洪刍常以书信与其舅黄庭坚切磋诗文。黄庭坚看见他的诗句，深感"甚秀而气有余，慰喜不可言"，并预言"他日当大成"。在吕本中所作《江西诗社宗派图》中，洪刍名列第四位，名次在其兄洪朋、弟洪炎之前，可见其在江西诗派中的重要地位。与兄朋、弟炎、羽，俱负才名，号"四洪"。著有《老圃集》《香谱》各2卷，《楚汉逸书》《豫章职方乘》各3卷。传世书迹有信州《游洞记碑》。

《中国美术家大辞典》《赣文化通典·书画卷》《江西省人物志》

洪迈（1123—1202）

【宋】字景庐，号容斋，别号野处，鄱阳人，洪皓第三子。洪皓出使金国时，洪迈年仅7岁，随兄洪适、洪遵攻读，10岁因避乱流离于秀、饶二州之间。绍兴十五年（1145），试博学宏词科中选，授两浙转运司干办公事。受秦桧排挤，出为福州教授。绍兴二十八年（1158）召为起居舍人，历仕秘书省校书郎兼国史编修官、吏部员外郎等职。后以翰林学士之衔出使金国，金人要洪迈等行"陪臣"礼，迈坚执不可，为金人多方困辱，被软禁于使馆，自旦及暮不给饮食，后被遣还。乾道二年（1166）出知吉州（今吉安），后改知赣州。到任后，对横行跋扈的州郡之兵依法制裁之。重视教育，建学馆，造浮桥，利民济渡。淳熙十一年（1184）知婺州，大兴水利，共修公私塘堰及湖泊837处。次年以提举佑神观同修《四朝国史》，后拜翰林学士。绍熙元年（1190）知绍兴府，次年以端明殿学士致仕，卒谥"文敏"。学识渊博，著有《野处类稿》《史记法语》《经子法语》《南朝史精语》，编有《万首唐人绝句》等书。所著《容斋随笔》尤为著名，分为5集，74卷，历40年而成，在文学、史学、典章、名物、考订诸方面都有不少独到见解，故《四库提要》说该书"辩证考据，颇为精当。……南宋说部，终当以此为首焉"。《夷坚志》卷帙浩繁，原为420卷，为宋人志怪小说之最。洪迈与父洪皓，兄洪适、洪遵皆为当朝显官，且皆以文章名扬天下。书法笔画饱满，受颜真卿、苏轼影响较大。

《宋史》《中国美术家大辞典》《赣文化通典·书画卷》《江西省人物志》

洪适（1117—1184）

【宋】字景伯，号盘洲。初名造，字温伯，一字景温，鄱阳人。洪皓长子，与弟洪遵、洪迈皆以文学负盛名，有"鄱阳英气钟三秀"之称。洪皓使金，洪适年十三，虽年幼而能任家事，领其弟遵、迈刻苦攻读。后以皓出使金国，恩补修职郎，调严州录事参军。绍兴十二年（1142），与弟遵同中博学鸿词科，赐进士出身，任宣教郎，除敕令所删定官。次年以敕令书成，拜秘书省正字。次年，因父洪皓回朝后数忤秦桧，出为饶州通判。洪适亦受牵连，出为台州通判。十七年，谪官英州，适亦被免官，携家归鄱阳，往来于英州、鄱阳，奉父九年。二十七年，知荆门军，大力整顿军务，应诏上《宽恤四事状》及《便民五事状》，希望朝廷体恤民情。三十年改知徽州，与时任司户参军的范成大相交甚欢，假日常在一起商榷今古。三十二年,授尚书户部郎中,总领淮东军马钱粮,因符离用兵,军费浩大,洪适悉心调遣,保障供应,升为司农少卿,孝宗乾道元年(1165)八月拜参知政事,十二月拜尚书仆射、同中书门下平章事兼枢密使。后因久雨损蚕麦,三上奏章,引咎乞退。乾道四年(1168),以观文殿学士提举临安府洞霄宫。此后家居16年,以著书、考据金石文字自娱。谥"文惠"。著有《隶释》《隶谱》《隶图》《隶韵》等二十七卷及《隶续》十卷行于世。《宋史》卷三百七十三有传。洪适书法稳健大气,宋周必大《乾道庚寅录》谓鹊山寺有雄跨堂,洪景伯书匾,颇雄伟。

《宋史》《中兴艺文志》《乾道庚寅奏事录》《中国美术家人名辞典》《赣文化通典·书画卷》《江西省人物志》《书断》《四库提要》

洪遵(1120—1174)

【宋】字景严,号小隐,鄱阳人,洪皓次子。与兄洪适、弟洪迈先后中博学鸿词科,有"三洪"之称。洪皓出使金国被扣留,洪遵与兄适、弟迈一起在僧舍读书,常夜不解衣,刻苦读书。绍兴十二年(1142)中博学鸿词科,赐进士出身,为秘书省正字。秘书省图籍因靖康之乱,大量散佚,洪遵向高宗上《乞访遗书札子》,建议立献书赏格,广求遗书。后其父皓因恢复中原事数忤秦桧,出知饶州,洪遵乞外任,通判常州、婺州、越州等地。绍兴三十一年(1161),金主完颜亮派兵由海道犯江浙,时洪遵任平江知府,以充足资粮、器械、舟楫供应抗金军队,获得尽焚金人舟船的胜利。后历任翰林院学士承旨兼侍读,拜同知枢密院事。隆兴二年(1164)七月罢同知枢密院事。乾道六年(1170)知太平州,当地圩田年久失修,民多失业流徙,洪遵召集百姓修筑圩堤,载酒食慰劳民工,共修圩堤455处。时又遇旱灾,洪遵奏减免赋税,到江西籴米,救活灾民以万计,受朝廷褒奖,进资政殿学士。淳熙元年(1174)以资政殿学士提举临安府洞霄宫,归鄱阳,十一月卒,谥"文安"。著有《小隐集》70卷,人称其"词章壮丽,自成一家"。另有《谱双》5卷,辑《翰苑群书》2卷。曾广收历代钱币百余品,精确绘图,参考历代史书有关钱币文字绘图。绍兴十九年（1149）撰成《泉志》15卷，该书汇辑历代钱图，凡有文字可记、形象可绘者，莫不毕载，为中国第一部较完整研究古代钱币学的著作。洪遵书法受苏轼影响，其楷书间杂行书笔意，结体多取横势，笔画圆熟，不激不厉，少顿挫。传世墨迹有《睽远帖》。

《宋史》《中国美术家大辞典》《赣文化通典·书画卷》《江西省人物志》

胡达孝

【宋】江西人，身世不详，善画树木，杨万里称为"水墨妙绝"。他曾为杨万里画《枯松老柏图》，杨作长诗以赠之，有"却收松柏半天里，几上卷来一张纸"之句。

《诚斋集》《中国历代画家人名辞典》

胡铨（1102—1180）

【宋】字邦衡，号澹庵，庐陵县（今吉安）人。建炎二年（1128）进士。授抚州军事判官，时金人南下，战火延及江西，胡铨在家乡芗城募兵军训。金兵逼近吉安，他立即率领民兵入城坚守。绍兴五年（1135）任枢密院编修官。八年，金国派特使与南宋和谈，并命宋高宗以臣子身分跪拜接收金国诏书。一时朝廷内外议论纷纷，胡铨上书数千言，坚决反对和议，主张动员全国人民，宣布全面开战，并要求将投降派奸臣王伦、秦桧等人斩首示众，引起极大反响。自学士文人"至武夫悍卒、遐方裔士，莫不传诵其书，争愿识面（周必大《胡忠简公神道碑》），而宋高宗、秦桧等人以"狂妄凶悖，鼓众劫持"为罪名，将胡编管昭州（今广西平乐县），改监广州盐仓。次年，签书威武军判官。绍兴十三年（1143），被除名编管新州。绍兴十八年（1148），胡诠在《好事近》词中写道："欲驾巾车归去，有豺狼当辙。"被认为讽刺当道权臣秦桧等人，流放至海南岛。二十五年，秦桧卒，才量移湖南衡州。绍兴三十二年（1162），高宗禅位孝宗，又重新起用胡为左奉议郎，知饶州。隆兴元年（1163），迁秘书少监，四月调起居郎、国史院编修官。他向孝宗提出一系列积极抗战建议，又遭朝廷投降官僚忌恨，被排挤出朝廷。次年任浙西淮东海道使，到前线指挥战事。时金国以80万大军南侵，淮东众多守将弃城望风而逃。胡铨上书劾奏，并带兵前往抗战，亲自抡锤，击冰开路。众将士受到鼓舞，奋勇争先，终将金兵击退。乾道（1165—1173）初为工部侍郎，除宝文阁待制，升龙图阁学士、进端明殿学士。淳熙六年（1179）以资政殿学士致仕，次年客死南雄，谥"忠简"。临死前所作《遗表》，犹言要化厉鬼杀贼。精通儒学，善诗能文，著有《澹庵文集》100卷。另著《周易拾遗》10卷、《春秋集善》30卷，受到宋孝宗赞赏，诏令藏于秘书省。胡诠对经史百家之学均有所得，而且通晓绘画艺术。并善书。宋林光朝《艾轩集》云："胡侍郎大书'著作之庭'，其形摹滥觞发于小篆，岂八分未出，已有此书？"文天祥《道山堂瞻御书》诗云："著庭更有邦人笔，稽首承休学二忠。"自注云："著作之庭乃胡忠简公书，周文忠公立。"存世书迹有《台慈分赐札子》。《宋史》卷三百七十四有传。

《宋史本传》《文山集》《林光朝·艾轩集》《中国美术家人名辞典》《赣文化通典·书画卷》《江西省人物传》

胡则参

【宋】字彦德，婺源人。少笃学，潜心古人，不以科第得失累其心。尚节俭，随力以及人。县学灾，重建礼殿，既成，忧无以膳士，乃物色逃户田于诸乡，得三十亩，请于官，许之。善调琴、赋诗，尤工书法，长于古篆隶法，超然有隐者趣。

《中国美术家大辞典》《宋人传记资料索引补编》《徽州府志》

黄乘

【宋】洪州分宁（今修水）人。黄庭坚弟，雅善小篆，通六书之意，下笔皆有依据。

《赣文化通典·书画卷》

黄大临（1041—1105）

【宋】字元明，自号寅庵。北宋洪州分宁（今修水）人。乃黄庭坚胞兄。历任龙泉令、梁县尉，授越州司理、萍乡令等。绍圣间知萍乡县。任职期间以仁慈为怀，尽心尽职，治理政事异于他人，是其仕途生涯中浓墨重彩之笔。但有人讽其过慈，大临曰："字民，令职也。岂其操三尺法，与百姓为仇哉！"时人叹为名言。大临善书，宋周必大《九华山录》云："九华蕉笔岩，亦名唐公岩，有黄大临诸人题字。"黄大临治萍乡之事见《山谷集》卷二十《书萍乡县厅壁》。

《山谷集》《赣文化通典·书画卷》

黄石老

【宋】道士。住江西抚州崇仁县玉清观。工古篆。

《鹤山集》《中国美术家人名辞典》

黄庭坚（1045—1105）

【宋】字鲁直，号山谷，自号涪翁，人称黄太史、豫章先生，分宁县（今修水）高城乡双井里人，黄庶次子。自幼聪颖，5岁时能背诵"五经"，7岁作《牧童》诗，15岁随舅父到淮南游学，学问大有长进。后又从孙莘老学，为其赏识，娶其女兰溪为妻。治平三年（1066）获省试第一名，次年中进士。初任汝州叶县县尉。熙宁五年（1072）诏举四京学官，庭坚考得优等，任北京（今河北省大名县）国子监教授。八年，与苏轼缔结文字交，情兼师友，与秦观、张耒、晁补之同称"苏门四学士"。元丰三年（1080）改知太和县（今泰和县）。勤于政事，常深入穷乡僻壤，得知百姓在暴政压迫下一贫如洗，在《虎号南山》诗中，他谴责暴政犹如猛虎食人。朝廷推行官盐榷卖新法，百姓深以为苦，庭坚恤民以宽。元丰六年（1083），调任德州德平镇（今山东商河县境内）监镇官。元丰八年（1085）哲宗即位，高太后听政，旧派得势，庭坚召为秘书省校书郎，参与校定《资治通鉴》，后被任命为神宗实录院检讨官，主持编写《神宗实录》，故有"黄太史"之称，实录成，升任起居舍人。此时众多诗人文士云集汴京，他与苏轼兄弟、孙觉、陈师道、张耒、秦观、晁补之等相与酬和，赋诗论文，赏书评画。元祐六年（1091）六月，其母去世，庭坚护柩还乡守制。八年七月，任国史编修官。同年九月哲宗亲政，起用新党章惇、蔡卞等人，与苏轼一样，黄庭坚亦被划进旧派，受到贬谪处分。绍圣二年（1095），新派以修《神宗实录》不实罪名，贬庭坚为涪州（今重庆涪陵）别驾，黔州（今重庆彭水）安置，后移戎州。六年贬居生活艰难，其诗与书法艺术却得到很大提高，他书写杜甫在东西川和夔州所作诗歌，全部刻石，盖高堂名"大雅堂"以存。元符二年（1099）徽宗即位，政局两度变动，大权终落新派手里，党祸大起，崇宁元年（1102）六月，新派以"幸灾谤官"的罪名，将庭坚除名编管宜州（今属广西河池）。崇宁四年（1105）九月三十日逝。黄庭坚工诗能文，善书法。今传《山谷全集》70卷，诗1900余首，其诗风瘦硬奇崛，章法细密，富于思致理趣，讲究句法，长于点化锻造，成为宋诗风范的代表。在诗歌理论上，提出一系列独特见解，如"脱胎换骨"、"点铁成金"法，对当时与后来诗人创作影响很大，形成以他为领袖的"江西诗派"。后人称其诗"英笔奇气、杰句高境，自成一家"（方东树《昭昧詹言》）。词今存180余首，其成就与秦观并称，陈师道《后山诗话》说："今代词手，唯秦七（观）黄九（庭坚）耳，唐诸人不逮也。"黄庭坚在书法的道路上经过了一段漫长的蜕变过程，他不断地自我否定，不断地吐故纳新，他凭着自己的艺术素养和悟性，上下求索，逐渐地深入书法艺术的堂奥，成为北宋最富有创新精神的著名书家。其书法，行、草兼擅，楷法亦自成一家。曾自云："余学草书三十余年，初以周越为师，故二十年抖擞俗气不脱，晚得苏才翁（子美）书观之，乃得古人笔意。其后又得张长史（旭）、僧怀素、高闲墨迹，乃窥笔法之妙。"黄庭坚书法一度风靡朝野，宋徽宗、高宗带头学黄字，他与蔡襄、苏轼、米芾并称宋代书法四大家。传世墨迹甚多，今存《华严疏》《松风阁诗》《王长者史诗老墓志铭》《廉颇相如传》等书法作品，皆为稀世珍品。

《宋史》《山谷集》《鹤山集》《洞天清录》《中国美术家人名辞典》《中国历代书法家人名大辞典》《赣文化通典·书画卷》《江西省人物传》

黄幼安

【宋】洪州分宁（今修水）人。黄庭坚弟。喜作草书，携笔东西家，动辄龙蛇满壁，草圣之声，誉满江西。黄庭坚在其《书家弟幼安作草后》中论及幼安书云：幼安弟喜作草，"求法于老夫。老夫之书，本无法也，但观世间万缘，如蚊蚋聚散，未尝一事横于胸中，故不择笔墨，遇纸则书，纸尽则已，亦不计较工拙与人之品藻讥弹。譬如木人，舞中节拍，人叹其工，舞罢，则又萧然矣"。

《赣文化通典·书画卷》《山谷集》

黄知命

【宋】名叔达，字知命，北宋洪州分宁（今修水）人。黄庭坚弟。为人孤标傲世、狂放不羁。有趣味相投者，推挽不遗余力；如不然，虽衣冠贵人，亦唾弃之。黄庭坚《山谷集》云："知命学鲁公《东西林》碑阴字，殊有一种风气。""作乐府长短句及小诗，皆清苦愁绝，可传可玩。"《宋诗纪事》载其轶事："尝与陈履常谒法云禅师，夜归，衣白衫，骑驴缘道，摇头而歌。履常行于后。一市惊之，以为异人。明日，李伯时画以为图，邢惇夫作有歌。"

《赣文化通典·书画卷》《中国书法大辞典》《九江市文化志》《宋诗纪事》

回喑者

【宋】貌寝而明目，常卧于江州（今九江）景德寺之庑下。喜饮酒，而不能言，有所言必以书自达。俄告人曰："为尔画此壁可乎？"则许诺。人初若不经意，但其卷纸运墨，立语间而画已就。

《清江三孔集》《中国美术家人名辞典》

惠洪（1071—1128）

【宋】僧。俗姓彭，字觉范，筠州（今高安）人，一说为新昌（今宜丰）人，自号冷斋、明白老、石门精舍等。元丰七年（1084），父母双亡，出继喻氏为嗣。元祐二年（1087），从真净克文学禅。元祐五年（1090），得度为僧，冒故惠洪名。大观三年（1109），因伪度牒之事入狱。大观四年（1110），以医道受知于张天觉，乞得度牒再为僧，住峡州天宁寺。未几，坐累为民。及天觉当国，复度为僧。出入郭天信之门。政和元年（1111），张、郭得罪，亦被决配朱崖（今海南海口）。政和三年（1113），遇赦北归。建炎二年（1128），圆寂。其人能画梅竹，每用"皂子胶"画梅于生绢扇上，灯月下映之，宛然影也，其笔力于枝梗极遒健。所作"潇湘八景"题画诗对宋迪"潇湘八景"有独特认识，将"潇湘八景"与"佛教禅宗"建立了联系。工诗，有诗集《石门文字禅》30卷，现存。

《画继》《图绘宝鉴》《宋诗记事》《中国美术家人名辞典》《中国历代画家人名辞典》《石门文字禅》

慧上人

【宋】僧。吉水人。南禅寺上座。文天祥谓其得画法于里之名手，留京师，复得传神法于异人。岁写星源神像轴若干，四方游山上者，无画以归，谓为徒行云。争致馈橐中，约隔岁取偿。慧遂为例。独传神秘其术不轻售。

《文山集》《中国美术家人名辞典》《中国历代画家人名辞典》

寒亿

【宋】浔阳（今九江）人，中书省玉册官。善刻碑，嘉祐八年（1063）同王克明刻《韩国华神道碑》；治平二年（1065）刻《昼锦堂记》。

《刻碑姓名录》《中国美术家人名辞典》《金石萃编》

江陵

【宋】江西刻工。淳熙九年（1182）刻龙兴版《吕氏家塾读诗记》。

《宋元考古学初稿》《中国美术家人名辞典》

姜夔（1155—1221）

【宋】字尧章，号白石道人，鄱阳人。出生于没落仕宦之家，屡试不第，遂一生未仕。好学无所不通，精乐律，工诗词。有《白石词》。曾请于朝，欲正颂台乐律，以议不合罢。善书法，运笔遒劲，波澜老成。著《续书谱》一卷，议论精到，用志刻苦，笔法入能品。赵孟坚目之为书家申韩。明人陶宗仪在《书史会要》中称赞他的书法"迥脱脂粉"，"有如山人隐者，难登庙堂"。传世书迹有《落水本兰亭序跋》。

《研北杂志》《续画谱序》《书史会要》《中国美术家人名辞典》《中国历代书法家人名大辞典》

孔文仲（1038—1088）

【宋】字经父，临江新喻（今新余），一说新淦（今新干）人。少刻苦，问学博洽。嘉祐六年（1061）进士第一。先后担任余杭尉，台州推官等。熙宁初力论王安石理财、训兵诸法之非，被罢官。元祐初年（1086），哲宗召为秘书省校书郎，后升任礼部员外郎。后升为起居舍人、左谏议大夫。元祐三年（1088），同知贡举。是年去世。工笔札，尤善法帖，其迹杂见《凤墅续法帖》中。另与其弟武仲、平仲合称"清江三孔"，有《清江三孔集》。

《宋史》《书史会要》《中国美术家人名辞典》《中国历代书法家人名大辞典》《江西通志》《江西历代名人传》

李常（1027—1090）

【宋】字公择，建昌（今永修）人。少时读书于庐山南麓白石观。皇祐元年（1049）中进士，留所藏所抄书九千卷在观中，供人阅读。后人名其舍曰"李氏山房",世称李山房。苏轼曾撰写《李氏山房藏书记》大加赞扬。初任江州判官、宣州观察推官。熙宁初年(1068),受发运使杨佐推荐,升为秘阁校理。因与王安石交好,被举荐为三司条例司检详官,后迁右正言、知谏院。后因反对新法,被贬为滑州通判,后陆续转知鄂州、湖州、齐州等。元丰六年(1083),召为太常少卿、后任礼部侍郎。哲宗即位后,任户部尚书。再升任御史中丞兼侍读,加龙图阁直学士衔。后调知邓州,迁知成都府,赴任途中去世。初学草书,所不能者,辄杂以真、行,被刘攽讽为"鹦哥娇"。其后书法稍进步,曾问苏轼;"吾书比来何如?"轼曰:"可谓秦吉了矣。"楼钥跋其《与山谷帖》载:"山房不以书名,尝见行书,不知草圣乃如此,以是知前辈无不过人者。"

《宋史》《东坡集》《攻媿集》《中国美术家人名辞典》

李格

【北宋】字承之,两宋之际兴国人。元符年间中进士。善画,尤长于墨梅、墨兰。祀乡贤祠。

《中国美术家大辞典》

李彭(？—1094)

【宋】字商老,自号日涉园夫,又号海昏逸人,南康军建昌(今永修)人。为江西诗派人物。善书画,岳珂《宝真斋法书赞》载:"右江西诗派日涉居士李公彭,字商老,酬答诗帖真迹一卷,未登于宝真。丙戌八月,始致此帖于锡山,盖托室友搜访而得之,有藏书家七印。"《宋史翼》记载:"字有钟、王之风,法右军(王羲之)之赡丽,用鲁公(颜真卿)之气骨,猎奇峭于诚悬(柳公权),体韵度于凝式(杨凝式)。"宋人释惠洪在《石门文字禅》中赞其"笔画一出,人争传宝"。曾与苏轼、黄庭坚等相唱和,著有《日涉园集》。

《书史会要》《石门文字禅》《中国美术家人名辞典》《中国历代书法家人名大辞典》《宋史翼》《江西古代名人》

李千能

【宋】江西人，高宗、孝宗时人。能制墨及画梅花，当世时极有声誉。

《攻媿集》《中国美术家人名辞典》《中国历代画家人名辞典》《历代画史汇传》

李氏

【宋】女，南康建昌（今永修）人，李常妹，朝议大夫王佐之妻，黄庭坚之姨母，封南昌县君，《山谷集》作崇德郡君。善画松竹木石，尤精于临摹。画家文与可曾作《偃竹图》赠苏轼，被黄庭坚借观，而李临摹，后出示米芾，米芾云："非鲁直自陈，不能辨也。"并作诗对李氏大加赞赏。据记载，庐山李常山房有其墨竹。黄庭坚亦有《题姨母李夫人偃竹诗》载集中，又有《题崇德君所画雀竹蜩螗图赞》。

《画继》《画史》《图绘宝鉴》《文湖州竹派》《山谷集》《中国美术家人名辞典》《中国历代画家人名辞典》《江西历代文学艺术大全》

李思聪

【宋】赣县（今赣州）人，祥福宫道士。擅画，相传尝遇异人与一宝镜，悬镜而卧，移日方兴，辄意所游洞天海岳，摹写为图，并题咏之。皇祐间（1049—1053）呈府郡，郡守为之呈上，以祝圣寿。称旨，赐号洞渊太师冲妙先生。著有《洞渊集》。

《嘉靖赣州府志》《中国美术家人名辞典》《洞渊集》

李仲宁

【宋】九江人。善刻碑，刀法精微谨细，尤讲神韵气力，名震江南。黄庭坚曾题其居曰"琢玉坊"。崇宁（1102—1106）年间，诏令各地刊刻元祐党籍姓名，太守命仲宁刻之，仲宁曰："小人家以贫窭，止刊苏内翰、黄太史词翰，遂至饱暖。今日以奸人为名，诚不忍下手。"守异之曰："贤哉！士大夫之所不及也。"遂馈以酒而从其请。曾巩墓志铭刻者即是李仲宁。

《挥麈录》《中国美术家人名辞典》《九江市文化志》《江西历代文学艺术家大全》

厉昭庆

【宋】建康（今丰城）人。初仕南唐，为翰林待诏。开宝末随李后主入宋，授图画院祗候。工画佛像，尤长于观音。凡画古今人物，至于衣纹生熟亦能分别，前辈殆不及。每欲挥笔，必求虚静之室无尘埃处，覆其四面，止留尺余，始有命意，有专谨如此。人有问者，以陆探微去梯之事答之。故其笔精色泽，久而如新。

《圣朝名画评》《图画见闻志》《中国美术家人名辞典》《中国历代画家人名辞典》

连鳌

【宋】字仲举，自号石台居士，绍兴（1131—1162）间吉州（今吉安）人。精长短句，工于画鱼，几与徐白（北宋画鱼专家）比美。

《画继》《图绘宝鉴》《历代画史汇传》《中国美术家人名辞典》《中国历代画家人名辞典》

刘攽（1023—1089）

【宋】字贡父，新余人。庆历六年（1046）与兄刘敞同中进士，任凤翔府节度推官。至和二年（1055），调江阴主簿。嘉祐二年（1057），任庐州推官。嘉祐八年（1063），受王安石举荐进京任国子监直讲。后被司马光看中，担任《资治通鉴》编修之一，负责汉史部分，著有《东汉刊误》等。熙宁三年（1070），通判泰州。后陆续担任曹州通判、开封府判官、京东路转运使、兖州知州、亳州知州等。哲宗时召拜中书舍人。著作有《五代春秋》《内传国语》《经史新义》等。善毫翰，《群玉堂法帖》有其作品。

《宋史》《书史会要》《中国美术家人名辞典》

刘敞（1019—1068）

【宋】字原父，号公是，新余人。庆历六年（1046）与弟刘攽同中进士，廷试第一，以大理评事通判蔡州。皇祐三年（1051），迁太子中允、直集贤院。皇祐四年（1052），任三司使。至和元年（1054），迁右正言，擢知制诰。其后出使辽国，后任扬州知州、郓州知州、京东路安抚使等。嘉祐四年（1059），主持礼部考试。后侍英宗（1063—1067）讲读，改集贤院学士。熙宁元年（1068），病卒，欧阳修为其撰写墓志铭。其学识渊博，欧阳修称其"无所不通"；经学功底深厚，尤长于《春秋》三传；诗文与弟刘攽、子刘奉志并称"临江三刘"。著作有《公是集》《春秋传》《春秋权衡》等。

《宋史》《东观余论》《中国美术家人名辞典》《江西省志人物志》

刘琮

【宋】庐陵（今吉安）人。以写真名一时，苏轼曾夸赞过他，由是士大夫益称之。

《庐溪集》《中国美术家人名辞典》《中国历代画家人名辞典》《历代画史汇传》

刘道士

【宋】道士，钟陵（今进贤）人，一作南京人。俗姓刘，画史称"刘道士"。工画佛道鬼神，落笔遒怪，尤爱画甘露佛。也善画山水。师从董源，与巨然同时，画也颇相同，初很难分辨。但刘画道士在主位，巨然则以僧在主位，人们便以此为别。有《湖山清晓图》传世，张大千初定为巨然画，后改为刘道士。

《海岳画史》《图绘宝鉴》《中国历代画家人名辞典》《画史》《图画见闻志》

刘梦良

【宋】南昌人,《图绘宝鉴》作蜀人。精绘事,善画墨梅,宗扬无咎。

《南昌府志》《图绘宝鉴》《中国美术家人名辞典》《中国历代画家人名辞典》《墨梅人名录》《康熙南昌郡乘》

刘讷

【宋】字敏叔,吉水人。善画人物。曾画杨万里、周必大及乘成先生肖像为《三老图》。杨万里题《三老图》云:"刘讷敏叔秀才,写乘成先生、平园相国及予为《三老图》,因署其后:刘君写照妙通神,三老图成又一新;只道老韩同传好,被人指点也愁人。"

《诚斋集》《中国美术家人名辞典》

刘清之(1139—1190)

【宋】字子澄,号静春,临江(今樟树)人。自少甘贫力学,博览群书,工书、画。绍兴二十七年(1157)中进士,历任万安县丞、高安县丞、宜黄知县、太常寺主簿、鄂州通判、衢州知州等。光宗即位后,任袁州知州。任内多有政绩、百姓爱戴。初举进士时欲应博学鸿词科,及见朱熹,尽取所习焚之,慨然志于义理之学,学者称为"静春先生"。善画人物,传周必大曾见其《耸寒图》。著作有《戒子通录》《墨庄总录》《曾子内外杂篇》等。

《戒子通录》《宋史》《朱子文集》《平园集》《中国美术家人名辞典》《中国历代画家人名辞典》

刘兴祖

【宋】字孝先,南康军大庾(今大余)人。乾道五年(1169)中进士,初任韶州录事参军,因不汲汲于时,五仕皆"冷曹",以通直郎致仕。习《易》《春秋》,旁通音律。擅画花鸟,初师江伯清,后习韩祐。

《中国美术家大辞典》《嘉靖南安府志》《民国大庾县志》《雍正江

西通志》

刘延世

【宋】字玉孟，号述之，临江新喻（今新余）人。少有盛名。元祐初游太学，不得志，归而筑堂讲业，名曰"抱瓮堂"，潜心问学。长于绘画，尤善写竹。

《图绘宝鉴》《画继》《中国历代画家人名辞典》

陆九龄（1132—1180）

【宋】字子寿，世称复斋先生，抚州金溪人。乾道五年（1169）进士。历任兴国军教授、全州教授（因患病未赴任）。宝庆二年（1226），破格追赠朝奉郎、直秘阁，赐谥"文达"。与弟九渊相为师友，学者号"二陆"，曾参与"鹅湖之会"。其于字画虽不求工，但所书端稳深润有法度，临学之士或有所未及。著有《复斋集》。

《陆氏家制》《宋史》《始丰稿》《中国美术家人名辞典》《康熙金溪县志》

罗士友（1199—1266）

【宋】字兼善，一字晋卿，自号融斋，庐陵（今吉安）人。弱冠丧父，聪颖好书，好为善乡里。文天祥曾说其："学书入楷，得蔡氏风度。"

《文山集》《万历吉安府志》《光绪吉水县志》《中国美术家人名辞典》

聂子述

【宋】字善之，号定斋，南宋建昌军（今南城）人。绍熙元年（1190），中进士。后任瑞金县知县。嘉定六年（1213），除秘书丞，迁著作郎。此后历任将作少监、工部侍郎兼国史院编修官、利州路安抚使、四川制置使、吏部侍郎兼国史院编修官等等。宝庆三年（1227），以华文阁直学士、宣奉大夫任赣州知府，期间重建唐代名迹郁孤台，辑刻《郁孤台法帖》。后病卒,谥"文定",追封卫郡公。

《嘉靖瑞金县志》《赣文化通典书画卷》《嘉靖赣州府志》

欧阳楚翁

【宋】字无尘,江西龙虎山道士。善画山水、窠木、竹石、水墨梅花以及四时之景,尤工画龙。

《同治贵溪县志》、《图绘宝鉴》《中国美术家人名辞典》《中国历代画家人名辞典》《墨梅人名录》

欧阳修(1007—1072)

【宋】字永叔,号醉翁,晚号六一居士,庐陵(今吉安)人。自幼喜爱读书,天资聪颖;少年即习作诗赋文章,文笔老练。天圣八年(1030),中进士,被授任将仕郎,试秘书省校书郎,充任西京留守推官。景祐元年(1034),授任宣德郎,并担任馆阁校勘,参与编修《崇文总目》。后因参与范仲淹政治改革,而被贬为夷陵县令。康定元年(1040),被召回京,复任馆阁校勘,编修《崇文总目》。后历任右正言、知制诰。后参与"庆历新政"被贬为滁州太守,其间写出《醉翁亭记》。后在官场继续浮沉,历任刑部尚书、兵部尚书、检校太保、宣徽南院使、参知政事等等。熙宁五年(1072),在家中逝世,获赠太子太师。熙宁七年(1074),获赐谥号"文忠"。元丰三年(1080),特赠太尉。元丰八年(1085),加赠太师,追封康国公。绍圣三年(1096),再追封兖国公。崇宁三年(1104),改封秦国公。政和三年(1113),改封楚国公。工书,好古嗜学,凡周汉以降,金石遗文,断编残简,掇拾异同,谓之《集古录》。其书笔势险劲,字体新丽,自成一家。喜用尖笔干墨,作方阔字,神采秀发,膏润无穷,后人观之,如见其清眸丰颊,进趋晔如也。亦工篆书,嘉祐八年(1063)奉敕篆"受命宝";又奉敕篆"皇帝尊号之宝"。

《宋史》《东坡集》《山谷集》《六一居士年谱》《天下金石志》《中国美术家人名辞典》

裴煜

【宋】字如晦，临川（今属抚州）人。庆历六年（1046）进士第一名。历任国子监直讲、太常博士、扬州知州、苏州知州、翰林学士等。颇善文辞，与欧阳修、梅尧臣、王安石酬和甚密。亦善书法，长于楷、行书，而且经常将楷书入行、行法入楷，丝连意带，别有风味。用笔纯熟精到，挥洒自如，信然涂抹却气息灵动，书风则气韵和畅，清劲可人。书迹有《秀洲帖》《久疏帖》等。

《宋史》《中国历代书法家人名大辞典》《王荆公诗集》《光绪抚州府志》

任询（1133—1204）

【金】字君谟，号龙岩，又号南麓先生。易州军市（今河北易县）人，生于虔州（今赣州），为任贵子。正隆二年（1157）进士，历益都都勾判官、北京盐使。致仕后优游乡里，家藏法书名画数百轴。书法精妙，被称为本朝第一，画亦佳。真草书流丽犹劲，不让"二王"。山水师王庭筠、张才，得其三昧。评者谓其画高于书，书高于诗，诗高于文，书入能品，画入神品。卒年七十。

《金史本传》《保定志》《永平府志》《墨池渊海》《画史会要》《中国美术家人名辞典》《中国历代书法家人名大辞典》

省肇

【宋】僧。一作德肇，庐山人。工行书，庐山多有其所书碑刻。

《书史会要》《中国美术家人名辞典》

舒娇

【宋】吉州（今吉安）永和镇人，舒翁之女。舒娇擅制垆瓮，并长于陶瓷图案绘制。永和镇有五窑，其中白釉、黑釉以舒娇父女所制为最佳，当时可与哥窑等价。舒娇是我国陶瓷史上见于文献记载的第一位女制瓷名家。清人施闰章在《矩斋杂记》中说："宋时江西窑器出庐陵之永和市，有舒翁工为玩具，翁之女尤善，号曰舒娇。"据《庐陵县志》引用《青原杂记》中一段记载："……永和镇舒翁、舒娇，其器重仙佛，盛于乾道间。余见有元祐，崇宁者。"又说："青原殿上一供佛瓶，乃永和窑舒翁所陶，其女所画者也。"当时在吉安永和镇的"吉州窑"是宋代著名的民间窑厂，而吉州五窑又以舒翁、舒娇烧造的"舒家窑"产品质量最好。

《中国陶瓷辞典》《古瓷考略》《中国美术家人名辞典》《江西历代文学艺术家大全》

司马括

【宋】字子开，寓居豫章（今南昌），为司马光后裔。其人工于书法，长于隶书，也善行书。其书法追踪魏、晋，崇尚"二王"，以此为师，创新发展，表现了自家的面貌和风格。

《书史会要》《中国历代书法家人名大辞典》

宋永年

【宋】临江军（今樟树）人，后居金陵（今南京）。擅画梅花。

《图绘宝鉴》《中国美术家人名辞典》《中国历代画家人名辞典》

太虚

【宋】僧，洪州（今南昌）人。长于绘画，幕徽宗第三子郓王赵楷，精于墨竹，作品不多见。

《画史绘要》《图绘宝鉴》《中国美术家人名辞典》《中国历代画家人名辞典》

汤氏

【宋】女，南昌人。汤正仲女，赵希全妻。擅画梅、竹，常以父"闲庵"印识其上。

《图绘宝鉴》《画史会要》《中国美术家人名辞典》

汤叔用

【宋】一作叔周,以字行。南昌人。其兄汤正仲。长于绘画,犹擅墨梅。

《图绘宝鉴》《中国美术家人名辞典》

汤正仲

【宋】字叔雅,号闲庵,洪州(今南昌)人。扬补之(无咎)之甥。善画墨梅。说者谓得其舅氏补之遗法,蕴藉敷腴,青出于蓝。自来墨梅类以白黑相形,正仲始出新意,为"倒晕素质"以反之。即用墨笔勾出花形,在四周晕染,墨地上显出白花。其木石,如松石、竹石,清雅如敷粉之色。水仙兰蕙亦佳。其女(赵希泉妻)善梅竹,用"闲庵"印。其弟叔周亦善墨笔梅花。其作品传世不多,《南枝霁雪图》被认定是历代雪梅的开始之作。

《朱子文集》《图绘宝鉴》《寓意编》《画史会要》《中国美术家人名辞典》《中国历代画家人名辞典》

汪逵

【宋】字季路,玉山人。汪应辰之子。乾道八年(1172)进士。为人谨慎,生性宽和。韩侂胄主政,禁理学,逐名士。汪逵上书反对,被斥入庆元党籍,闲居多年。嘉定元年(1208)复为秘书监,后累迁至吏部尚书,端明殿学士。工书,常为其父代笔。喜收藏,建集古堂,藏奇书秘迹金石遗文两千卷。著《淳化阁帖辨记》。

《宋史》《紫桃轩杂缀》《平园集》《中国美术家人名辞典》

汪应辰(1118—1176)

【宋】字圣锡,初名师闽,字孝伯,后改名为洋,中第后宋高宗赐名应辰,玉山人。其先祖为徽州婺源人,因避战乱迁居玉山县。少时家境贫寒,父亲早逝,受其祖母鲁氏督促学业。绍兴五年(1135)进士,先后担任秘书省正字，建州、袁州、静江、广州通判，礼部郎中，婺州知州，权吏部尚书等官，谥号"文定"。汪应辰为南宋著名理学家，组成流派后世称为"玉山学派"。工笔札。名重天下，人得尺牍荣之。后与人通问，皆子逮代作，当时翰墨已难得。传世书迹有《中庸毕二帖》《过严子陵钓台》。

《宋史》《平园集》《中国美术家人名辞典》《中国历代书法家人名大辞典》

汪藻（1079—1154）

【宋】字彦章，号浮溪，又号龙溪。饶州（今上饶）德兴人。崇宁年间进士，历事徽、钦、高三帝。累官中书舍人，兼直学士院，擢给事中，迁兵部侍郎，拜翰林学士。汪藻工于书法，长于行、篆书，当时诏令多出其手。其篆书，颇得李斯、李阳冰之法，清峻透丽，遒劲古朴。行书有苏轼之韵，笔墨丰腴跌宕，古拙凝厚，笔法字字独立而又通篇缜密衔通，行列以气兴连，顾盼映带。其亦工诗文，初学"江西派"，后学苏轼。著有《浮溪集》《浮溪词》等。传世书迹有《误食胡桃帖》《违别滋久帖》《为熊叔雅砚铭》《即日帖》等。

《宋史本传》《孙鸿庆集》《玉堂杂集》《中国美术家人名辞典》《中国历代书法家人名大辞典》

王安石（1021—1086）

【宋】字介甫，小字獾郎，号半山，临川（今属抚州）人。庆历二年（1042）进士，熙宁三年（1070）同中书门下平章事，加尚书左仆射，封舒国功，改封荆，绍圣中谥曰"文"，追封舒王。王安石系唐宋古文八大家之一，诗亦有很高成就，为宋诗的代表人物。工于书法，运笔如插两翼，凌轹于霜空雕鹗之后。清劲峭拔，飘飘不凡，世谓之横风疾雨。黄庭坚谓学王濛，米芾谓学杨凝式，陈善谓学沈辽，苏轼谓得无法之法，张邦基谓乃天然如此。作行字，率多淡墨疾书，未尝经意。风神闲逸，韵度清美。明陶宗仪《书史会要》云荆公用笔法美而不妖娆，瘦而不枯瘠。

《宋史》《东坡集》《山谷集》《海岳名言》《姑溪集》《墨庄漫录》《宣和画谱》《黄潜文献集》《杭州志》《东图玄览》《梦溪笔谈》《挥麈录》《中国美术家人名辞典》《中国历代书法家人名大辞典》《中国历代画家人名辞典》

王寀（1078—1118）

【宋】字辅道，号南陔，德安人。宋徽宗政和间登进士，为校书郎。好神仙，常请道士于家中讲丹砂、飞升之术。工辞章，善画龙。

《广川画跋》《中国美术家人名辞典》《中国历代画家人名辞典》

王介（1158—1213）

【南宋】字元石，号默庵，婺源人。从朱熹、吕祖谦游。绍熙元年（1190）登进士第，廷对时指陈时弊，有远谏之意，擢为第三。授昭庆军节度判官，通判绍兴府，知邵武军。擅长绘画，尤擅人物、山水，笔意似马远、夏珪。亦能画梅、兰。

《中国历史大辞典》《中国美术家大辞典》

王珉

【宋】字中玉，玉山人。登进士第，后为侍从。善楷书，尝作梦山堂，当时如吕祖谦之流皆有题咏。

《广信郡志》《图绘宝鉴补遗》《中国美术家人名辞典》

王雱（1044—1076）

【宋】字元泽，临川（今属抚州）人。王安石之子。王雱天资聪颖，性格豪迈。举进士，调旌德尉。神宗命撰《诗》《书》义，擢天章阁待制兼侍讲。王雱亦能书，明王鏊云："昔人论荆公多淡墨疾书，类忙时作。今观元泽书亦然。盖点画转折，意到而已，未尝有法，而亦不可谓之无法也，其得于家传者邪？"

《宋史》《赣文化通典·书画卷》

王庭珪（1079—1171）

【宋】字民瞻，号泸溪，安福人。政和八年（1118）进士。调茶陵丞，忤部使者，遂拂衣归。乾道年间（1165—1173）召对内殿，除直敷文阁。工书，有手书十简，虽纸敝墨渝，而正气勃勃可挹。有楷书《颂惠贴》传世，点画朴拙凝重，结构内松外紧，且略显左低右高之势，布局疏朗有致。著有《卢溪集》五十卷。

《寓意编》《铁网珊瑚》《中国美术家人名辞典》

危道人

【宋】不知其名，神宗时住南城麻姑山修行学道，以画鱼著名。

《图绘宝鉴》《中国历代画家人名辞典》

危和（1166—1229）

【宋】字祥仲。临川（今属抚州）人。开禧元年（1205）登进士第。为上元主簿，大辟祠宇祭祀程颢，真德秀为记之。知德兴，振荒有惠政。明周晖吉《金陵琐事》云："方山定林寺碑乃宋嘉定庚辰进士朱舜庸撰，秦铸书，危和篆额。"

《赣文化通典·书画卷》

文天祥（1236—1282）

【宋】字宋瑞，又字履善，号文山，吉水人。年二十举进士，理宗亲拔为第一，官历瑞州、赣州知州，右丞相兼枢密使等。平生致力于抗元，战败被俘，拒不投降，于至元十九年（1282）殉国，年四十七。衣袋中有赞曰："孔曰成仁，孟曰取义，所以仁至。读圣贤书，所学何事？而今而后，庶几无愧。"工书，以小篆、行草知名，其书体清疏挺竦，流畅劲秀，颇具韵度。传世墨迹有《上宏斋贴》《草书木鸡集序卷》《谢昌元座右自警辞》等，应天府学书明德堂亦有其手书。

《江宁府志》《宋史本传》《中国美术家人名辞典》《中国历代书法家人名大辞典》

吴拱

【宋】江西刻工。淳熙九年（1182）曾刻龙兴版《吕氏家塾读书记》。又刻《五朝名臣言行录》。

《四部丛刊影印吕氏家塾读书记》《宋元考古学初稿》

吴尚淘

【北宋】武宁人。《武宁县志》称其善画能诗，尤工山水，能于尺幅中尽华山之势。神宗时，曾应召绘杭州风景三百里，称旨，授朝议大夫。

《武宁县志》《中国美术家大辞典》

夏竦（985—1051）

【宋】字子乔，江州德安（今九江）人。真宗年间举贤良方正，除光禄寺丞。仁宗朝，累擢知制诰，拜同中书门下平章事，判大名府。后为言者所攻，改枢密使。封英国公，后改封郑，谥"文庄"。竦以文学起家，多识古文，学奇字，能诗词。著有《夏文庄集》。

《宋史本传》《中国美术家人名辞典》

夏执中（？—1195）

【宋】字子权。宜春人。宋孝宗夏皇后之弟，绍兴年间补承信郎、阁门祗候，累官至奉国军节度使。执中既贵，始从师学作大字，颇工。高宗行庆寿礼，近戚争献珍奇，执中独大书"一人有庆，万寿无疆"以进，高宗喜，赐赉甚渥。

《宋史·夏皇后传》

向子諲（1085—1152）

【宋】字伯恭，号芗林居士，临江（今樟树）人。向敏中玄孙。哲宗元符三年（1100）以恩荫补承奉郎，南宋初累官户部侍郎，知平江府。向氏极力主张抗金，因反对秦桧议和被贬。工长短句，有酒边词，其诗以南渡为界，前期风格绮丽，南渡后多忧国之作。善书，灵璧卧石上有刻字并小诗，皆子諲所书。

《宋史》《云烟过眼录》《书史会要》《中国美术家人名辞典》《江西历代文学艺术家大全》

萧岜

【宋】字则山，号大山，新余人。绍定五年（1232）进士，以史馆校勘迁武学博士进大府丞，求补外缺，遂奉祠，因之投入于文字。工篆、隶，凡名胜匾额，多其所书，尤善吟咏。

《临江府志》《中国美术家人名辞典》

萧资（？—1278）

【南宋】吉水人。初为文天祥幕下书吏，随其起兵抗元，总摄细务。祥兴元年（1278），五坡岭兵败，死于难。善书法。以工书入仕。

《宋代人物辞典》《中国美术家大辞典》

谢谔（1121—1194）

【宋】字昌国，号艮斋，晚号桂山老人。临江新喻（今新余）人。绍兴二十七年（1157）中进士第。累官至御史中丞，工部尚书。谢谔为文仿欧阳修、曾巩。著作仅存《艮斋集》一卷。明陶宗仪《书史会要》云："艮斋书法似苏轼，而少变其体，自成一家。"元徐硕《至元嘉禾志》载："海盐新修学记，绍兴三年谢谔记并书。"存世墨迹有《倾耳剀切帖》（又名《垂访帖》）。

《宋史》《书史会要》《中国历代书法家人名大辞典》

谢枋得（1226—1289）

【宋】字君直，号叠山，别号依斋，信州（今上饶）弋阳人。宝祐（1253—1258）中举进士，因对策时攻击丞相董槐和宦官董宋臣被贬为乙科，授抚州司户参军，弃职不就。开庆元年（1259），元兵南侵，得任兵部架阁，在广信、抚州募兵以助江东宣抚使赵葵抗元。因主战为丞相贾似道所忌惮，贬至兴国军。咸淳十年（1274），组织民兵抗击元军，兵败后弃家入闽，隐居建宁唐石山。宋亡后拒不为元臣，押送至大都，绝食而亡。工书，文章奇绝，学通"六经"，淹贯百家，作品收录在《叠山集》。元李存跋《叠山帖》云："叠山先生笔力劲健，去次且百年，方凛凛生气。"

《宋史》《俟菴集》《中国美术家人名辞典》

辛弃疾（1140—1207）

【宋】字幼安，号稼轩，历城（今山东济南）人，南宋豪放派词人，与苏轼合称"苏辛"，与李清照并称"济南二安"。曾任江西安抚使、福建安抚使等职。追赠少师，谥"忠敏"。有词集《稼轩长短句》，今存元刻广信书院本。弃疾于淳熙八年（1181）定居信州带湖，筑稼轩，自号"稼轩居士"。庆元二年（1192）夏，稼轩失火，举家徙铅山瓢泉。二十年间，除有两年一度出任福建提点刑狱和福建安抚使外，大部分时间都在信州闲居，创作了大量歌颂信州山川秀美的诗词。亦工书，传世墨迹有《去国帖》，中锋用笔，点画精妙，书写流畅自如，于圆润爽丽中不失挺拔方正之气象。

《上饶历代书画集》

熊方

【宋】字广居，丰城人。靖康元年（1126）乡贡进士。官至迪功郎，参澧州军事。工书法，高宗内禅，大书"尧舜"二字，表进，有旨付秘阁，除澧州路帅幕。有《补后汉书年表》，以经纬周密称。

《南昌县志》《中国美术家人名辞典》《赣文化通典·书画卷》

熊兴和

【宋】字天乐，新建人。博通经史百家之书，淡于仕进。工草书，能诗。杜本《谷音集》中选有其诗。

《江西历代人物辞典》

熊与和

【宋】字天乐，豫章（今南昌）人。元《杜本谷音》载其"性介澹，无妻，不食肉，通经史百氏之书，布衣草屦，遨游名山，尤嗜弹琴、草书"。擅写诗，犹有奇崛气。工于草书，酷似张颠。

《杜本古音》《中国美术家人名辞典》《赣文化通典·书画卷》

徐本（1131—1162）

【宋】南宋绍兴（1131—1162）时石城（今属赣州）人，《图绘宝鉴》载其"于人物、山水、花鸟皆精工。侄子徐世昌专画花鸟，亦有名"。

《图绘宝鉴》《中国历代画家人名辞典》

徐崇矩

【宋】钟陵（今进贤）人。继承家学，有祖父徐熙画风。善画花、竹、禽、鱼、蜂、蝶、蔬果之类，尤善画仕女，曲眉丰脸，姿态优美。画作有《折枝桃花图》《采花仕女图》《夭桃图》《写生菜》《紫燕药苗图》《花竹雀猫图》等。

《江西历代人物辞典》

徐梦莘（1126—1207）

【宋】字商老，清江（今樟树）人。绍兴二十四年（1154）进士，历官南安军（治今大余）教授、湖南和广西州县官、主管广西转运司文字，荆湖北路安抚司参议官等。为官50余年，仕途平淡，但他以清廉自处，敢于坚持己见，为百姓说话。少年聪慧好学，读书刻苦，举凡经史、诸子百家，无不涉猎，有过目不忘之能。一生从未做过史官，发愤研究宋金和、战之史。绍熙五年（1194）撰成编年体史学名著《三朝北盟会编》250卷，还著有《北盟集补》《会录》《读书记忘》《集医录》《集仙录》等，然皆散佚失传。工行书，有《安国帖》传世。

《宋史》《大观录》《中国美术家人名辞典》《江西省人物志》

徐友

【宋】吉州（今吉安）人，善画水。尝于常州太平寺佛殿后壁画水，名《清济贯河图》。中有一笔，其端末长四丈，涛澜汹涌，目为之炫，观者异之。仰首近之，凛然若飞流之溅于面，笔法甚老。兵火间，寺为烬，唯此殿巍然独存。百年后杨万里过寺，作《太平寺水诗》"徐生绝笔今百年，祖师相传妙天下"赞之。

《武进县志》《梁溪漫稿》《杨诚斋集》《画鉴》《图画见闻志》《中国美术家人名辞典》《中国历代画家人名辞典》

晏殊（991—1055）

【宋】字同叔，临川（今属抚州）人。天资聪敏，笃学能文。真宗景德二年（1005），张知白安抚江南，以神童荐之。15岁应廷试，赐同进士出身。复试，擢秘书省正字，得尽读秘阁藏书，继迁翰林学士，深为真宗所倚重。仁宗即位，益加信任，历居要职，先后拜同中书门下平章事兼枢密使。后出知河南，兼西京留守，进阶至开府仪同三司，勋上柱国，爵临淄公。卒谥"元献"。晏殊深知治国本末。从35岁入枢府至54岁罢相，虚心下士，以兴学荐贤为务，十年如一日。宋代兴学亦自殊始，当时重才、选才、育才，以晏殊为最力。范仲淹、孔道辅、韩琦、富弼、宋庠、宋祁、欧阳修等，均出其门下。

晏殊喜作小词，上继南唐"花间"遗绪，下开北宋婉约词风。长于即景抒情，亦多离情别绪、花酒歌愁一类传统题材。温润秀洁，闲雅平和，声调和谐。宋代词坛，自晏殊始有"江西词派"之称。清末冯煦《宋六十家词选·例言》中说："独文忠与元献学之既至，为之亦勤，翔双鹄于交衢，驭二龙于天路，且文忠家庐陵而元献家临川，词家遂有江西一派。"书法以"率真"见长，收入《群玉堂帖》。精于音乐，多次参与审议有关音律之事。

其诗作典雅，文章赡丽。著有《晏殊集》28卷、《临川集》30卷、《三州集》15卷、《二府别集》12卷、《紫微集》1卷、《平台集》1卷、《诗集》2卷、《珠玉词》1卷、《类要》76卷、《集选》100卷。晏殊尚留有四篇关于"飞白"的书法言论，即《飞白书赋》《御飞白书扇赋》《谢赐飞白书表》《御飞白书记》。

《宋史》《书史会要》《欧阳文忠公集》《中国美术家人名辞典》《赣文化通典·书画卷》《江西省人物志》

扬季衡

【宋】南宋画家，清江（今樟树）人。扬无咎侄，师从其叔扬无咎，擅长运用水墨画花鸟。南宋爱好绘画水墨竹、梅、杂画的画家，人数众多且盛况空前，或独擅一项，或兼工多种，不少且能从此享誉当时与后世，扬季衡最擅画墨梅。《雍正江西通志》称其画墨梅甚得家法。

《南昌府志》《中国历代画家人名辞典》《赣文化通典·书画卷》《江西省人物志》《雍正江西通志》

扬无咎（1097—1169）

【宋】南宋画家，字补之，号逃禅老人，又号清夷长者，自称草玄（扬雄）后裔，故其书姓从"扌"不从"木"。其祖本蜀郡成都人，传至无咎已为江西清江（今樟树）人，且扬无咎多居豫章（今南昌）。绍兴年间（1131—1162），不满高宗赵构与秦桧的对外妥协苟安，故朝廷屡征其为官都坚决不就任。善于书法，学欧阳询，笔势劲利，诗词俱工。他还能画水墨人物，师法李公麟，擅水墨梅、竹、松、石、水仙，以画梅最著称，尤其擅长画巨幅的梅花。庭中植有梅树"大如数间屋，苍皮醉斑，繁花如簇"他不断观赏临摹，得"篱边月下，疏影横斜"的神态，创制用墨线圈出花瓣，一变以彩色或墨晕作花的技法，"变黑为白"更适宜于表现疏香淡色的梅花特性。其"孤标雅韵"之画风，与其傲兀耿介之品格有关。相传徽宗曾见其画梅，笑谓是乡村中梅花，他便称"奉敕村梅"，所作"疏枝冷叶，清意逼人"和当时画院中盛行的富丽华贵的"宫梅"绘法不同，对后世影响甚大。《画继》卷三、《图绘宝鉴》卷四均有记载。侄扬季衡、甥汤正仲，徒刘梦良等得其法。和他同时的赵孟坚画白描水仙，多少也受他启发。传世作品有《四梅图》《雪梅图》等。

《画继》《洞天清录集》《后村题跋》《书史会要》《图绘宝鉴》《铁网珊瑚》《中国美术家人名辞典》《中国历代画家人名辞典》《赣文化通典·书画卷》《江西省人物志》

杨安道

【宋】九江人，善画山水、人物，师于范宽。惟用焦墨太重，稍有江湖气韵。元夏文彦《图绘宝鉴》卷三亦称杨安道"学范宽山水，用焦墨太重耳"。

《画史绘要》《图绘宝鉴》《中国美术家人名辞典》《中国历代画家人名辞典》《江西省人物志》

杨邦乂（1085—1129）

【宋】字晞稷，一作希稷，吉水人。出身儒学世家，注重操行。政和五年（1115），以舍选生登进士第，历任婺源县尉，南京国子博士，薪、庐（今合肥）、建康（今南京）三郡教授，溧阳知县，建康府通判。建炎三年（1129）九月，金兵大举南侵，临危受命，任建康军府通判兼提领沿江措置使，率领军民据守建康，终因寡不敌众，城破被俘。他坚贞不屈，多次坚拒金帅兀术的诱降，并血书"宁作赵氏鬼，不为他邦臣"以明志，后竟被割舌剖胸剜心而死，卒年四十四。高宗赞其"绰有张御史（巡）之风，无愧颜常山（真卿）之节"。赠直秘阁、朝奉大夫，徽猷阁待制，谥

"忠襄"。明陶宗仪《书史会要》云载"杨晞稷工笔札"其迹杂见《凤墅续法帖》中。著有《国语注》《荀子注》及《文集》15卷。

《宋史》《书史会要》《江西省人物志》

杨芾（1096—1164）

【宋】字文卿，自号南溪，两宋之际吉州庐陵（今吉水）人。杨万里之父。性至孝，每自外归，必市酒肉奉二亲，未尝及妻子。绍兴五年（1135）大饥，为亲负米百里，外遇盗夺不与，盗欲杀之。芾恸哭曰："吾亲不食三日矣，幸哀我。"盗义而释之。喜市书，藏书至数千卷。诗句典实，可以观学问之富；字画清壮，可以知气节之高。

《平园集》《中国美术家人名辞典》《宋代人物辞典》《刘元卿集》

杨万里（1127—1206）

【宋】字廷秀，号诚斋。吉水人。自幼攻读诗书，绍兴二十四年（1154）进士，授湖南零陵县丞。张浚受秦桧迫害，贬在湖南永州（今湖南永州市），满腔忧愤，杜门谢客，杨万里非常崇敬他，三次前去拜访不见，最后致书力请相见。张浚勉以"正心诚意之学"命名其读书之室为"诚斋"。其性刚直，力主积蓄力量抗金，收复失地，反对偏安江左，对奸臣误国满腔愤慨。时韩侂胄专权，欲网罗四方名士，筑南园，请杨万里为记。杨万里断然说："官可弃，记不可作！"他耻与韩侂胄同朝，绍熙三年（1192）回故里，辞官居家15年，皇帝屡召不仕。晚年居家潜心研《易》，著有《诚斋易传》20卷。开禧二年（1206）正月，任宝谟阁学士，赐衣带鞍马；五月，卒于故乡，追赠光禄大夫，谥"文节"。杨万里与陆游、范成大、尤袤齐名，称为"中兴四大诗人"。诗初学江西诗派，后汲取民歌精华，自成风格，时称"诚斋体"。其特点是善于细致观察事物，用清新灵活笔调，将感情融入日常生活平凡的物象中，充满浓郁生活气息。他一生写诗2万余首，大部分佚失，仅流传数千首。去世后2年，长子杨东山将其诗文合编为《诚斋集》，共133卷，其中《诗集》42卷、《文集》90卷、《附录》1卷。杨万里亦工书法，服膺米南宫。《诚斋集》卷十九有《跋米元章登岘大字帖》云："某学书最晚，虽遍参诸方，然袖中一瓣香，五十年来未拈出也，今得见礼部'登岘'大字，乃知李密未见秦王耳。"（据《杨万里文集》）诚斋传世墨迹有《首夏清和帖》《题袁起岩本兰亭》等。《宋史》卷四百三十三有传。

《宋史》《诚斋集》《中国美术家人名辞典》《江西省人物志》《赣文化通典·书画卷》《中国历代文学家小传》

余安

【宋】南宋绍兴间江西地区刻工。参加刻过《谢幼槃文集》（半页十行，行18字）、《侍郎葛公归愚集》（12行22字）、淳熙四年（1177）刻抚州公使库本《礼记注》《周易注》《春秋经传集解》《春秋公羊经传解诂》（10行16字）、《王荆公唐百家诗选》（10行18字）、淳熙九年（1182）刻江西漕台本《吕氏家塾读诗记》（3行19字）。

《宋元考古学初稿》《中国美术家人名辞典》《中国古籍版刻辞典》

余彦

【宋】南宋初期江西地区刻工。参加刻过《舆地广记》（半页13行，行24字）、《文选注》（赣州本，9行14、15字）《又同书》（明州本，10行21、22字）、《孟东野诗集》（11行16字）、《王右丞文集》（11行17—19字）、《豫章黄先生外集》（10行20字）、《春秋经传集解》（抚州公使库本，10行16字）。

《宋元考古学初稿》《中国美术家人名辞典》《中国古籍版刻辞典》

喻樗（？—1180）

【宋】字子才，号湍石，又号玉泉，祖籍南昌，后徙居严州（今浙江建德）。汪应辰、张孝祥之岳丈。少慕伊洛之学，师事于杨时。建炎三年（1129），中进士第。为人质直好议论，为赵鼎、张浚所器重。绍兴五年（1135）以赵鼎荐，授秘书省正字兼史馆校勘。力主抗金，反对和议。秦桧当政，坐谤讪朝政，降知舒州怀宁县。迁通判衡州，已而致仕。秦桧死，复起为大宗正丞，转工部员外郎，出知蕲州。孝宗即位，累官至提举浙东常平，以治绩闻。喻樗善识鉴，尝言沈晦、张九成进士当第一，后果然。著有《大学解》1卷、《玉泉论语学》4卷、《丰公遗事》1卷、《中庸大学论语解》《玉泉语录》等，已佚。宋朱熹《跋喻湍石所书相鹤经》云："《相鹤经》湍石喻公所书，法度谨严，而意象萧散。"又云："朱鸿胪、喻工部书超然远览，追迹元常，尝集其墨刻，以朱《乐毅书》喻《相鹤经》为绝伦。"

《宋史》《赣文化通典·书画卷》《江西省人物传》《南宋江西籍进士考录》《宋代人物辞典》《历代教育人物志》《雍正江西通志》《宋代书法史》

袁坰

【宋】字季野，豫章（今南昌）人。明陶宗仪《书史会要》载其"学欧阳询书亦遒媚可爱"。

《书史会要》《中国美术家人名辞典》

圆上人

【宋】僧。临川（今属抚州）人。宋释惠洪《石门文字禅》载"圆上人，临川人。书《僧宝传》，小字薄纸，画画精诚。"

《石门文字禅》《中国美术家人名辞典》《中国书法大辞典》《中华书法篆刻大辞典》

缘概

【宋】僧。仁宗（1022—1063）时鄱阳人。工草书，宗伯英（张艺），有名当时，宋李觏《盱江集》有《答缘概师见示草书千字文》诗云"去年有使自番阳，手藉一函来我所。发函乃是缘概书，千字满前云缕缕。众人饱食已用心，欲噍伯英肥美处。当时名士嘉其能，长序短篇聊锈组"。

《旴江集》《中国美术家人名辞典》《宋元论书诗全编》《中华书法篆刻大辞典》

曾布（1036—1107）

【宋】字子宣，南丰人。曾巩异母弟。年十三而孤，从学于兄巩。嘉祐二年（1057）与曾巩一同登第。初任宣州司户参军，知怀远县。熙宁二年（1069）由知府韩维聘为开封府检校库监库。经韩维、王安石推荐，上书言政事，说："严厉风俗，选择人才，其关键有八，即：劝课农桑，整理财赋，兴办学校，慎重选举，询问吏课，依次排列宗室，修缮武备，牵制远方人民。"神宗召见他，其议论建议皆合乎帝意，授太子中允、崇政殿说书，加集贤校理，判司农寺，检正中书五房公事。吕惠卿、王安石以曾布有意阻挠市易法推行，将其贬知饶州，后历任职广州、桂州、秦州（今天水）、陈州（今淮阳）、蔡州（今汝南）、庆州（今庆阳）。元丰末年（1085）复为翰林学士、户部尚书。司马光执政，令改役法，曾布不从，复被外放。元祐初（1086），以龙图阁学士知太原府，再调真定府（今正定）等。绍圣初（1094），为翰林学士承旨兼侍读。徽宗罢章惇，以韩忠彦、曾布为左右相。布因继续鼓吹"绍述"之说，遭蔡京排挤，以"力援元祐之奸党，阴挤绍圣之忠贤"被罢相，出知润州，再降为舒州（今安徽怀宁）司户。大观元年（1107），卒于润州，赠观文殿大学士，谥"文肃"。《宋史》将曾布列入"奸臣传"，近代梁启超在所著《王安石评传》中则赞扬他乃"千古骨鲠之士"，认为"其才其学，皆足以辅之，南丰可云有弟，而荆公之得士，亦一夔而足者也。"并为其辩白："荆公之冤，数百年来为之昭雪者尚书数十人，而子宣之冤，乃万古如长夜，吾安得不表而出之。工书。明陈善《杭州志》云："曾布学沈辽笔法，得其真楷。"明王世贞《法书苑》云："文肃公书如高丽使人，抗浪甚有意气。"

《宋史》《王氏法书苑》《杭州志》《中国美术家人名辞典》《赣文化通典·书画卷》《江西省人物传》

曾巩（1019—1083）

【宋】字子固，南丰人。父亲曾易占，天圣二年（1024）进士，做过几任知县，能惩恶扬善，救灾赈饥，颇有政绩。伯父曾易简、叔父曾易持，长于诗文。曾巩"生而警敏，读书数百言，脱口辄诵。年二十，试作《六论》，援笔而成，辞甚伟"。嘉祐二年（1057），欧阳修任主考官，曾巩第三次参加考试，登进士第。初任太平州（今安徽当涂）司法参军。嘉祐五年（1060），三馆秘阁召人编校典籍，枢密副使欧阳修向朝廷举荐曾巩和章望之、王回等人。曾巩应召进京，历馆阁校勘，集贤校理，兼判官告院。熙宁三年（1070）自求外任。元丰五年（1082）四月，拜中书舍人。次年四月十一日，在江宁府（今南京）病逝。元丰七年六月，回故乡南丰安葬。南宋理宗时，朝廷追谥为"文定"，后人称"曾文定公"。《宋史·曾巩传》中称"为文章，上下驰骋，愈出而愈工，本原于《六经》，斟酌于司马迁、韩愈，一时工文词者鲜能过也"。元末明初，列名唐宋古文八大家之一。著述丰富，有《元丰类稿》50卷、《续元丰类稿》40卷、《外集》10卷，另著有《卫道录》《六学稽中传》《礼经类编》《杂职》《朝政要策》《诗经教考》以及《隆平集》20卷，今仅存《元丰类稿》《隆平集》。宋朱熹云："南丰遗墨，简严静重，如其为人。"明陶宗仪《书史会要》云："巩擅豪翰，其书迹杂见《群玉堂法帖》中。"明陈黄裳云："巩书如谢家子弟，虽时偃蹇不端正，自爽地有一种风气。"

《宋史》《朱子文集》《书史会要》《中国美术家人名辞典》《赣文化通典·书画卷》《江西省人物传》

曾宏父

【宋】字幼卿，号凤墅逸客，庐陵（今吉安）人。生活于南宋末年，据《康熙雷州府志》卷十记载"宝庆年间（1225—1227）知雷州军事，并于宝庆二年（1226）于雷州教授小学"。他所辑刻的《凤墅帖》始于嘉熙年间（1237—1240），成于淳祐年间（1241—1252），历时七年。刻成后置于吉州（今吉安）曾氏家塾凤山书院，因名《凤墅帖》。帖俱收宋朝君臣墨迹，共 40 卷，今 12 卷遗存，并著有《石刻铺叙》等书。

《赣文化通典·书画卷》《康熙雷州府志》

曾几（1084—1166）

【宋】字吉甫，号茶山居士。赣州人，南宋江西诗派诗人。累官至礼部侍郎，谥"文清"。学识渊博，勤于政事。弟子陆游为作《墓志铭》，称其："治经学道之余，发于文章，雅正纯粹，而诗尤工。"几寓居上饶城北茶山寺有年，于上饶风貌颇多吟咏，有《茶山集》八卷。工书，传世墨迹有《跋唐范隋告身卷》。

《广信府志》《上饶历代书画集》

曾敏行（1118—1175）

【宋】字达臣，号浮云居士，又号独醒道人、归愚老人，吉水人。从小志存高远，刻意学问，期有补于世。年 20 岁时，因病不能参加考试，从此绝意仕进，博览群书，发愤治学，上自朝廷典章，下至稗官杂家，里谈巷议，无不记览，并访求法书、名画。生有七子一女，训子甚严，择师授经，每日检查督促。后七子长大成才，曾三畏、三聘、三异等均成为名士。淳熙二年（1175）十月二十九日，召集全族聚会，"欢如平时"。晚上他召集诸子曰："自知活于世已久，今将逝。"书二十余字嘱咐诸子努力学习，然后投笔即睡，悠然辞世，葬在玉笥山下。著《独醒杂志》10 卷，录有读书交友、旅游及各种社交活动中的见闻，记录自五代末至宋绍兴间众多遗闻逸事。淳熙十二年（1185）由其子三聘整理，杨万里作序，谢谭题跋。

《图绘宝鉴补遗》《中国人名大辞典》《中国美术家人名辞典》《江西省人物传》

曾三异（1146—1236）

【宋】字无疑，自号云篆，又号云巢先生，南宋临江军新淦（今新干）

人，曾敏行之子。孝宗淳熙间举人。理宗端平元年（1234），召为秘书省正字，二年，为大社令。明《隆庆临江府志》卷十二有传。曾三异少有诗名，尤尊经学，擅长书法，能作小楷，书写过《六经》诸书。《同治临江县志》载"兄三复、三聘，别有传。三异少有诗名，淳熙贡于乡，端平甲午朝臣。以遗逸荐，召为秘书校勘，辞，再召奏事，除大社令，力求去"著有《新旧官制通考》《通释》等书。擅书法，作墨戏为世所称。

《中国美术家人名辞典》《同治临江县志》《鹤林玉露》《赣文化通典·书画卷》

曾纡（1073—1135）

【宋】字公衮，一作公袞，号空青老人，南丰人。文肃公曾布第四子。善词翰。初以荫补承务郎。绍圣中，复中鸿词科。崇宁二年（1103），坐元祐党籍贬永州零陵。绍兴初年（1131），知抚州、信州、衢州三地。后改福建路提典刑狱，直宝文阁。有《空青集》。宋释惠洪《石门文字禅》云："公袞善书，行、草既不用法，亦不祈工，其神娓娓，意尽则止耳。"传世墨迹有《草履帖》（又名《草屦帖》《求援帖》）《怀素自叙帖跋》。

《抚州府志》《石门文字禅》《中国美术家人名辞典》《中国历代书法家人名大辞典》

曾宰（1022—1068）

【宋】字子翔，南丰人。曾巩弟。《南丰县志》云："宋嘉祐六年（1061）进士，为湘潭主簿。"历任舒州司户参军、潭州湘潭主簿，所至有能改。擅文章，通"六经""百子"，旁究法制度数、声音训诂等。明王世贞《法书苑》云："湘潭公书，如吴兴小儿，形虽未成，而骨体甚隽。"传世书迹有《五十郎帖》。事可见《元丰类稿》卷四六《亡弟湘潭县主簿子翔墓志铭》。

《南丰县志》《王氏法书苑》《中国美术家人名辞典》《舒州天柱山诗词辑校注解》

曾肇（1047—1107）

【宋】字子开，南丰人。曾巩幼弟。自幼聪慧好学，博览经传，师承其兄曾巩。治平四年（1067）中进士，初为黄岩县主簿，荐为郑州教授，擢崇文院校书、馆阁校勘兼国子监直讲、太常寺同知。厘正秦汉以来礼仪之规，删定《九域志》，得神宗嘉许，调国史馆编修，进吏部郎中，迁右司，为《神宗实录》检讨。元祐初年（1086）任起居舍人，不久为中书舍人。建中靖国元年（1101），兄曾布在相位，引故事避禁职，拜龙图阁学士、提举中太一宫。未几，出知陈州，历太原、应天府、扬州、定州（今湖北麻城）。崇宁元年（1102），蔡京得政，肇落职，谪知和州，徙岳州，继贬濮州（今山东鄄城）团练副使，安置汀州。后卒于润州。绍兴初年（1131）追封曲阜开国侯，谥"文昭"。其书法追摹晋唐，尤有颜真卿、李邕诸家骨法，气象恢宏古朴。朱熹谓文昭公字尝于长安僧舍见之。明王世贞《法书苑》云："文昭公书如玉环拥趣，自是太平人物。"曾肇存世书迹有《五十郎帖》《造门帖》《近疏帖》《奉别行帖》及滁州《庆历集》碑等。著有《曲阜集》。

《宋史本传》《朱子文集》《王氏法书苑》《中国美术家人名辞典》《中国历代书法家人名大辞典》《赣文化通典·书画卷》《江西省人物志》

张熹

【宋】字子昭，鄱阳人。黄伯思外弟，黄伯思《东观余论》称张熹雅善法书。

《东观余论》《中国美术家人名辞典》

赵昌甫

【宋】信州（今上饶）人。工书。宋赵师秀《清苑斋诗集》《敬谢章泉赵昌甫二十韵》，内有赵师秀赠诗云："文章出晚岁，字画犹壮龄。"

《清苑斋集》《中国美术家人名辞典》《赣文化通典·书画卷》

赵蕃（1143—1229）

【宋】字昌父，号章泉，玉山人，南宋著名诗人、学者。以曾祖旸致仕恩补州文学，调辰州司理参军。后奉祠家居33年。年五十犹问学于朱熹。理宗绍定二年（1229），以直秘阁致仕，卒，谥"文节"。蕃诗宗黄庭坚，与韩淲（涧泉）有"上饶二泉"之称。有《乾道稿》2卷、《淳熙稿》20卷、《章泉稿》5卷。为江西诗派的殿军人物。谢叠山曾言：江西诗派传至"二泉"隆昌极致。工书，传世墨迹有《门下帖》。

《上饶历代书画集》

赵乃裕（1227—1265）

【宋】宗室。宋太祖十二世孙，景献太子赵询之子。宝庆三年（1227）继景献太子赵询后。授和州防御使，绍定四年（1231）授观察使。宝祐元年（1253）三月戊子加保康军节度使，加食邑五百户。景定三年（1262）二月丁亥朔，乃裕授检校少保。咸淳元年（1265）十一月初一日，乃裕薨，赠少傅，追封临川郡王。谥"庄靖"。明陶宗仪《书史会要》载其"能诗，工书，学高、孝两宗笔法"。善画竹，喜作挂屏，长杆墨竹，题诗其上，用善雅堂印。

《图绘宝鉴》《书史会要》《中国历代画家人名辞典》《中国书法大辞典》《中国书画辞典》

赵汝愚（1140—1196）

【宋】字子直，余干人，南宋名臣。汉恭宪王元佐七世孙，累官至右丞相，赐谥"忠定"，赠太师，追封沂国公，理宗诏配享宁宗庙庭，追封福王，后进封周王。乾道二年（1166）状元。九年以左宣教郎守信州，免苛税，轻徭役，兴水利，修津梁，为政不及一年，政和民洽，郡人甚德之。为感治化之恩，于城南南屏山麓筑南台建生祠以祀之，汝愚不受，命撤其像，取"且尽生前一杯酒，何须身后千载名"之意，改名为"一杯亭"，尝吟咏其上，自此该亭天下闻名。所著诗文15卷、《太祖实录举要》

若干卷、《类宋朝诸臣奏议》300卷。工书，传世墨迹有《新秋帖》。

《上饶历代书画集》

赵希棐

【宋】理宗时临江（今樟树）人。官承信郎，新监潭州南岳庙。工书，宝庆元年（1225）尝书《长生东库碑》。

《湘山事状》《中国美术家人名辞典》

赵子云

【宋】江西人。擅长画人物，能做一笔画。元夏文彦《图绘宝鉴》卷四载其"工人物，能作一笔画，凡写人面及手，描画颇工，至衣褶则如草符篆，一笔而就，盖不欲蹈袭，自成一家尔"。

《图绘宝鉴》《中国美术家人名辞典》《中国历代画家人名辞典》《赣文化通典·书画卷》

郑同

【宋】字亦虚，信州（今上饶）玉山人。善书，有名于时。米芾尝有帖与之云："书寝梦龙蛇绕榻，及觉乃小儿披来翰也。其称之如此。"

《广信郡志》《中国美术家人名辞典》《江西通志》《赣文化通典·书画卷》

钟传

【宋】字弱翁。饶州乐平人。本为一书生，因李宪推荐，为兰州推官。绍圣中，以击夏人功加秘阁校理，连进集贤殿修撰，知熙州。崇宁中，累擢显谟阁待制、进龙图阁直学士。卒，赠端明殿学士。宋彭乘《墨客挥犀》云："钟弱翁所至好贬剥，榜额字画必除去之，出新意自立名，令具榜为重书之。"《宋史》卷三百四十八有传。

《宋史》《赣文化通典·书画卷》

周必大（1126—1204）

【宋】字子充，一字洪道，号省斋居士，青原野夫，晚号平园老叟，吉安人。祖籍管城（今郑州），祖父周诜于建炎二年（1128）通判庐陵（今吉安），遂安家于此。绍兴二十一年（1151）中进士，后中博学宏词科，先后任秘书省正字、国史院编修官、吏部尚书、参知政事、枢密使等职。淳熙十四年（1187）拜右丞相，后任左丞相。十六年，因遭司业何澹之弹劾，以观文殿大学士出判潭州。庆元元年（1195）以少傅致仕。周必大执掌国家大政时，持重稳健。初任丞相时上奏章就指出："今内外晏然，殆将二纪，此正可惧之时，当思经远之计，不可纷更欲速。"以为要居安思危，如履薄冰。一切考虑长远，以稳妥渐进为主。他反对轻率伐金的做法，人称为"太平宰相"。所作奏议策论"制命温雅，周尽事情，为一时词臣之冠"。宋高宗称其为"掌制手"，陆游以为"其文足以纪非常之事，明难喻之指，藻饰治具，风动天下。书黄麻之诏，镂白玉之牒，藏之金匮石室，可谓盛矣。"他是活字印刷的最早实践者之一。周必大刻印过《苏魏公集》《德化县陈氏义门碑》。曾刻乡贤欧阳修《文忠公集》，以诸本仔细校勘，成为最完善定本。又校勘《文苑英华》千卷，历时4年，刊刻行世，结束了此书200年来只有写本而无雕版印本的局面。著有《平园集》200卷。周必大善书，宋王柏称他的字端重谨密，如其为人。刘克庄《后村集》云："益公亲书《艾轩神道碑》，真迹藏外孙方之泰岩仲家。"文天祥《文山集》云："道林寺堂之颜，吾乡益国周公书之。"书法论述有《论书》《跋抚州游氏武楔帖》等。《宋史》卷三百九十一有传。

《宋史》《文山集》《后村集》《中国美术家人名辞典》《赣文化通典·书画卷》《江西省人物志》

周必正（1125—1205）

【宋】字子中，自号乘成，庐陵（今吉安）人，祖籍郑州管城（今郑州）。周必大之兄。以祖荫补迪功郎监潭州南岳庙，贡至礼部，调袁州司户参军。孝宗召对，改知建昌军南丰县，秩满除知舒州。所至之处多能修水利、建桥梁、兴学校。善属文，尤长于诗。必正亦工书。陆游称其书有古法，四方丰碑巨匾多出其笔。必大亦谓其季兄笔法绝高。光宗时，擢提举江东常平。后坐事奉祠，主管建宁府武夷山冲祐观。寻致仕，闭门屏外事，读书赋诗，数年后病逝。陆游作《监丞周公墓志铭》。其为官有清誉，书法有造诣，有文集。曾在舒州任上刻南康戴主簿《麻衣易》，朱熹与门人论及之。

《赣文化通典·书画卷》《宋代人物辞典》《拱辰集》《中州书家志》《嘉靖赣州府志》

周利建

【宋】周必大之父。其先郑州管城人。父选，停庐陵，因家焉。进士擢第，为太学博士。赠太师秦国公。周必大《平园集》云："先君秦国公平生喜学蔡忠惠公书，家藏京师旧石刻两卷，真、行、草毕备，妙绝一世。《诅楚文》，待制董公守汾日辨证刻石，先君实为书丹。"附见《宋史》卷三百九十一《周必大传》。陆游周必正墓志铭云："利建，进士擢第，赠太师，秦国公。"

《宋史》《赣文化通典·书画卷》《宋代人物辞典》《中州书家志》《宋代研究论丛》

朱松（1097—1143）

【宋】字乔年，号韦斋，朱熹之父，婺源人。政和八年（1118），同上舍出身，后为秘书省正字，再迁校书郎、著作郎，又为度支员外郎兼史馆校勘，历司勋、吏部郎。其诗作大多写于主管台州崇道观时，反映其半官半隐生活，平和淡泊，清新流畅。其文切实明白，文风温婉。《四库全书》收录其《韦斋集》12卷，《全宋词》辑其《蝶恋花》词1首。其著《韦斋集》12卷，外集10卷。外集已佚。朱熹《朱子文集》云："先君少好学荆公书，伪作者，率能辨之。家藏遗墨数纸临写荆公本，恐后数十年，未必有能辨之者。"

《宋史》《朱子文集》《中国美术家人名辞典》《中国历代书法家人名大辞典》《江西省人物志》《赣文化通典·书画卷》

朱熹（1130—1200）

【宋】字元晦，晚号晦翁，又号晦庵、紫阳、考亭、云谷老人、沧州遁叟。婺源人，以父游宦福建，徙居龙溪县，侨居建阳。朱熹14岁丧父，随母祝氏定居福建崇安。绍兴十七年（1147）秋，朱熹中举人，次年春登进士，任泉州同安主簿。不久隐居建阳与武夷山，创建武夷精舍和竹林精舍（后更名沧州精舍），讲学著书。淳熙二年（1175），应吕祖谦之邀，在铅山县鹅湖书院与陆九渊、陆九龄就为学工夫辩论。又兴复白鹿洞书院，制定学规，使它成为当时全国书院的典范。购置田地，供养学生。后历任直秘阁、江西提刑、秘阁修撰、江东转运使、漳州知府、湖南转运副使、潭州知府、湖南安抚、焕章阁侍讲。从政屡有建树。庆元六年（1200）三月初九日病逝，十一月葬于建阳塘下里九峰山下大林谷（今福建省建阳市黄坑乡后塘村）。嘉定二年（1209）诏谥"文公"，宝庆三年（1227）赠太师、封信国公，绍定三年（1230）封徽国公，咸淳五年（1269）诏赐"文公阙里"于婺源。元至正元年（1341）诏立"徽国文公之庙"。崇祯十五年（1642）诏称"先儒朱子"（后改称"先贤"），列位汉诸儒之上。清康熙五十一年（1712）诏升"先贤朱子于十哲之次"，定文庙春秋祭祀。朱熹学问渊博，广注典籍，著述宏富，包括经学、佛学、道学、史学、教育学、文学、乐律、美术、书法和自然科学等。他继承程颢、程颐理气关系学说，认为"理在先，气在后"，成为理学集大成者，世称程朱学派。著有《四书集注》《诗集传》《楚辞集注》《太极图说解》《通书解》《西铭解义》《通鉴纲目》等。擅书法，明陶宗仪《书史会要》云："朱子继续道统，优入圣域，而于翰墨亦加之功。善行、草，尤善大字，下笔即沉着典雅，虽片缣寸楮，人争珍秘，不啻璠玙圭璧。"明宋濂《浦阳人物记》云："文公书韵度润逸。"明董其昌《书法阐宗》云："晦翁书近钟太傅法，亦复有分隶意。"

《宋史》《书史会要》《浦阳人物记》《书法阐宗》《中国历代书法家人名大辞典》《中国历代画家人名辞典》《晦庵集》《赣文化通典·书画卷》《江西省人物志》

朱在（1169—1239）

【宋】字叔敬、敬之，号立纪，婺源人。朱熹三子。世袭博士，以荫补官，嘉定间任泉州通判，历南康军，奉祠，起知信州。绍定间累官至吏部郎。工书法，有朱子风，传世墨迹仅见《昨蒙帖》。

《上饶历代书画集》

元

艾斐

【元】字季成,临川(今属抚州)人。博学多才,善隶书。

《书史会要》《中国美术家人名辞典》《赣文化通典·书画卷》

程大本

【元】程钜夫之子,元建昌(今南城)人。仕至奉直大夫、秘书监、著作郎。《御定佩文斋书画谱》卷三十八引刘璋《书画史》云:"大本仕至奉直大夫,秘书监。尝与冯道恭书《度人经》,其父跋之。"

《御定佩文斋书画谱》《赣文化通典·书画卷》

程棋

【元】字子相,新城(今黎川)人,《御定佩文斋书画谱》卷三八引明王材《江西新城县志》云:"日记万言,诗篇敏给。工书,欲与鲜于枢抗衡,赵孟𫖯相高下。"《黎川县志》第二章《历代人物简介》记:"(程棋)从小强记博学,十二岁通《论语》《孟子》,诗才敏捷,尤精于书法。"

《江西新城县志》《中国美术家人名辞典》《赣文化通典·书画卷》《黎川县志》

程钜夫(1249—1318)

【元】初名文海,因避元武宗海山名讳,改用字代名,号雪楼,又号远斋。建昌军(今南城)人。程钜夫自少与吴澄同门。南宋末年,随叔父降元，入为质子。因受元世祖赏识，累迁至集贤直学士。至元十九年（1282），奏陈五事，又请兴建国学、搜访江南遗逸、参用南北之人，其建议均被采纳。至元二十四年（1287），拜侍御史，行御史台事，于江南推荐赵孟頫等二十余人，皆获擢用。丞相桑哥专政，程钜夫上疏极谏，几遭杀害。其后历官大江南湖北道肃政廉访使、翰林学士承旨，并参与编修《成宗实录》《武宗实录》。延祐五年（1318）去世，年七十。泰定二年（1325），获赠大司徒、柱国、楚国公，谥号"文宪"。程钜夫历事四朝，为当时名臣。其文章雍容大雅，诗亦磊落俊伟。所作《顺宗皇帝上尊谥册文》诸篇，被宋濂采入《元史》。苏天爵编《国朝文类》选有他10多篇文章，多诏诰碑版纪功铭德之类。《四库提要》论其"文章雍容大雅，有北宋馆阁余风"，"其诗亦磊落俊伟，具有气格。近体稍肤廓，当由不耐研思之故。古诗落落自将，七言尤多遒警"。今存其文集《雪楼集》30卷。书法应规入矩，端庄纯正，表现出深厚的学养。传世书迹有《可人帖》。

《元史》《书史会要》《中国美术家人名辞典》《赣文化通典·书画卷》《江西省人物传》

大忻（大欣、大䜣、大诉）

【元】僧，字笑隐。俗姓陈，南昌（一作九江义门）人。善墨竹，能诗文，博通经典，文宗朝（1328—1332）召赴阙，特赐三品文阶。笑隐禅师生前有《禅林清规》《四会语录》《蒲室集》等著作行世。

《书画史》《中国美术家人名辞典》

邓宇

【元】字子方，号五云、雪鹤山人，贵溪人。元道士、书画家。修道龙虎山。能吟咏，善鼓琴，工书亦能写竹石。与张雨、邹复雷、吴伯理等称为道流画家。撰有《雪鹤山人诗》。

《上饶历代书画集》

董朝宗（1312—？）

【元】余干人。至正元年（1341）以《礼记》中江浙乡试第五名，至正八（1348）年探花，授将侍郎，历衢州录事、润州录事。工诗文，善书法，亦精鉴赏。著有《杜洲书院记》《浙江赋》等，传世墨迹有《朱子文翰卷跋尾》。

《上饶历代书画集》

董仲可

【元】字伯与，号铁干老樵，德兴人。延祐七年（1320）江浙乡试解元，官奉两广。有文名，工书，亦精鉴赏。传世墨迹有《朱子文翰卷跋尾》。

《上饶历代书画集》

笃列图（1312—1348）

【元】字敬夫，又字彦诚，捏古台氏人。蒙古族，后徙江西永丰。《式古堂书画汇考》卷九作图列图。文宗天历三年（1330）举进士第，历任集贤修撰，江南行台监察御史，福建廉访司、内台御史等职。博学能文，善诗。有《题董太初长江伟观图》等题画诗传世。笃列图擅书画，书法以大字见长，画作有《海鹘图》。陶宗仪《书史会要》称笃列图善大字。

《书史会要》《赣文化通典·书画卷》

杜本（1276—1350）

【元】字伯原，或作原文，学者称清碧先生。其先居京兆（治今西安），后徙天台，再迁清江县（今樟树），故为清江人。平时手不释卷，天文、地理、律历、度数、医药，无不精通。江浙行省丞相忽剌术得其所上《救荒策》，甚为欣赏，力荐于武宗，因而被召至京师，不久归隐武夷山。文宗即位，再次征召不起。至正三年（1343），丞相脱脱力荐，召为翰林待制，兼国史院编修。杜本起程行至杭州，称疾固辞，继续归隐。生性沉静平和，乐于济人。博学能文，留心经世。与人交，尤笃于义。不仅学问赅博，亦工于书法，精篆隶楷书。其书体结构方正平谨，进止有法。杜本书法理论有《论书》存世。主张书法应不拘一体，不泥一法，起承开合，取宏观把握之势，"夫兵无常势，字无常体：若坐、若行、若飞、若动、若往、若来、若卧、若起、若日月垂象、若水火成形。倘悟其机，则纵横皆成意象矣"。论述宏博，气韵流动，极具生气。《御定佩文斋书画谱》卷三八引陶宗仪《辍耕录》语云："杜本有所编《五声韵》，自大小篆，分隶、真、草，以至外番书及蒙古新字，靡不收录。"杜本的传世墨迹多见于题跋，如《睢阳五老图》后有他十五行隶书题跋，用笔较厚重，笔画丰满圆活，结体匀称，形态自然大方，与当时较为刻板的时尚隶书风貌不同。善画墨牛、葡萄，又擅长山水。著有《四经表义》《六书通编》《十原》等，其诗文集《清江碧嶂集》1卷今存。另辑有宋末遗民诗集《谷音》2卷。医学方面，至正元年（1341）写就《敖氏伤寒金镜录》，该书增订敖氏十二舌苔图为三十六图，每图记其证候、治法、方药及鉴别方法，是中国现存第一部舌诊著作。《元史》卷一百九十九有传。

《元史》《画史绘要》《书史会要》《图绘宝鉴》《辍耕录》《中国美术家人名辞典》《中国历代书法家人名大辞典》《中国历代画家人名辞典》《赣文化通典·书画卷》《江西省人物传》

范梈（1272—1330）

【元】字亨父，一字德机，清江县（今樟树）人。家贫幼孤，母熊氏抚而教之。刻苦学文，人罕知者。大德十一年（1307）辞家北游，卖卜于大都。因朝臣推荐，任左卫教授，迁翰林院编修，出为海南海北道廉访司照磨，迁任江西湖东道廉访司照磨，再选充应奉翰林文字，改福建闽海道知事，因病归乡。为文雄健，追慕秦汉古诗，尤好为歌行。与虞集、杨载、揭傒斯并称"元诗四大家"。有《范德机诗集》和诗话《木天禁语》《诗学禁脔》传世。书法为元代大家，时人称"文白先生"。揭傒斯《文安集》卷八《范先生诗考》云：范梈"晚尤工篆、隶"。吴兴赵孟頫曰："范德机汉隶，我固当避之，若其楷法，人亦罕及"。陶宗仪《书史会要》云：

"椁博学善属文，于诗尤长，古隶清劲有法。"

《揭文安公集》《元史》《中国美术家人名辞典》《赣文化通典·书画卷》《江西省人物传》《文安集》《书史会要》

范元镇（1258—1321）

【元】字元亨，其先蜀（四川）人，居安福。《御定佩文斋书画谱》卷三十七引元苏天爵《元文类》云："元贞初年，诏求能书金经者，元镇在选中。经成，补湖南掾，累迁郴州桂阳尹。"

《元文类》《中国美术家人名辞典》

方从义（约1302—1393）

【元】字无隅，号方壶、金门羽客、鬼谷山人、不芒道人，贵溪人，龙虎山上清宫道士。明初天师张宇初称其为"壶仙"。信奉正一道，虽为正一派道士，却师承全真教道士金蓬头。陶宗仪《书史会要》称其善古隶、章草。擅画云山墨戏，笔致跌宕，意境苍茫，颇得董（源）巨（然）二米（米芾、米友仁）遗韵，在元四家外，与高克恭齐名。黄公望称其"高旷清远，深入荆（浩）关（仝）堂奥"。其作品不轻易与人，以礼求，始出一二。《图绘宝鉴》卷五、《无声史诗》卷一均有记载。元统元年（1333）前，一直活动在江西龙虎山地区，跟随金蓬头在圣井、仙岩等处修仙学道，研习全真家法。元统元年（1333），随金蓬头转到武夷山隐居修道。至元六年（1340）金蓬头死，方从义回到龙虎山上清宫。随后出游大江南北，约于至正二年（1342）到达大都（今北京），结交众多文人画士、达官贵人如张率、危素、张彦辅、余阙等。南返时，余阙作《为高士方壶子归信州序》，引方从义之言："太行者，天下之脊，而居庸、虎北者，天下之岩险也，其雄杰奇丽，非江南之所有；天府之藏、王公钜人之所有，皆古之名画，余所愿见者，今皆见之，而有以谦再志，充吾之所操。吾非若世俗者区区而至也。"足见其游程之广，阅历之多。晚年主要生活在福建光泽乌君山和霞浦县南金山。据《贵溪县志》记载，元至正十一年（1351）上清宫所铸 9000 斤铜钟上铭文隶书，即出自方从义手笔。同时代人对其画技，皆以萧散非世人所能及，明代画评家王世贞论其画与高克恭、倪瓒等人同列为"品之逸者也"。盖学仙之颖然者，由无形而有形，虽有形终归于无形。画能如是，其至矣乎？方从义在元代乃至整个中国绘画史上有相当影响。

《式古堂书画汇考》《国绘宝鉴》《画史会要》《俟庵集》《青阳集》《艺苑卮言》《中国美术家人名辞典》《中国历代画家人名辞典》《贵溪县志》《赣文化通典·书画卷》《江西省人物传》

冯寅宾

【元】永新人。属文苍古峭拔，书法清劲逼钟、王。

《永新县志》《中国美术家人名辞典》

傅贵全（1302—？）

【元】字子初，德兴人。至正元年（1341）以《易经》中江浙乡试第七名，至元二年（1336）赐同进士出身，官将仕郎、庆元录事。工诗文，善书法，有《映雪斋记》《金石例序》等，传世墨迹有《朱子文翰卷跋尾》。

《上饶历代书画集》

傅若金（1303—1342）

【元】初字汝砺，改字与砺，新喻县（今新余）人。自幼家贫，随父母织席为生。年二十出游，湖南宣慰使阿荣招为宾客，并荐其任岳麓书院直学，不久弃去。至顺二年（1331），北游京师，受到公卿大夫的交口称誉。元统三年（1335），奉命出使安南（今越南），后迁广州路儒学教授。至正二年（1342）卒于任。傅若金师从范梈，工于诗赋，曾与虞集、揭傒斯相酬唱，作品具有浓郁的现实主义色彩。有《傅与砺诗文集》20 卷传世。傅若金亦工书翰，明陶宗仪《书史会要》谓若金正书学欧阳率更。

《书史会要》《中国美术家人名辞典》《中国美术家大辞典》《赣文化通

典·书画卷》《江西省人物传》

傅同虚

【元】字虚堂,号若霖,贵溪人。元道士。修道龙虎山崇元院,以道法著名。洪武初,授格神郎、五音都提点、左正一仙官,主领神乐观事,掌天地坛事。奉明太祖诏与邓仲修等编定《大明玄教立成斋醮仪》。工书,行楷法度森严。

《上饶历代书画集》

高达善

【元】号白云子,鄱阳人。元末明初诗人。入明为国子助教,精鉴赏,工书,有黄山谷笔意。

《上饶历代书画集》

葛万庆

【元】江西庐山人,居越中(即浙江),号越台洞主。能为诗,善草书,酒酣落笔,愈得其妙。

《书史会要》《中国美术家人名辞典》《赣文化通典·书画卷》

葛元喆

【元】字子熙,金溪人,生而颖异,少博学工文,书法与赵孟頫并称。登至正八年(1348)进士,大臣荐为本县尹。因值兵乱路梗而转入福建行省,辟为经历。居官以善绩著称。至正中,以大臣荐为抚州令。未几兵乱,浮海至大都,卒。学生们私谥曰"文贞先生"。元喆博学工文,有英气,居官以善迹称,有诗文集。《御定佩文斋书画谱》卷三十七引明黄显修《抚州志》云:"元喆工书法,与赵文敏并称。"

《抚州志》《中国美术家人名辞典》《赣文化通典·书画卷》

龚观

【元】豫章（今南昌）人。能篆。

《书史会要》《中国美术家人名辞典》

桂梓

【元】字材甫，饶州安仁县（今余江）人。幼而机敏，不随常儿嬉狎，刻意工字画。

《俟庵集》《中国美术家人名辞典》《赣文化通典·书画卷》

韩廉

【元】字仲廉，号樵野，婺源人。博学，工书善画。

《徽州志》《中国美术家人名辞典》

何中（1265—1332）

【元】字太虚，又字养正，乐安人。少负逸才，弱冠作诗且用意于文。至顺二年（1331）为龙兴郡学师。家有藏书万卷，勤于攻读，学问弘深赅博。尤致力于古学研究，常与弟子讲《易》《尚书》《诗经》《春秋》，名噪一时。名儒程钜夫、吴澄、揭傒斯等对他十分推崇。至顺二年（1331），江西行省平章全岳柱聘其为龙兴路学教授，又为宗廉、东湖两书院山长。次年渡江游西山，因病去世。著述甚多，有《易类象》2卷、《书传补遗》10卷、《通鉴纲目测海》3卷、《通书问》《吴才老协韵补遗》《六书纲领》各1卷、《校补六书故》32卷、《搘颐录》10卷、《樵训》5卷、《壶山集》1卷、《知非堂稿》17卷、《知非堂外稿》15卷。善书工诗，缀文研经，修于己不求人知。

《元史本传》《元文类》《中国美术家人名辞典》《江西省人物传》

胡益

【元】字士弓，鄱阳人。官参知政事。工书，真、草师赵孟頫。都下碑刻多其所书。

《书史会要》《中国美术家人名辞典》《赣文化通典·书画卷》

夹谷希颜
【元】居江右（今江西）。小篆清劲有法。

《书史会要》《中国美术家人名辞典》

江汉
【元】字梅叟，鄱阳人。工于诗，亦善书，行楷书在褚遂良、颜真卿之间。

《上饶历代书画集》

蒋惠
【元】字贵和，一说字季和，号紫芝山人，鄱阳人。太祖征陈友谅于鄱阳，惠上书谒见，遂留参政务。洪武元年（1368），授广东行省左司员外，迁礼部郎中。坐事。左迁华亭知县，时旧令诬伏平民李秀三等二十人为盗，惠察其枉，悉释之。密授捕兵方略，获真盗马胡子八人，正其罪，民颂之。后以钞本事去官。草书师鲜于枢，多晋人气格。

《书史会要》《江西通志》《饶州府志》《鄱阳县志》《华亭县志》

揭汯（1304—1373）
【元】字伯防，龙兴富州（今丰城）人。揭傒斯之子。以荫补秘书郎，迁国史编修官。历官至肃政廉访司事，守建宁。陈友谅兵起，设方略复延平等三州。明陶宗仪称其正书得用笔意。

《宁波府志》《书史会要》《中国美术家人名辞典》《中国书法大辞典》

揭傒斯（1274—1344）
【元】字曼硕，龙兴富州（今丰城）人。幼贫，读书刻苦，昼夜不少懈，早有文名。因家贫，十五六岁即挟其所有，奔走衣食于四方。大德间，出游于湖南、湖北，受知于赵淇、程钜夫、卢挚等人。四十岁前，基本居家或漫游各地。延祐元年（1314），受程钜夫、卢挚举荐，任职翰林国史院编修。延祐三年（1316），升应奉翰林文字同知制诰，仍兼编修。延祐四年（1317），迁国子助教。至顺四年（1333），迁翰林侍制。元统三年（1335），兼国史院编修官。至元四年（1338），拜集贤直学士。至元六年（1340），顺帝亲擢其为奎章阁供奉学士。卒后追封豫章郡公。谥曰"文安"。其工诗文，善书画，著有《文安集》。《元史本传》称其："善楷书、行草，朝廷大典册，及元勋茂法，当得名辞者，必以命焉。"元欧阳玄《圭斋集》载："国家典册及功臣家传赐碑，遇其当笔，往往传颂于人。四方释、老氏碑版，购其文若字，袤及殊域。"《历代画史汇传》彭蕴灿谓："于琴川邵氏诒安堂得观所绘山水长卷，皴法精严，气韵沈郁，自立崖岸，不在四大家下。"

《元史》《书史会要》《圭斋集》《历代画史汇传》《耕砚田斋笔记》《中国美术家人名辞典》《揭公神道碑》《揭公墓志铭》

黎仲瑾

【元】吉州（今吉安）人。号碧山，画入神品。

《圭斋集》《历代画史汇传》

李申伯

【元】江右（江西）人。官至集贤待制。古隶专学孙叔敖碑，得方劲古拙之法。

《书史会要》《中国美术家人名辞典》

刘崧（1331—1399）

【元】字彦章，鄱阳人。与黎廷瑞、徐瑞、叶兰、吴存并称"鄱阳五先生"。洪武初，献书言事，授中书典签。出为大都督府掌记，除东阿知县。有《春雨轩集》《春雨轩词》一卷。

《上饶历代书画集》

刘道权

【元】庐陵（今吉安）人。善画山水，然负酒恃才，谩骂当世。与张彦辅齐名。

《槎翁文集》《元代画家史料》《新元史》

罗稚川

【元】临江（今樟树）人。能诗文，精鉴赏，擅画山水。罗稚川不仅取法传统，而且也主张师法自然，曾自谓："我以眼为手，天地万物皆吾师，吾能得其意与理，貌取色相特其皮。"他的作品在当时影响颇大，不仅在江西地区有名，而且"图画河朔尽流传"，在北方也有一定声誉。作品有《寒林策杖图》《古木寒鸦图》《古树春溪图》等。

《青山集》《元代画家史料》

吕天泽

【元】字养浩，号海月，铅山人。元诗人。有《题武夷》《九哀》《九思》等诸篇传世，与虞集友善。亦工书，传世墨迹有《赵佶摹韩干围人呈马图跋尾》。

《上饶历代书画集》

倪中

【元】字中恺，信州（今上饶）人。官至翰林待制。正书端劲有骨，也可清润可爱，不仅仅以瘦硬为法。

《书史会要》《中国美术家人名辞典》《大观录》《中华大典》

欧复

【元】字伯诚，番阳（今鄱阳）人。善古隶。

《书史会要》《中国美术家人名辞典》

欧阳玄（1283—1358）

【元】字原功，号圭斋，庐陵（今吉安）人，后迁居浏阳（今属湖南）。延祐二年（1315）复科举，中进士第三名。历任太常礼仪院事、翰林直学士、国子祭酒、侍讲学士、翰林学士等等。至正十一年（1351），制作河平碑文以表治朝廷治贾鲁河功绩。至正十七年（1357），病逝于大都。曾任《宋》《辽》《金》三代史书纂修总裁官。善书法，行草略似苏轼，而刚劲流畅，风度不凡。作品有《圭斋集》。

《元史》《圭斋文集》《书史会要》《中国美术家人名辞典》《中国历代书法家人名大辞典》《正德袁州府志》

皮桊

【元】字维祯，清江（今樟树）人。虞集外甥。弱冠即以文学称于乡，翰墨似其舅。

《道园学古录》《中国美术家人名辞典》《六艺之一录》

饶介（1300—1367）

【元】字介之，号华盖山樵，亦号醉翁，临川（今属抚州）人。长于文学之乡，早有才名。自翰林应奉出佥江浙廉访司事。元末应张士诚之邀，为淮南行省参政，署咨议参军，典文章。至元二十七年（1290），朱元璋大将徐达破苏州，饶介被俘，押解至应天被杀。饶介博学善辩，工于书法，尤善草书，书风飘逸似怀素，圆劲畅朗，神追大令（王献之）。至正二十年（1360）书《蕉池积雪诗卷》。传世书迹有《琴输帖》《杂诗帖》《抱疾衡门帖》等。

《六研斋笔记》《书史会要》《列朝诗集》《中国美术家人名辞典》《中

国历代书法家人名大辞典》

盛熙明（1341—1368）

【元】其先鲜卑人，一作龟兹人，后居豫章（今南昌）。清修谨饬，笃学多才。工翰墨，亦能通六国书。著有《法书考》《图画考》《普陀山志》。盛于至正年间以《法书考》八卷献与顺帝，帝命藏禁中。《法书考》首为书谱，次为字源、笔法、图诀、形势、风神、工用等，虽杂取诸家之说，而采择甚精，多有可取。今故宫博物院藏有他的行书作品。

《书史会要》《中国美术家人名辞典》《中国历代书法家人名大辞典》

孙履常

【元】临川（今属抚州）人。工书，尝书程伯子所赋《环翠亭诗》于临川李氏宅中环翠亭。

《道园学古录》《中国美术家人名辞典》

滕埜

【元】字仲塞，号星崖，婺源人。质貌清古，性度高远，入元不仕，以气节著，隐居教授以终。为文不蹈袭古人，自成一家，有《星崖集》。善书法，草书有晋人风度，传世墨迹有《朱子文翰卷跋尾》。

《上饶历代书画集》

汪从善（1279—1342）

【元】字国良，婺源人，一作浙江临安人。官至邵武路总管。善书，正书亦合晋人笔法，兼能大字。

《书史会要》《中国美术家人名辞典》

汪泽民（1287—1356）

【元】字叔志，号堪老真逸，婺源人。汪藻七世孙。少警悟，力学通经。延祐五年（1318）进士，官至集贤直学士，以礼部尚书致仕。在宣城被红巾军抓获，因拒不投降被杀，追封谯国公，谥"文节"。为文不事绘饰，诗亦清婉，尤以善书闻名。著有《春秋纂疏》《巢深集》《燕山集》等。
《元史》《潜溪集》《中国美术家人名辞典》

王龙泽（1246—1294）
【宋末元初】字潜渊，又字及翁，吉安人，一作浙江义乌人。南宋咸淳十年（1274）甲戌科状元，授签书昭庆军节度使，判官厅公事，未赴任，宋亡。入元，拜江南行台监察御史。擅长书法，佘邨玉皇观墙壁上"松菴"两隶字为其所作。
《中国美术家大辞典》

王胜甫
【元】婺源人。善传神写真。
《陈定宇先生集》《中国美术家人名辞典》

王庭钰
【元】字良仲，广信（今上饶）人。善画龙，相传尝泛彭蠡见龙现，遂肆意墨龙，悟解变化。
《揭文安公集》《中国美术家人名辞典》《中国历代画家人名辞典》

维翰
【元】僧。字古青（清），江右（江西）人。画龙学陈容。
《图绘宝鉴补遗》《中国美术家人名辞典》《中国历代画家人名辞典》

吴澄（1249—1333）
【元】字幼清，晚改字伯清，世称草庐先生，抚州崇仁人。官历江西儒学副提举、国子监司业、翰林直学士等职，谥"文正"。深究六书之义，直用篆法，而结体加方，以成一家之法。著有《论篆隶》。

《元史》《书史会要》《中国美术家人名辞典》

吴亮采

【元】字熙载，鄱阳人。官将仕郎，宦游温州、嘉兴等地。与皇甫子昌、李衎友善。工书法，精鉴赏。传世墨迹有《赵孟坚梅竹图卷跋尾》。

《上饶历代书画集》

吴全节（1269—1346）

【元】字成季，号闲闲，看云道人，饶州安仁（今余江）人。学道于龙虎山，师从正一道张留孙。至治二年（1322），授特进上卿、玄教大宗师，崇文弘道玄德广化真人，总摄江、淮、荆、襄等处道教。吴全节兼修儒道，嗜文墨，善书翰，工行、草书。

《书史会要》《新元史》

吴霞所

【元】道士，居贵溪龙虎山。善画龙。

《图绘宝鉴》《书史会要》《中国美术家人名辞典》

吴正道

【元】鄱阳人。世为儒家，深好篆学，知识渊博，曾补许慎《说文解字》中有所不足之处。著《六书渊源》《字偏旁辨误》《存古韵谱》等书，吴文正为之序。

《画史会要》《中国美术家人名辞典》

熊梦祥

【元】字自得，号松云道人，富州（今丰城）人。活动在元朝后期，以"茂方异等"被荐为白鹿洞书院山长，不久召至大都（今北京），任大都路儒学提举、崇文监丞。退居大都西郊,以著书自娱。后游历淮浙间,年九十余岁卒。熊梦祥博通群书,旁晓音律。工诗文,画山水清逸高古,无庸工俗状。工书法,真、草、篆、隶数体皆能,行笔遒劲而有法度。传世墨迹有《定武兰亭跋》。著有《释乐书》《岁时风纪》《松云见闻录》《析津志》等。

《玉山草堂雅集》《太仓州志》《历代画史汇传》《中国美术家人名辞典》《中国历代画家人名辞典》《赣文化通典·书画卷》《江西省人物志》

熊朋来（1246—1323）

【元】字与可,号天慵,自号彭蠡钓徒,学者称天慵先生,豫章(今南昌)人,一说丰城人。咸淳十年(1274)以殿试第四名登进士,授宝庆府(今湖南邵阳)判官,未到任而宋亡。元初,引退州里,著述讲学,受学从游者常达百数十人。后经推荐连任闽海、庐陵两郡教授,学者远近宗之,尊为"天慵先生"。后赠福建清州(故城在今福建省福清市东南)判官退休。延祐元年(1314),元朝恢复科举制度,熊朋来参与制定江西行省乡试规程,为其他行省所采用。江西行省拟聘熊朋来为考官,熊朋来考虑到应试者大半出自或辗转出自他门下,不便赴任。后江浙、湖广两行省先后致礼固请之,始应其请。因其谨严无私,经其选拔参加廷试而入选者,占全国三分之一。朋来博学多才,精通音律,擅长鼓瑟,著有《瑟谱》六卷,详论鼓瑟之法。一生致力于教育,结合教学,著《五经说》七卷,解说注疏有关"六经"以至书篆、音韵及章牒之法等,还著有《小学标注》等书。有《天慵文集》32卷,惜失传,今存《熊豫章家集》7卷。虞集《道园学古录》卷三十一《六书存古辨误韵谱序》云:"往者鹤山魏公尝以篆法寓诸隶体,最为近古,近时豫章熊先生亦用之。"书论传世者有《论六书》《钟鼎篆韵序》等。事见《元史》卷一百九十。

《元史》《道图学古录》《中国美术家人名辞典》《赣文化通典·书画卷》《江西省人物志》

熊太古

【元】字邻初，号寒栖子，豫章（今南昌）人，一说丰城人。父熊朋来以工文学、精音律著名。太古继承家学，至顺间（1330—1333）中进士，辟广东宪司书吏转湖南省掾，历翰林编修、国子助教，出为江西行省员外郎。明初徵校雅乐，终老于家。善绘画。他曾将游历南北的经历写成《冀越集记》，今有抄本传世。

《元史》《佩文斋书画谱》《中国历代画家人名辞典》《江西省人物志》

熊进悳

【元】字元修，上饶人。时人称："为人退然若不及，而才名日进不可御，如木怪鬼欲出，山空岩自鸣。其用心亦幽而深矣，而不知其善吐媚语，则如此诗者是也。"撰有《元修先生竹枝词》。工书，行楷书得唐宋人法度。

《上饶历代书画集》

薛玄曦（1289—1345）

【元】字玄卿，自号上清外史。河东（今山西西南）人，徙居江西贵溪。年十二，辞家入道龙虎山。至正中授"弘文裕德崇仁真人"，佑圣观主持，兼领杭州诸宫观。为文负才气，倜傥不羁，尤长于诗，有《上清集》。工书法，善行、草书，劲丽飘逸，片纸只字，人珍宝之，为时所重。陶宗仪《书史会要》称其行书得体。虞集《道园学古录》卷四十六《松薛玄卿序》载其"为学弘博，好古书法，为诗有飘飘凌云之风"。元李存《俟菴集》卷二十《薛玄卿诗序》称其"早工于诗，四方传诵"。其传世墨迹甚罕，仅见《米友仁潇湘奇观图卷题跋》。

《俟菴集》《书史会要》《中国美术家人名辞典》

严凯

【元】字士元，鄱阳人。工诗，画人、马似任仁发。

《君台观左右帐记》《中国美术家人名辞典》《中国历代画家人名辞典》

颜辉

【元】字秋月，庐陵（今吉安）人，一作浙江江山人。颜辉先师从"少与鬼神遇"、解缙乡人、善壁画的涂生，后在江西省泰和普阁寺、吉安永和辅顺庙等处画过壁画。他是宋末元初时画家，主要活动于13世纪末至14世纪初期，以江西、浙江、江苏一带为主要活动范围。擅人物、佛道，亦工鬼怪，兼能画猿。其所作人物造型奇特，性格突出，形象生动，当时人称"八面生意"。其用笔虽见刻露，却笔法怪异，有生动传神之趣。在画法上喜作水墨粗笔，水墨多烘晕渲染。用笔劲健豪放，笔法粗犷，勾勒粗细咸宜，有梁楷遗法。明程敏政曾在《篁墩集》中夸耀颜辉"颜生号秋月，妙染非常工。水墨不惮劳，幽冥忽相通"。其作品在日本受评甚高，对日本室町时代的绘画有较大影响。传世代表作有《钟馗雨夜出游图》《蛤蟆仙人像》《李仙像》《沙漠出猎图》《双猿图》《十八罗汉图》等。

《中国历代画家人名辞典》《中国美术家大辞典》《赣文化通典·书画卷》《江西省人物志》

杨元正

【元】吉水人。《御定佩文斋书画谱》卷三八引邵远平《续弘简录》载其："官翰林检讨。善行草书，其隶法师蔡邕，为时所重。"

《续弘简录》《中国美术家人名辞典》《赣文化通典·书画卷》

叶瓌

【元】婺源外庄人。制龙尾砚精巧素擅名，自元兵乱后，砚工久废。琢者日拙，而识砚材者尤鲜。瓌巧悟天授，制多独创，精妙绝伦，数得异材于古残石堆中，诸工皆师其琢。

《婺源县志》《中国美术家人名辞典》《徽州府志》

余诠

【元】丰城人，与杨维桢同时。洪武初以明经老成被荐，召至京，赐坐顾问，年逾七十矣。翌日，命为文华殿大学士，以老疾固辞，遂放还。工书，《御定佩文斋书画谱》卷三九引明朱珪《名迹录》载："《元故殷处士墓碣》，至正廿三年会稽杨维桢撰，丰城余诠书。"曾为谢应芳《龟巢稿》作序。

《名迹录》《御定佩文斋书画谱》《赣文化通典·书画卷》《中华书法篆刻大辞典》《明代状元史料汇编》

余襄

【元】番阳（今鄱阳）人。陶宗仪《书史会要》称其"工篆，大字尤善"。

《书史会要》《中国美术家人名辞典》《中国书法大辞典》《赣文化通典·书画卷》

虞集（1272—1348）

【元】字伯生，号邵庵，又号道园，世称邵庵先生、青城樵者、芝亭老人。祖籍成都仁寿，临川（今属抚州）崇仁人。南宋左丞相虞允文五世孙。虞集自少受家学，曾随名儒吴澄游学。元成宗大德初年（1297），被举荐为大都路儒学教授，历任国子助教、博士等。元仁宗时，迁集贤殿修撰，除授翰林待制兼国史编修。泰定帝在位时期，他提出在京师以东地区开展水利营田的建议，对后世颇有影响。一向赏识虞集的元文宗夺取皇位后，升授他为奎章阁侍书学士，命其与平章事赵世延同任《经世大典》总裁官。至顺三年（1332），升任翰林侍讲学士。元宁宗驾崩后，称病返回临川，自此不再出仕。至正八年（1348），虞集去世，享年77岁。获赠江西行中书省参知政事、护军、仁寿郡公，谥号"文靖"。虞集是元中期最负盛名的诗人。其诗体裁多样，既能做到典雅精切，又能做到达到格律谨严，深沉含蓄，纵横无碍，与揭傒斯、范梈、杨载齐名，并称"元诗四大家"。亦素负文名,引领有元一代文风,同揭傒斯、柳贯、黄溍并称"元儒四家"。著有《道园学古录》《道园遗稿》等。虞集书法颇有名气。陶宗仪《书史会要》称虞集"真、行、草、篆皆有法度,古隶为当代第一";明王世贞《弇州四部稿》卷一三三载康里巎评虞集信札,谓其"雄剑倚天,长虹驾海,不无曲笔。又谓如莺雏出巢,神彩可爱";明李东阳《怀麓堂集》卷四一《书虞邵庵墨迹后》云"书家者流所谓人品高,师法古者,(伯生)殆兼有之"。

《新元史》《江西古代名人》《赣文化通典·书画卷》《江西省人物传》

张去偏

【元】字从正,余干人。明陶宗仪《书史会要》载其"有学行,善真、草"。

《书史会要》《中国美术家人名辞典》《赣文化通典·书画卷》《中国书法大辞典》

张嗣成（？—1344）

【元】道士,字次望,号太玄子,张羽材子,信州(今上饶)贵溪人。正一派三十九代天师。延祐四年(1317)嗣教,次年被授"太元辅化体仁应道大真人"尊号,主领三山符箓,掌江南道教事。泰定三年(1326)加封"翊元崇德正一教主",知集贤院道教事。至元三年(1337),顺帝又加授知集贤院事,誉之为"神明之裔,道德之宗"。博学能文,著《道德真经章句训颂》上下卷,以训释与赞颂相结合,行文流畅,言简意赅,并以诗歌语言宣讲道教思想理论,阐扬正一宗旨,又广摄道释诸家之学,发展正一天师学说。工画,尤精于绘龙,还曾绘《庐山图》。明陶宗仪《书史会要》称其"亦善草书"。

《新元史》《画史绘要》《中国美术家人名辞典》《赣文化通典·书画卷》《江西省人物志》

张嗣德（？—1350）

【元】道士，号太乙子，张羽材子，贵溪人，袭嗣正一教主，为江西龙虎山第四十代天师，掌江南教事。善墨竹、禽鸟，其咏上都的作品主要是《滦京八景》。

《画史绘要》《图绘宝鉴》《中国美术家人名辞典》《元代上都诗歌选注》《徐州人物》

张羽材

【元】道士，一作与材。字国梁，号薇山，法号广微子。居贵溪龙虎山。嗣三十八代天师，袭掌道教正一教主，主领三山符录，封留国公。工书，作大字有法，草书亦佳。善写竹，画龙尤妙。相传其画龙变化莫测，了无粉本，求者鳞集。晚年修道，懒于举笔，展其绢素而呼曰，龙来龙来，顷之忽一龙飞上绢素，即成画矣。

《元史》《江西志》《书史会要》《丹青志》《图绘宝鉴》《中国绘画史》《徐州历代人物》

郑樗

【元】道士。字无用，号空同生，盱江（今广昌）人。性禀刚劲尚气。陶宗仪《书史会要》云："作古隶初学《孙叔敖碑》，一时称善，后乃流入宋季陋习无足观者。"元代画家黄公望曾为其画《富春山居图》，并于其上题跋："至正七年，仆归富春山居，无用师偕往，暇日于南楼援笔写成此卷，兴之所至，不觉亹亹。"后该画被郑樗收藏。又经历代名人递藏，已成天下名迹。

《书史会要》《赣文化通典·书画卷》《中国书法大辞典》《中国古代绘画》

周伯琦（1298—1369）

【元】字伯温，号玉雪坡真逸，鄱阳人。生于官宦之家。幼时随父周应极在京，就读于国学，为上舍生。元至正八年（1348）为翰林待招，累升直学士。顺帝每称其为"伯温"而不直呼其名，以示眷顾。其时，元末农民起义爆发，攻占宁国，伯琦与幕僚仓皇逃至杭州，组织军队。至正十七年（1357），江浙行省左丞相达识帖睦尔命伯琦以行省参知政事之职赴平江（治今苏州）招降张士诚。但被张氏羁留平江十年。至正二十七年（1367），平江为明军攻陷，伯琦回家乡，不久病逝。周伯琦温文儒雅，博学多才，工于文章，尤擅长书法，篆、隶、草皆为上品，名盛一时。顺帝曾命他篆刻"宣文阁宝"印章，并题写"宣文阁"匾额，后又命他书"至正通宝"币文。其所摹王羲之《兰亭序》及智永《千字文》在当时享有盛名。著有《六书正讹》《说文字原》二书，今存其文集《近光集》3卷、《扈从诗》1卷。《御定佩文斋书画谱》卷三十九引明赵琦美《铁网珊瑚》云："伯琦古篆得文敏公遗意，字颇肥而玉润可爱。"卷七十九《元周伯琦四体千文》条引杨士奇《东里续集》云："元工篆书者多矣，伯温最用功，其作字结体，盖出泰山李斯旧碑。"陶宗仪《书史会要》谓伯琦篆师徐铉、张有，行笔结字，殊有隶体，正书亦善。

《元史》《新元史》《中国历代书法家人名大辞典》《赣文化通典·书画卷》《江西省人物志》

周愚

【元】道士，字蕴古，居贵溪龙虎山，善画龙。

《俟庵集》《中国美术家人名辞典》《中国历代画家人名辞典》《赣文化通典·书画卷》

周宗仁

【元】字克复，周伯琦子，鄱阳人。《御定佩文斋书画谱》卷三九引邵远平《续宏简录》云："宗仁官山东行省左右司郎中。篆书宗家学，然不逮父"。

《赣文化通典·书画卷》《中国书法大辞典》《中华书法篆刻大辞典》

朱璠

【元】字可玙，鄱阳人。室名素行斋。精鉴赏。工书法，行书宗欧阳询、黄庭坚。

《上饶历代书画集》

朱公迁

【元】字克升，鄱阳人。元经学家。于经传百家之书，礼乐、律历、制度、名物之数，无不贯悉。学者称"明所先生"。元顺帝至正初，征至京师，授翰林直学士，改金华学正。著有《诗经疏义会通》。工书，亦精鉴赏，传世墨迹有《朱子文翰卷跋尾》。

《上饶历代书画集》

朱振

【元】字良玉，鄱阳人。陶宗仪《书史会要》称朱振"草学《圣教序》，真师赵魏公"。清吴升《大观录》卷十《元贤诗翰姓氏》载"朱振，字良玉，行书全做《圣教序》，真书学赵鸥波，俱得其神似，同蒋惠称鄱阳二妙云"。

《书史会要》《中国美术家人名辞典》《中华大典·艺术典》

祝蕃（1286—1347）

【元】字蕃远，一字直清，上饶人。诗人、理学家。历任绍兴路高节书院山长、饶州路南溪书院山长、集庆路学正、饶州路儒学教授，辟为湖广行省掾史。至正初，任浔州路经历。工诗，善书，颇得山谷遗意。

《上饶历代书画集》

祝玄衍

【元】道士。号丹阳，贵溪人。明陶宗仪《书史会要》称其"能大字"。与袁桷等人相熟。1315年，赵孟頫、袁桷、马常祖等名士常聚天冠山（江西省贵溪市三峰山），袁桷还曾作诗送与祝玄衍。

《画史会要》《中国美术家人名辞典》《赣文化通典·书画卷》《均州武当山沧浪文献辑录》《中国书法大辞典》《中华书法篆刻大辞典》

邹伟

【元】字元伟，南昌人。政和八年（1118）戊戌科进士。明陶宗仪《书史会要》称其"学艺渊博，善真、草、篆、隶"。

《书史会要》《中国美术家人名辞典》《赣文化通典·书画卷》《江西省人物志》

明

蔡世新

【明】号少壑,虔南(今龙南)人,一作赣县人。工画像,点次若飞。时王文成公(王守仁)镇虔,召众画史多不当意,盖两颧稜峭,正面难肖。世新幼随师进,独从旁作一侧相,得其神似,延之幕府,名以是起。亦善勾勒竹,大幅者佳,兼画美人。上海博物馆藏有其所画《王阳明像》。

《明画录》《画史会要》《茅鹿门集》《榆园画志》《中国美术家人名辞典》《中国历代画家人名辞典》《赣文化通典·书画卷》

曹寿

【明】字曼龄,丰城人。《南昌府志》载:"曼龄文章雅赡,尤工临池。永乐八年(1410),以经明行修荐,授江都训导,擢春坊右司谏,历工部尚书,赠太子少保,谥'文庄'。"

《南昌府志》《赣文化通典·书画卷》《中国美术家大辞典》

陈继(1370—1434)

【明】字嗣初,号怡庵,临江(今樟树)人。陈汝言子。生十月,父陈汝言坐法死,遗书数万卷,母吴氏躬织以资诵读。比长,从王行、俞贞木游,贯穿经学,人呼为"陈五经"。奉母至孝,府县交荐,以母老不就。母卒,哀毁过人。永乐中,复举孝行,旌其母曰"贞节"。仁宗即位,洪熙元年(1425)初开弘文阁,帝临幸,问:"今山林亦有名士乎?"杨士奇初不识继。夏原吉治水苏、松,得其文,归以示士奇,士奇心识之。及帝问，遂以继对。召为国子博士，寻改翰林五经博士，直弘文阁。宣宗初，迁检讨。引疾归，卒。嗣初以文章擅名，而写竹尤奇，能自成家，夏昶、张益皆师事之。著有《怡庵集》。

《明史》《明画录》《无声诗史》《中国历代画家人名辞典》《中国历代藏书家辞典》《二十五别史》

陈鉴（1415—1471）

【明】字贞明，号方庵、芳庵。高安人。宣德二年（1427）进士。正统十三年（1448）一甲第二名进士（榜眼）。历官行人司行人，擢御史、云南参议、河南参议。天顺元年（1457）与高闰出使朝鲜，与朝鲜大臣有唱和，集成《丁丑皇华集》。官至国子监祭酒。《御定佩文斋书画谱》卷四十一引明吴宽《匏翁家藏集》曰："平居无声色之好，好止藏书并古书画器物而已。为文才赡而气完，善笔机，临摹古人真迹，殆不可辨。"明王世贞《弇州续稿》曰："鉴日临褚摹《楔帖》，故似之，而原本过佻，不若鲁男子之善学耳。"明陶宗仪《书史会要》曰："鉴作大字，劲健奇古，当代珍之。"《明史》卷一百六十二有传。著有《方庵集》《虎丘茶经注》。

《明史》《御定佩文斋书画谱》《书史会要》《赣文化通典·书画卷》《弇州续稿》

陈敬止

【明】清江（今樟树）人。有志学问文章，尤寓意于画。说者谓其云烟山水之变态，鸟兽虫鱼之情性，莫不精究，至为人传形写照，尤能得其神韵。

《金川玉屑集》《耕砚田斋笔记》《中国美术家人名辞典》《中国历代画家人名辞典》《赣文化通典·书画卷》

陈宽（1398—1473）

【明】字孟贤，号醒庵，祖籍江西临江（今樟树）。陈继次子，与杜琼、俞弁友。郡建社学，礼聘为师，弟子沈周等皆成名士。景泰（1450—1456）中被聘为苏州府志总纂。俭素好游。喜藏书画古器，服古名贤巾服，人称"东吴大老"。博学通经史，亦以五经世其家学，吴中称经学者，皆宗陈氏。尤工诗，颇得唐法，炼字铸词极苦，命篇甚迟而工。其山水与杜琼、刘珏、沈贞吉、恒吉、马愈名品相同。著有《醒庵诗集》。成化九年十一月二十三日（1473年12月12日）卒，亦葬于荐福山。弟陈完，字孟英，号简斋，为陈继五子。天顺间著有《简斋集》。钱谦益在《列朝诗集小传》中说："与其弟完，字孟英，自相师友。被服甚古，仪观俨然，乡闾敬之。兄弟皆工诗，颇得唐法。孟贤尤自矜重，日锻月炼，不轻下一语。"沈德潜《明诗别裁》收有他的诗作。沈周《庐山高图》即为其老师陈宽祝寿而作。

《五峰山人集》《列朝诗集小传》《清河书画舫》《中国美术家人名辞典》《中国历代画家人名辞典》《苏州通史》《精装中华诗词经典》

陈谟

【明】字古训，晚号春谷。进贤人。拔贡生，永乐初，与修《永乐大典》，曾任四川参政，谨慎爱民。官给事中，善书法。今进贤县"昼锦"牌坊主人。

《书史会要》《中国美术家大辞典》《南昌府志》

陈汝言（1331—1371）

【明】字惟允，号秋水，别号清癯生。临江（今樟树）人，寓吴县（今苏州）。其父陈徵（字明善，号天倪），生于江西清江，后定居苏州。和许多受元朝统治的汉族文人一样，陈徵曾为朝廷效力过一段时间，而后半生则以教书为生。当陈徵去世时，陈汝言与其兄陈汝秩（1329—1385）都年纪尚幼。二人学习刻苦勤奋，在苏州一带小有名气。陈汝秩选择隐居家乡，做一名私塾先生和诗人，过着平淡的蛰居生活；而陈汝言则积极入世，追求建功立业。陈汝言工诗善画，师董源、巨然，与元四大家之王蒙、倪瓒关系甚密，其画技奇绝，画风奇特。尝作《溪山秋霁卷》全学董、巨。其《慈母手中线》小幅，全学马和之。元陈基《夷白斋稿》卷十七《送陈惟允序》说他"拟古人摹写山水木石为屏障，瑰诡怪奇可爱"。明李日华《六研斋三笔》卷一"绘法宗唐、宋，傅采着色有李思训、李营丘之标致"。朱谋垔《画史会要》卷四称其"山水宗赵魏公，清润可爱。兄惟寅高士，有雅宜山居，亦善山水，寅号大髯，允号小髯"。但陈汝言的绘画似乎更胜一筹，尤其是其创"弹雪"画法，更是传为佳话。1370年冬，陈汝言偶去拜访王蒙，适逢王蒙画泰山之景，是时大雪，陈汝言用小弓挟画笔，将白色水粉弹至画上，从而将画改为雪景。这样的作画方式将雪花飘落之状展现得栩栩如生，王蒙对陈汝言的奇思妙想叫绝，遂将画作题名为《岱宗密雪图》。陈汝言因在任职期间犯下大错，于1371年秋被处死。从张羽的一首题画诗（正是陈汝言在临刑前所作之画）中可以获知，陈汝言在临刑前作画表现得从容不迫，挥洒自如。钱谦益非常欣赏陈汝言从容染翰，将他同古时的豪杰相并论。陈汝言的诗集《秋水轩诗集》现已失传。

《明史》《吴县志》《名画录》《无声诗史》《明书画史》《清河书画舫》《画史绘要》《铁珊瑚网》《都元敬谈纂》《寓意编》《妮古录》《中国美术家人名辞典》《中国历代画家人名辞典》《赣文化通典·书画卷》《明代名人传》《夷白斋稿》《六研斋三笔》

陈汝秩（1329—1385）

【明】字惟寅，临江（今樟树）人，一作庐山人，寓吴县（今江苏苏州）。吴宗慈《庐山志》卷九据《同治九江府志》："陈汝秩惟寅，庐山人家五老峰下，与弟惟允力贫养母，有闻于时，惟允为淮张所辟，亲信用事，声势甚盛。汝秩则兵后不能，卜一廛安贫静退，视其弟之赫奕若弗闻焉。"明洪武初，以人才征至京师，以母老辞归。卒于洪武乙丑（1385）四月一日，享年五十有七。明朱存理《珊瑚木难》卷七《陈惟寅圹志铭》称："处士生而警敏刚介，才气过人。早失怙，能力贫以笃学为。工于诗文，有古作者之风。且嗜古，凡前代名画、法书，与今人之作，心诚好之，虽倾贯购得弗惜也。与人论古今人物贤否、治德与衰，自夜至于曙弗怠也。"绘法宗唐宋，敷彩著色有李思训、李成之标致。陈汝秩清介隐沦，以诗文自娱。元倪瓒与陈汝秩交好，有赠陈汝秩诗谓其"三十不娶妻，四十不出仕。逍遥岩岫间，翳名以自肆。"又其《清闷阁全集》卷六《赠惟寅并引》有赠陈汝秩诗序云"世故险巇，安贫自乐，穷经学古，教授乡里，色养得亲欢心，友爱尽弟妹之和乐。"并称陈汝秩诗文有"余尝爱其藻丽不群，飘然有出尘之想。"可见陈汝秩之清操。

《姑苏志》《吴县志》《六研斋三笔》《明画录》《中国美术家人名辞典》《中国历代画家人名辞典》《九江府志》《珊瑚木难》《清闷阁全集》

陈肃

【明】号梅雪，清江（今樟树）人。明陶宗仪《书史会要》曰肃能书。

《书史会要》《中国美术家人名辞典》《赣文化通典·书画卷》

陈修（？—1371）

【明】字伯昂，上饶人。从太祖平浙东，授理官。援引律令，悉本宽厚，尽改元季弊政。擢兵部郎中，迁济南知府。时乱后，比户凋残，且多卫将练兵屯田其间。修抚治有方，兵民相安，流亡复业。帝嘉之，洪武四年（1371）拜吏部尚书。未几，卒于官。书法作品《致清远尊师七律诗》现藏台北故宫博物院。

《赣文化通典·书画卷》《明史》

陈仲美

【明】婺源人。万历（1573—1620）年间造瓷于景德镇，有"类鬼工"之誉，以业之者多，不足成其名，弃之而至宜兴，专制紫砂壶。他的贡献在于把瓷器工艺与素砂工艺和谐地结合起来，创造了"重镂透雕"的紫砂技术，将紫砂工艺推向一个新的历史阶段。周高起《阳羡茗壶系》将其作品列为"神品"。据《阳羡名陶录》中记载："（陈仲美）好配壶土、意造诸玩，如香盒、花杯、狻猊炉、辟邪、镇纸、重镂叠刻，细极鬼工。壶像花果，缀以草虫，或龙戏海涛，伸爪出目。至塑大士像，庄严慈悯，神采欲生。璎珞花鬘，不可思议。智兼龙眠道子，心思弹竭，以夭天年。"《阳羡茗壶赋》亦赞其"仲美之雕锼，巧穷毫发。"又善仿古尊彝，有羊尊、鹿尊、异兽尊等，造型敦厚典雅。

《中国艺术家征略》《中国美术家人名辞典》《阳羡茗壶系》《阳羡名陶录》《阳羡茗壶赋》

程福生

【明】字孟孺，一作梅严，号六岳山人，玉山人。万历初官中书。篆法寿承（文彭）隶法征仲（文徵明），小楷法颜真卿，又法黄庭坚，草法章草。善画墨梅，清瘦绝伦。万历十一年（1583）尝书《道德经卷》。

《詹士小辨》《江西通志》《续书史会要》《石渠宝笈续编》《中国美术家人名辞典》《赣文化通典·书画卷》

程辂

【明】字伯衡，号东皋处士，新城（今黎川）人。《御定佩文斋书画谱》卷四十引明王材《江西新城县志》语评曰："伯衡精于书札，尤长篆、隶。"

《江西新城县志》《中国美术家人名辞典》《赣文化通典·书画卷》

程魁

【明】字斗用，鄱阳人。明书法家、诗人。书宗赵孟頫，略参黄山谷笔意。诗极瑰丽，所交皆一时名士。墨迹罕存，仅见《东溪记咏诗》存世。

《上饶历代书画集》

程琐

【明】字谨之,号适斋,又号青溪,自称牧羊山人,婺源人。善书画。

《虹庐画谈》《中国美术家人名辞典》《中国历代画家人名辞典》

程瑎

【明】婺源人。《御定佩文斋书画谱》卷四十二引明程敏政《篁墩集》曰:"程瑎好学能书,为里塾师。"

《篁墩集》《中国美术家人名辞典》《赣文化通典·书画卷》

戴珊(1437—1505)

【明】字廷珍,号松厓。浮梁人。珊幼嗜学,天顺八年(1464)进士。弘治九年(1496)为南京刑部尚书,改左都御史。以老疾数求退,辄优诏勉留,正德中卒于位,赠太子太保,谥"恭简"。善书。明王世贞《国朝名贤遗墨》有戴珊书。事见《明史》卷一百八十三。

《吾学编》《弇州续稿》《中国美术家人名辞典》《明史》《赣文化通典·书画卷》《明代名人传》

邓文明

【明】字太素。新建人。万历十三年(1585)举人。官广东连州(治今广东连县)知州。工书法,亦善属文。贫困而死。著有《雅余集》。

《江西历代人物辞典》

邓子龙(1531—1598)

【明】字武桥,号大千,别号虎冠道人,江西丰城县(今丰城市)人。父、祖皆为风水师,邓子龙早年以看地、看风水为职业,得以游走四方,历览山川之胜。后于白云寺巧遇以直谏落职的著名学者罗洪先,从其学习诗文、兵法,技艺精进。嘉靖三十七年(1558)中武举,为江西抚、按选取,率领江西客兵入闽抗倭,先后转战泉州、漳州沿海地带,屡建战功。

万历十一年（1583）于攀枝花痛击缅甸军队，升任副总兵，后因偏袒军卒导致军卒叛变而被夺职。万历二十六年（1598），邓子龙参加万历朝鲜战争，于露梁海战中与朝鲜名将李舜臣不幸阵亡，朝鲜国王亲临子龙灵前致祭。邓子龙善书法、好吟咏，著有《风水说》《阵法直指》和《横戈集》等，他还自题"月斜诗梦瘦，风散墨花香"在书房匾额上，足见文武双全。我国江西、湖南、贵州、云南，以及邻国韩国均有其大量石刻遗迹。

《明史》《万历野获编》《涌幢小品》《江西古代名人》《江西省人物传》

丁文暹

【明】号竹坡。瑞金人。精于翎毛，兼善山水，时作枯木，萧疏有致笔力清劲"。明《倪文僖集》卷三有《竹坡——为丁文暹赋能画》七言古诗一首。

《明书画史》《无声诗史》《中国美术家人名辞典》《中国历代画家人名辞典》《赣文化通典·书画卷》《图绘宝鉴》《明画录》

丁玉川

【明】江右（江西）人。山水宗马远、夏圭，但少气韵。亦善人物，行笔草草，徒逞狂态。刘珝题其画云："彼美玉川子，素慕青溪翁。远浓近淡不停手，神机所到天然工。"《画史会要》评丁玉川："评者谓画家邪学，徒呈狂态。"李开先《中麓画品》"丁玉川：如十金之家，门扉器物，不得精好。"主要活动于山东与北京两地，可能活到九十二岁以后。在晚明以后，丁氏被归为浙派画家之列，存世作品多被改款，以致今日难以辨识。

《刘古直集》《画史会要》《图绘宝鉴续纂》《无声诗史》《中国美术家人名辞典》《中国历代画家人名辞典》

杜环

【明】字叔循，《明画补遗》作字子循，一作德循。其先庐陵（今吉安）人，家金陵（今南京）。明何乔远《名山藏》曰："国初环被荐，太祖善其书。入侍春坊，仕终太常丞。"解缙《书学传授》称："叔循真书，清风兰雪。"书法端妍，正书入能品，行草亦各臻妙。兼善画花鸟。为人谨饬，重然诺，好周人急。

《宋学士集》《名山藏》《艺苑卮言》《分省人物考》《明画补录》《中国美术家人名辞典》《赣文化通典·书画卷》

费寀（1483—1548）

【明】字子和，号钟石，上饶铅山人。正德六年（1511）进士，授翰林院编修。累官至礼部尚书，赠光禄大夫、柱国、少保、武英殿大学士，谥"文通"。著有《少保文通公摘稿》《南宫奏议》等，增修《嘉靖广信府志》、纂修《铅山县志》。工书，传世墨迹有《跋文徵明句曲山房图卷》《跋沈周岸波图卷》等。

《上饶历代书画集》

费宏（1468—1535）

【明】字子充，号健斋，晚年自号湖东野老，铅山人。成化二十三年（1487）状元，历官四朝，累官至内阁首辅，授文渊阁大学士，加少师兼太子太师、进武英殿大学士、华盖殿大学士，谥"文宪"。有济世练达之才，为人和易，好推挽后进，恤民务实，勤政清廉，刚正耿直，决断果敢，不畏权奸，为持重识大体的政治家。有《鹅湖摘稿》20卷，工书，传世墨迹有《久别帖》等。

《上饶历代书画集》

费懋谦

【明】字民益，铅山人。袭荫官南京都察员经历。裙屐子弟，绰有诗名，兼能山水、梅、竹。

《明画韵编》《中国美术家人名辞典》

傅朝佑（？—1639）

【明】字右君，临川（今属抚州）城北傅家村人。少时即勤奋好学，师事邹元标，善画竹石。万历四十年（1612）中解元，天启二年（1622）中进士，授中书舍人。崇祯三年（1630）录为兵科给事中。后调任工科给事中。因语言过于诤直，被刚愎自用的崇祯革职下狱。在狱中上书，要求崇祯严于律己，宽恤臣僚，群策群力，共扶明朝。结果再次触怒崇祯，第二年（1639）春天，竟以"颠倒奸贤，扰乱国是，恣意讪侮"的罪名，将他廷杖六十大棍，伤重致死。崇祯十七年（1644）五月，福王朱由崧即位后，察其冤情，下诏追复其原职，并以褒扬。

《明史》《无声诗史》《中国美术家人名辞典》《中国历代画家人名辞典》《抚州人物》

傅瀚（1435—1502）

【明】字曰川，号体斋。新喻（今新余）人。明天顺八年（1464）中进士，选为庶吉士，任翰林院检讨。明孝宗登帝位时（1488），擢太常少卿兼侍读，历礼部左、右侍郎。寻命兼学士入东阁，专典诰敕，兼掌詹事府事。弘治十三年（1500）升礼部尚书。卒赠太子太保，谥"文穆"。傅瀚品德高尚，善于写诗作文，著有《体斋集》《经筵讲章》等。事见《明史》卷一百八十四。明李东阳《怀麓堂集》卷八十三《明故资善大夫礼部尚书赠太子太保谥文穆傅公墓志铭》称傅瀚"博学强记，为诗文峻整有格，书法亦遒美，为时所重"。

《怀麓堂集》《中国美术家人名辞典》《赣文化通典·书画卷》《明史》

傅元澄

【明】金溪人。善画禽鸟，笔意古润。兼画虎，纯用水墨，能脱俗气。

《金溪县志》《中国美术家人名辞典》

甘彦

【明】字士美,永新人。《御定佩文斋书画谱》卷四十三引明邹守益《东廓遗稿》曰:"士美尝构屋丛竹之间,自懋于学,人称之曰竹屋先生。诗得唐体,字得颜体。"

《东廓遗稿》《中国美术家人名辞典》《赣文化通典·书画卷》

管珏

【明】字石楠,晚居江西安福。善画竹。

《广阳杂记》《中国历代画家人名辞典》

郭汝宣

【明】字赞明,号月塘,万载人。万历三十三年(1605)应岁荐。博通《经》《史》,善楷书。

《万载县志》《中国美术家人名辞典》《赣文化通典·书画卷》

郭诩(1456—1532)

【明】字仁宏,号清狂道人,泰和人。善山水,尝遍历名山,曰:"岂必谱也,画在是矣。"同时江夏吴伟、北海杜堇、姑苏沈周俱以画名,莫不愿交。天下竞传清狂画,购之百金。有贵人欲多得诩画,诩瞠目数屋梁不对。弘治(1488—1505)中征天下善画者,应诏京师。欲以锦衣官,郭诩固谢辞却。时宁王朱宸濠广招艺士,诩坊知其有谋反意,辄辞谢之。往依王守仁,献画题诗所见志。又善杂画,信手作人物,辄有奇趣。传世作品有《杂画图》《琵琶行图》《东山携妓图》《朱文公像》等传世。《东山携妓图》是以东晋名士谢安栖隐东山的逸事为蓝本。《朱文公像》为郭诩仅存的肖像画作品,绘制年应在明代弘治年间(1488—1505)。

《吉安府志》《名山藏》《明画录》《无声诗史》《画史会要》《中国美术家人名辞典》《中国历代画家人名辞典》《中国美术家大辞典》《赣文化通典·书画卷》

郭岩

【明】泰和人。郭诩之侄。工书、画，能传其业。

《画史会要》《中国美术家人名辞典》《中国历代画家人名辞典》

昊十九

【明】本姓吴，十九是其排行，自号壶隐道人，景德镇浮梁人。出生于制瓷世家，活动于嘉靖、万历时期。其时景德镇制瓷业繁荣，受家庭、环境氛围影响，他从小对制瓷艺术产生浓厚兴趣。发明精美绝伦的薄胎瓷，瓷胎薄如蛋壳，色如玑珠，轻若浮云，晶莹剔透。其中流霞盏、卵幕杯为代表作，制瓷技艺精湛，想象力超人。明李日华《紫桃轩杂缀》记载："浮梁人昊十九者，能吟，书逼赵吴兴，隐陶轮间，与众作息。所制精瓷，妙绝人巧。尝作卵幕杯，薄如鸡卵之幕，莹白可爱，一枚重半铢，又杂作宣、永二窑，俱逼真者。而性不嗜利，家索然，席门瓮牖也。余以意造流霞不定之色，要十九为之，贻之诗曰：'为觅丹砂到市塞，松声云影自壶天。凭君点出流霞盏，去泛兰亭九曲泉。'樊御史玉衡亦与之游，寄诗云：'宣窑薄甚永窑厚，天下驰名昊十九。更有小诗清动人，匡庐山下重回首。'十九自号壶隐道人，今犹矍。"清王士祺《带经堂诗话》卷二十二"古器类"也有类似的记载。在故宫博物院，藏有昊十九所做的壶公窑娇黄凸雕九龙方盂，口有铭文曰："钧尔陶兮文尔质，龙函润珠旭东壁。万历吴为制。"1973年在景德镇市境内，出土了一块昊十九兄弟吴十的墓志，这是一块世所罕见的青花瓷圆形墓志，直径22厘米，志文以青料盘书，共362字，从中可推知昊十九的姓氏与身世。

《紫桃轩杂缀》《饮流斋说瓷》《明代瓷器工艺》《中国美术家人名辞典》《赣文化通典·书画卷》《江西省人物传》《带经堂诗话》

何晌

【明】字天宿，大庾（今大余）人。《大庾县志》称其工行草书，时亦画兰竹。

《大庾县志》《中国美术家大辞典》

何萃亭

【明】上犹人。精绘事,《上犹县志》称其工丹青,曾绘巢道人像。

《上犹县志》《中国美术家大辞典》

何乔福（1434—1483）

【明】字廷锡,广昌人,刑部尚书何文渊之子。善墨竹。夏昶后称独步。间写花卉、木石、禽鱼。皆臻其妙。明何乔新《椒丘文集》卷三十《亡弟乔福墓志铭》曰:乔福"读书不事章句,随所喜阅之数,过辄成诵,率其意为歌诗,亦皆可取"。"晚精草书,得颠、素笔法。"求其书画者,接踵于户,他有求必应,虽村夫野老亦不拂其意。

《椒丘文集》《中国美术家人名辞典》《中国历代画家人名辞典》《抚州人物》《赣文化通典·书画卷》

何乔新（1427—1502）

【明】字廷秀,号椒丘,广昌人,何文渊之子。景泰五年（1454）中进士,初授礼部主事,后改任南京刑部主事,秉公执法。他一生为官,政绩显著。为人刚正不阿,不与奸臣为伍,因此仕途坎坷,常受奸臣排挤和诬陷。后上疏请求辞职回乡。卒于孝宗弘治十五年（1502）。正德十一年（1516）,他被追封为太子太保,并准予荫封后代。次年,赐谥"文肃"。明王世贞《国朝名贤遗墨跋》曰:"乔新楷法极谨细,无一笔苟。"其弟兄均善书,乔福、何宗均有书名。乔新著作甚富,有《元史臆见》《周礼集注》7卷、《策府群玉》3卷、《策府群玉续编》《勖贤琬贤集》《椒丘集》44卷,另著有《宋元史臆见》《文苑群玉》《续编百将传》《贤琬玫集》等。事见《明史》卷一百八十三。

《国（明）朝名贤遗墨跋》《吾学编》《中国美术家人名辞典》《赣文化通典·书画卷》《江西省人物传》

何震（约 1541—1607）

【明】字主臣、长卿，号雪渔。婺源人。晚明一位极有名的篆刻家。婺源旧属徽州，故何震开创的流派也称徽派、新安派。何震与文彭的关系亦师亦友，他常住南京，与文彭交往，请教篆刻，曾与文彭合作数十方，文书篆，何镌刻，印坛上并称"文何"。他后来一变文彭典雅秀润的风格，取法秦汉，易以苍古流畅、雄健猛利的格调，突破时俗藩篱，脱颖而出，气势宽宏，具有汉印的雄健风貌，称雄印坛，成为印坛"徽派"的开创领袖。何震刻印先从六书入手，认为"六书不精义入神，而能驱刀如笔，我不信也"。提倡在加强书法艺术的基础上，提高印章艺术。他深究古籀，精研六书，孜孜于书篆治印，力主以六书为准则，摒弃元末金石界出现的庸俗怪异和杜撰擅改的陋习。他与文彭独树一帜，矫正时弊，实现了书法与刀法的一致，为篆刻的基本理论奠定了基础，存世有《续学古篇》二卷。何震的印款创用单刀法，着力仿古，生辣峻健，跌宕拙朴，功力独到，给人以强烈的艺术感染力，《明清篆刻流派印谱》序言评价："何雪渔为近代名手，海内推为第一。"他曾游历边疆重镇要塞，每到一处，文人雅士纷至沓来，争相索印，皆以得其一印为荣。因此盛名远播，誉满海内。何震逝世后，其学生程原征集到何氏篆刻作品 5000 余印章，嘱其子程朴精选 1000 余印，篆刻成《雪渔印谱》一书，共 4 卷，使其印艺得到传世。中年始学画竹，苍莽淋漓，风格尤胜。

《明画录》《印人传》《广印人传》《中国美术家人名辞典》《中国历代书法家人名大辞典》《赣文化通典·书画卷》《江西省人物传》《明清篆刻流派印谱》

何宗

【明】字本茂，广昌人。何乔新之兄。《御定佩文斋书画谱》卷四十二引明何乔新《椒丘文集》曰："本茂颖敏好学，性喜书，初师欧阳率更，晚更兼颜、柳之体。邑之山镌冢刻，多出其手。"

《中国美术家大辞典》《椒丘文集》《中国美术家人名辞典》《赣文化通

典·书画卷》

洪钟（1473—1500）

【明】字季和，崇仁人。宪宗时入翰林院读书，年十八登弘治三年庚戌（1490）进士，除中书舍人，升礼部员外郎。年二十七卒，清才不寿，士林惜之。《御定佩文斋书画谱》卷四十一引《治世余闻》曰："崇仁洪钟，四岁随父入京，至临清见牌坊大字题额，索笔书之，遂得字体。至京师设肆鬻字，宪宗闻之召见。"又引明李绍文《皇明世说新语》曰："洪钟四岁能作大书，宪宗召见，命书'圣寿无疆'，钟握笔久之不动，上曰：'汝容有不识者乎？'钟叩头曰：'臣非不识，第此字不敢于地上书耳。'上命内侍异几，一挥而就。"

《皇明世说新语》《治世余闻》《江西通志》《中国美术家人名辞典》《赣文化通典·书画卷》

胡皋（1570—1649）

【明】字公迈，婺源人。善画，可追顾、陆。工书及诗、古文辞。天启（1621—1627）中随将军赵佑宣抚朝鲜，朝鲜人得其片楮如珍宝云。在使馆期年，砚为之穿，因著《穿砚赋》。

《徽州志》《婺源县志》《耕砚田斋笔记》《中国美术家人名辞典》《中国历代画家人名辞典》

胡广（1370—1418）

【明】字光大，号晃庵，吉水县人。父子祺，善文学，洪武初选为御史，继任广西按察佥事、彭州、延平知府。10余岁丧父，遵母训就学于当地学究，博览经史，旁通医卜老释。建文元年（1399）中举，次年廷试考卷中有"亲藩陆梁，人心动摇"八字，意应削夺王权，扭转时艰。得到建文帝赞赏，擢为廷试第一，赐名靖，授翰林修撰。建文四年（1402），燕王朱棣率"靖难"军陷南京。胡广与解缙、杨士奇等人迎降，被授为侍讲，改侍读，入直文渊阁。永乐二年（1404）迁右春坊右庶子。永乐五年（1407）进翰林学士兼右春坊大学士，由奉议大夫入奉政大夫。明雷礼《列卿记》曰：广"尤工书法，行、草之妙独步一时"。明金幼孜《北征录》曰："上次玄石坡，登顶制铭刻石，命光大书，并大书玄石坡立马峰六字，书无巨笔，钩以小羊毫。次捷胜冈，上令光大书捷胜冈于石，上多云母石，并书刻日云母山。"明王世贞《艺苑卮言》曰："胡文穆善真、行、草，名不及解大绅而遇过之，北征诸镇，皆其勒石。"礼部侍郎周讷建请封禅，群臣多赞同，唯胡广以为不可，拟就《却封禅颂》获准。永乐十六年（1418）五月，病逝于位，赠礼部尚书，谥"文穆"，明代文臣得谥自胡广始。曾奉敕与修《太祖实录》《五经大全》及《礼记大全》。著有《文信国传》《扈从集》《晃庵集》，后人编为《胡文穆集》20卷及《胡文穆杂著》。《明史》卷一百四十七有传。

《北征录》《列卿记》《艺苑卮言》《中国美术家人名辞典》《赣文化通典·书画卷》《江西省人物传》《明史》

胡杰

【明】字世杰，婺源人。诗人、书画家。官福建都转运盐使司同知。楷书宗赵孟頫，精审端雅，存世尤罕。

《上饶历代书画集》

胡锦辂

【明】字大载。永新人。弘治五年（1492）领乡荐，仕为右府都事。工诗，善行、楷。

《永新县志》《赣文化通典·书画卷》

胡泰

【明】字志同，号云松，南昌人。洪武初寓居万载县之涂泉。善真、草书，能文。

《万载县志》《中国美术家人名辞典》《赣文化通典·书画卷》

胡唯（？—1532）

【明】字贯道，婺源人。工诗，善书，尤善画山水、云龙、梅竹，人称三绝。于安澜编《画史丛书·墨梅人名录》亦录其所作有《潇湘八景图》《仙人像》等。明唐桂芳《白云集》卷四《潇湘八景图序》载："婺源胡贯道画《潇湘八景》，装为大轴。"

《徽州府志》《中国美术家人名辞典》《顺成集稿》

胡俨（1361—1443）

【明】字若思，号颐庵，南昌人。胡俨生于世儒之家，自幼好学，天文、地理、律历、医卜等诸子百家，无所不通。明洪武二十年（1387）以举人授华亭教谕，能以师道自任。与解缙等俱直文渊阁，迁侍讲，北京国子监祭酒。后家居20年，方岳重臣咸待以师礼。胡俨与他们交往，从不言及私利。他淡泊名利，生活俭朴刚够温饱。正统八年（1443）八月卒，享年83岁。胡俨是明代文学家、天文学家，馆阁宿儒。朝廷大著作多出其手，重修《太祖实录》《永乐大典》《天下图志》皆充总裁官。胡俨还擅长书画。他精于草书，行书矫健而苍，楷书精熟而整。他工竹石兰蕙，极有意致。以水墨秃笔画羊、鹿，非常生动。明陶宗仪《书史会要》曰："俨文辞妍赡，精于草书。"明詹景风《詹氏小辨》曰："俨行书矫健而苍，楷书精熟而整。"胡俨辞官居家后，在南昌著有《灌婴城》《豫章十景》等诗作。

《明史》《明画录》《画史会要》《书史会要》《列卿记》《詹氏小辨》《中国美术家人名辞典》《中国历代画家人名辞典》《赣文化通典·书画卷》

胡钟

【明】字应律，号淡庵，丰城人。官监察御史。好学，工书法，以山水、琴、书自娱。

《鲁铎文恪公集》《中国美术家人名辞典》《中国历代画家人名辞典》《赣文化通典·书画卷》

胡子昂
【明】自号竹雪,盱江(今南丰)人。他与中国历史上的第一部禁毁小说《剪灯新话》有很大的关系。胡子昂任四川蒲江尹时,偶然在书记官田以和处发现了《剪灯录》抄本的四卷原稿,非常珍惜。永乐十八年(1420),胡子昂调任到离保安100里的兴和任事,特地找到瞿佑,将4卷原稿亲自交还给他,让他重新校订,付梓刊行。但因为《剪灯新话》所录故事大多内容怪异、思想异端,所以被官方明文禁毁。明瞿佑《归田诗话》曰:"子昂能诗善书,字体逼赵松雪。"

《归田诗话》《中国美术家人名辞典》《赣文化通典·书画卷》

黄德明
【明】字本诚,奉新人。善书法,工楷与草书。著有《本诚诗文钞》4卷。

《江西历代人物辞典》

黄懋谦
【明】铅山人。能画山水、梅竹。

《刘品三·江西地区书画家简述》《中国历代画家人名辞典》

黄勉
【明】字宗勉,浮梁人。洪武中应善书诏,擢兵科给事中。永乐中官至浙江参政。工书翰,长于律诗。

《浮梁县志》《中国美术家人名辞典》《赣文化通典·书画卷》

黄守一

【明】安福人。《御定佩文斋书画谱》卷四十引明解缙《解学士集》曰：守一"以赀豪阊门，为人所诬陷，亡匿新淦（今新干）之玉笱。抚之太华，遇异人，颇得其道家书符咒之属。喜为诗，学唐人楷书"。

《解学士集》《中国美术家人名辞典》《赣文化通典·书画卷》

计礼

【明】字汝和，号懒云，浮梁人。天顺八年（1464）进士，官终刑部郎中。善写墨菊，画笔如狂草，时人语云："林良翎毛夏昶竹，岳正葡萄计礼菊。"尝为同年许廷冕作《墨香秋兴卷》，卷中野菊数枝，杂以飞白竹，生峻岭惊涛间。

《东江集》《浮梁县志》《明书画史》《清画家诗史》《中国美术家人名辞典》《中国历代画家人名辞典》《赣文化通典·书画卷》

江济

【明】字汝楫，本姓郑，浮梁人。天顺三年（1459）中举。以善画山水有名。

《康熙浮梁县志》《中国美术家人名辞典》《中国历代画家人名辞典》

姜济

【明】浮梁人，客居四川。写山水无墨痕，有云烟出没之奇。

《图绘宝鉴续纂》《明画录》《无声诗史》《中国美术家人名辞典》《中国历代画家人名辞典》

揭枢

【明】字平仲，丰城人。揭傒斯孙。解缙《书学传授》载："至正初，揭文安公以楷法得名，传其子汯，孙枢。枢在洪武中仕为中书舍人。与仲珩（宋璲）、叔循（杜环）声名埒云。"又曰："揭平仲旱蛟得雨，秋雁入云。"陶宗仪《书史会要》称："枢正书得其家传。"曾于洪武朝举荐方孝孺。

《书史会要》《书学传授》《中国美术家人名辞典》《方正学先生年谱》

揭云
【明】字之德，丰城人。揭傒斯孙。正书学智永。

《书史会要》《中国美术家人名辞典》

金本立
【明】金溪人，善写墨竹，亦见画菜。

《金溪县志》

金善（1368—1432）
【明】字幼孜，号退斋，以字行，新淦县（今新干）人。少时师从元进士聂玄。建文二年（1400）中进士，授户部给事中。朱棣登基后，改授翰林检讨，与解缙、胡广等同直文渊阁，迁侍讲。后升翰林学士仍兼谕德、文渊阁大学士，预修《太祖实录》。仁宗即位后，为户部右侍郎兼文渊阁大学士，后进官至礼部尚书，仍兼大学士。宣宗即位后，奉诏纂修成祖、仁宗两朝实录，任总裁官。宣德六年（1431），扈从宣宗北巡。十二月卒，谥"文靖"。其文章和平宽厚，类其德性，善书法，兼工真、行。永乐三年（1405）尝跋《唐七宝转轮王经墨迹》。亦能画花鸟，有《题墨梅赠杨稷》及《题寒梅冻雀诗》。

《东里集》《怀古田舍梅统》《宋元明清书画家年表》《中国美术家人名辞典》《中国历代画家人名辞典》《明史》《江西省人物志》

赖汝迁
【明】南康人。自幼工画，擅长画人物，运笔洒脱，形象逼真。

《刘元卿·山居草》《中国美术家人名辞典》《中国历代画家人名辞典》

蓝文豹

【明】字方井，浮梁人，明代太学生。他善山水、竹石，又工于写真。嘉靖间（1522—1566）游京师，恰逢皇帝召画工为皇太后画像，均不称旨，特宣文豹入宫。刚启垂帘，文豹就俯伏而出。但他所画肖像逼真，大被赞赏，并得厚赐。

《浮梁县志》《中国美术家人名辞典》《中国历代画家人名辞典》《景德镇市志略》

蓝瑜

【明】盱江（今南丰）人。善画，曾经为马庭坚画《柏菴图》，宋濂为之题。

《无声诗史》《中国美术家人名辞典》《历代书史汇传》《宋学士文集》

雷瀛

【明】字时登，丰城人。以父荫，历工部员外郎。才藻妍赡，长绘事，为艺林所珍。

《大泌山房集》《中国美术家人名辞典》《中国历代画家人名辞典》

李汉

【明】字充昭，号方塘，丰城人。成化进士。平生喜学朱熹书法，久而乃相似。

《圭峰集》《中国美术家人名辞典》

李穆

【明】字元载，号寄寄，泰和人。官南乐训导。罗钦顺《整庵存稿》记载："其踪迹多在荆、楚间，因以寄寄为号。所作真、行、篆、隶诸书，学者争藏。"

《整庵存稿》《中国美术家人名辞典》

李绍（1407—1471）

【明】字克述，安福人。宣德八年（1433）进士。改庶吉士，授检讨。杨士奇曾举荐他。土木堡事变后，坚持不南迁。累迁为翰林学士，后升任礼部侍郎。刻苦问学，有异书及古碑文字，必购求之。字画出入晋、唐间，参以苏轼，刚劲奇逸，自成一家。传为"唐宋八大家"的最早命名者。

《列卿记》《分省人物考》《中国美术家人名辞典》《明史》《吉安人物》

李时勉（1374—1450）

【明】名懋，以字行，号古廉，安福人。永乐二年（1404）进士，选庶吉士，进学文渊阁，参与纂修《太祖实录》。后又参与纂修《成祖实录》《宣宗实录》。正统六年（1441）官至国子祭酒。性刚硬，敢于直言进谏。三次下狱，仍不改初衷。正统十二年（1447），致仕回归故里，以画梅竹卖钱度日。景泰元年（1450），病卒，谥"文毅"。成化年间改谥"忠文"，赠礼部侍郎。工书善画，据记载：其"善书，婉媚有致，钩画之内，聚精藏锋，一笔不苟。"著有《古廉文集》。

《明史》《名山藏》《弇州续稿》《大观录》《中国美术家人名辞典》《江西古代名人》

李士实（1443—1519）

【明】字若虚，南昌人，一作丰城人。成化二年（1466）进士，授刑部主事，后迁员外郎、郎中，出任按察副使提学浙江。累擢至山东左布政使。弘治五年（1492）十月，以右都御史巡抚郧阳。弘治六年（1493）十一月召还理南京都察院事。正德年间为右都御史，后任刑部侍郎。正德八年（1513）致仕。曾参与宁王朱宸濠作乱，并任丞相。正德十四年（1519）伏诛。素有诗名且工书善画，与李东阳交厚。其书法瘦、险、丑、怪，一时声名甚著。

《无声诗史》《中国美术家人名辞典》《中国历代画家人名辞典》《继世纪闻》

李珏

【明】字古璞，初名张珏，奉新人。善绘画，其作品甚少，为世所宝。

《江西历代人物辞典》

李原明

【明】洪武年间道士，号畸叟，永丰人。《同治永丰县志》称其："工书法，所居处凡古今名人书法无所不聚，有'墨薮'之名。"

《同治永丰县志》《中国美术家大辞典》

李祯（1376—1452）

【明】字昌祺，一字维卿，号侨庵、白衣山人、运甓居士，庐陵（今吉安）人。永乐二年（1404）中进士，后任翰林院庶吉士，参与编撰《永乐大典》。成书后升任礼部郎中。永乐十六年（1418），朱高炽举荐其为广西左布政使。永乐十七年（1419），因事革职。洪熙元年（1425），官至河南布政使。正统四年（1439），致仕归乡。工诗，善小说，亦善词曲，行、楷亦可观。著有《运甓漫稿》《侨庵诗余》，文言小说集《剪灯余话》。

《书史会要》《中国美术家人名辞典》《明史》《中国古代诗歌辞典》

李子长

【明】字墨匡，庐陵（今吉安）人。绘事殊绝，无能不兼。画院选人时，为天下第二，名噪艺林，人们争相抢购。其所为画，神气远胜他家，他人虽极意模仿，卒同剪彩。

《庐陵县志》《中国美术家大辞典》《光绪吉水县志》

梁潜（1366—1418）

【明】字用之，号泊庵，泰和人。洪武二十九年（1396）乡试中举，次年入四川苍溪县学训导，历知县。洪武三十一年（1398），任广东四会知县，授承事郎。建文元年（1399），任广东阳江、阳春知县。永乐元年

（1403），被召入京参与编撰《太祖实录》。后升修撰、侍读、兼右春坊右赞善。后被举荐任《永乐大典》代总裁。永乐十六年（1418），因冤被杀。其文学造诣颇深，《四库全书总目提要》称其作品"文格清隽，而兼有纵横浩瀚之气，在明初可自成一队"。亦工书，王世贞《国朝名贤遗墨》有其遗迹。作品有《泊庵集》。

《泊庵集》《吾学编》《益州续稿》《列朝诗集》《中国美术家人名辞典》《江西省志人物志》

林森

【明】清江（今樟树）人，工山水。

《明画录》《画史会要》《中国年画家人物大辞典》《中国历代画家人名辞典》

刘爆

【明】字彦正，鄱阳人，曾任建德县令。好学工画，精通大篆，历年之久，靡不贯通。有《篆韵集钞行世》。

《中国美术家人名辞典》《中国美术家大辞典》

刘端阳

【明】道士。号古松，建昌（今永修）人。嘉靖间创道院于武夷接笋峰，闭户清修，潇然出尘，与汪三宝以诗、文、书、画相友善，人称汪、刘高士。嘉靖皇帝曾派人探访二人。

《武夷山志》《中国美术家人名辞典》《闽中书画录》

刘锋（1573—1626）

【明】字我以，号洞初。安福南乡三舍人（一作吉安人）。明代诗人、书画家。万历四十四年（1616）进士，历任刑部主事、郎中、扬州知府等职。刘锋工诗善画，以山水画居多，其作品寓意深邃。著有《来复斋集》。

《江西历代文学艺术家大全》《明史》《安福县志》

刘楫

【明】字子川，吉水人。洪武三年（1370）以明经征授兵部主事，迁工部主事。擅长写楷书，有才名。

《吉水县志》《中国美术家人名辞典》

刘节

【明】安成（今安福）人。明朝画鱼大家刘晋（亦作刘进）之子。世宗（1522—1566）朝供奉内殿。《无声诗史》载其：善绘鱼，尤神于鲤，矫首振尾，有一跃九霄之神，云从霖雨之势。《中麓画品》传将刘节画鱼与金湜画竹、边景昭和吕纪画花鸟并提。

《明画录》《无声诗史》《怀麓堂集》《中国美术家人名辞典》《中麓画品》

刘进

【明】亦作刘晋，安成（今安福）人。明中期时曾官锦衣卫指挥。善画鱼，其所画之鱼在明代享有盛誉，大学士李东阳曾赠诗云"鱼为水族类最稠，近时画手安成刘，生绡如云笔如雨，恍惚变态不可求"。

《明画录》《无声诗史》《怀麓堂集》《中国美术家人名辞典》《中国历代画家人名辞典》《画史会要》

刘麟（1474—1561）

【明】字元瑞，一字子振，号南坦，安仁（今余江）人。博学能文，与顾璘、徐祯卿并称为"江东三才子"。弘治九年（1496），考中进士。历任刑部主事、刑部员外郎、刑部郎中、绍兴府知府、陕西左参政、云南按察使等。嘉靖初年（1522），召任太仆卿，后历任右副都御史、巡抚保定六府、大理寺卿、工部尚书等。嘉靖四十年（1561）卒，年八十八。赠太子少保，谥"清惠"。其晚年好居住阁楼，而财力不够，遂在梁上悬篮，曲卧其中，名曰"神楼"。与孙一元、文徵明等常往来唱和，文徵明的《神楼图》即是为其所画。"竹简尺牍，人争定之"，作品有《清惠集》。

《明史》《李墨·刘南坦小传》《墨林快事》《中国美术家人名辞典》《江西历代文学艺术家大全》

刘朴

【明】字子素，吉水人。洪武二十年（1387）试翰林得官，后客死京师。解缙《解学士集》称："子素少有志节，耽介绝俗，其书清劲洒落，为文章诗歌，古雅典则。"

《解学士集》《中国美术家人名辞典》

刘桼

【明】安成（今安福）人，刘戬之子。曾官至大理寺右寺副。擅长书法，弘治三年（1490）大学士丘浚所撰钱福榜进士提名碑，即其所书。亦善画，作品有《鸲鹆梅花图》。

《中国美术家大辞典》《历代画史汇传》

刘崧（1321—1381）

【明】旧名楚，字子高，号槎翁，泰和人。洪武三年（1370）中经明行修科，改名为崧，授兵部职方司郎中。历任北平按察司副使、礼部侍郎、礼部尚书、国子司业等。洪武十四年（1381）病逝，皇帝亲自写文祭奠，谥"恭介"。其年幼博学，性情廉洁谨慎，善画梅、竹，善为诗，文集中多自题诗。作品有《职方集》《槎翁集》等。

《明史》《吾学编》《中国美术家人名辞典》《中国历代画家人名辞典》

刘廷敕

【明】江右（今江西）人。善白描佛像，兼工人物。

《明画录》《画史会要》《中国历代画家人名辞典》

刘挺

【明】字咸卓,万安人。弘治三年(1490)庚戌科进士。历任兵部主事、兵部郎中、光禄少卿、湖广参政、河南布政使等。擅长书法,古章句学柳宗元,书画像颜真卿,皆俊伟。

《执斋集》《中国美术家人名辞典》《中国历代画家人名辞典》《中国美术家大辞典》《楚纪》《礼部志稿》

刘象

【明】泰和人。官至中书舍人。喜工篆书,以陈登所书《千字文》为法。

《吉安府志》《中国美术家大辞典》《泊庵集》《同治泰和县志》

刘一焜

【明】字元丙,号石闾,南昌人。万历二十年(1592)进士。历任考功郎中、太常少卿,后以右佥都御史巡抚浙江。为官期间,直言敢谏,多有作为。卒赠工部右侍郎。工书,笔笔萧疏,颇饶晋韵。

《明史》《书史会要》《中国美术家人名辞典》《万历南昌府志》

刘永之

【明】字仲修,自号山阴道人,清江(今樟树)人。与刘崧、万古等人号称"江西十才子"。洪武六年(1373),应征至金陵。诗文清丽古雅,亦工书法,篆、楷、行、草皆有师承。宋濂曾赞其"词章翰墨双绝"。著有《山阴集》。

《宋濂全集》《东里集》《临江府志》《中国美术家人名辞典》《崇祯清江县志》

刘漳

【明】赣县（今赣州）人。以写真得幸，由乐昌高胜巡检司巡检升任鸿胪寺序班，供奉于内廷。后升任锦衣卫镇抚副千户。

《康熙赣县志》《中国美术家人名辞典》《中国历代画家人名辞典》

刘仲珩

【明】泰和人。洪熙（1425）时，官任蜀府长史。工正书，有《书法要览》刻石行世。

《书史会要》《中国美术家人名辞典》《万历四川总志》

柳济

【明】女，字孟渊，别号耕叟，德化（今属九江）人。赋性纯雅，不与人争。善楷书。

《九江府志》《书史会要》《中国美术家人名辞典》《同治德化县志》

龙铎（？—1402）

【明】字德刚，万载人。洪武中（1368—1398）历任浙江按察使、长洲知县、晋王府左长史。靖难时力主发兵攻燕。燕王登基后下狱，不屈而死。学问渊博，长诗文，善草隶。

《明史》《万载县志》《中国美术家人名辞典》《革朝志》

娄妃（？—1519）

【明】女，原名娄素珍，上饶人。宁王朱宸濠的正妻。自幼秉性聪颖，博学多才，能诗善画。宁王欲反，娄妃多次泣谏劝阻，曾用头发蘸墨写了"屏""翰"二字刻石暗示宁王，后宁王反叛失败，娄妃亦投江自殉。王阳明为了表彰娄妃的义烈和贤德，在南昌城边、赣江南岸修筑了一座娄妃墓，不少文人骚客也在此题诗留念。

《中国美术家大辞典》《乾隆上饶县志》《阳明先生年谱》《新建县历史

人物选》

罗洪先（1504—1564）

【明】字达夫，号念庵，吉水人。嘉靖五年（1526），乡试中举。嘉靖八年（1529）中状元，授翰林院修撰，后迁左春房赞善。嘉靖十八年（1539），因联名上《东宫朝贺疏》冒犯皇帝而被撤职，遂家居闭关潜心学术。其成就在理学和地图学方面，尤以地图学贡献卓著。绘制的两卷《广舆图》，是我国历史上最早的分省地图集。

《念庵文集》《明史》《艺苑卮言》《名山藏》《中国美术家人名辞典》《江西古代名人》

罗璟（1432—1503）

【明】字明仲，号冰玉，泰和人。天顺八年（1464）进士，历任翰林院编修、修撰，太子洗马、南京礼部员外郎、福建提学副使等。弘治五年（1492），召为南京国子监祭酒。弘治十六年（1503）卒。曾预修《宋元通鉴纲目》；擅长书法，笔法颇欲学宋仲温而未成。

《明史》《万历吉安府志》《国朝名贤遗墨跋》《中国美术家人名辞典》《中国美术家大辞典》

罗伦（1431—1478）

【明】字彝正，号一峰，永丰人。家贫好学，慷慨乐善。成化二年（1466）进士第一名，授翰林院修撰。因上疏论李贤起复落职，贬为泉州市舶司提举。后以疾辞归，隐于金牛山，钻研经学，开门授学。学术上笃守宋儒治学方法，以经学为务。为文有刚毅之气，诗作磊落不凡。善行、楷，师法文天祥，笔力清健，结构端严，评者谓为翰墨中珊瑚玉树。著有《一峰集》等。

《一峰集》《明史》《书史会要》《吾学编》《中国美术家人名辞典》

罗玘（1447—1519）

【明】字景鸣，号圭峰，南城人。自幼聪敏好学，博览群书。成化二十二年（1486），乡试第一。第二年考中进士，被选为庶吉士，授翰林院编修，后升侍读。正德元年（1506），升为南京太常寺少卿。后历任太常正卿、南京吏部右侍郎。后病卒。嘉靖元年（1522），追赠为礼部尚书，谥"文肃"。工隶书，李宗易建亭曰"午风"，玘尝隶书其上。亦善画梅，尝为肇和作《红梅图》并自题诗。作品有《圭峰文集》《类说》《圭峰奏议》等。

《圭峰集》《明史》《吾学编》《题画诗类》《怀古田舍梅统》《中国美术家人名辞典》《康熙南城县志》《同治南城县志》

罗钦顺（1465—1547）

【明】字允昇，号整庵，泰和人。弘治六年（1493）进士，授翰林院编修，后迁南京国子监司业，累迁至吏部右侍郎。嘉靖元年（1522），迁南京吏部尚书。嘉靖二年（1523），改礼部尚书。嘉靖六年（1527），迁吏部尚书，不就。同年致仕。嘉靖二十六年（1547），病卒，赠太子太保，谥"文庄"。其潜心于格物致知之学，专力于穷理、存心、知性，较为反对王阳明的"心学"。工书法，王世贞《国朝遗墨》有其迹。作品有《整庵存稿》《困知记》等。

《整庵存稿》《弇州续稿》《同治泰和县志》《明史》《中国美术家人名辞典》

罗汝芳（1515—1588）

【明】字惟德，号近溪，学者称为近溪先生，南城人。嘉靖三十二年（1553），中进士，授太湖知县。后历任刑部山东司主事、宁国知府。为政期间，以讲会、乡约为治，重视教化，政绩斐然。嘉靖四十四年（1565），因父丧回南城守制。万历时期，历任东昌知府、云南道巡察副使、右参政。万历十六年（1588）卒。工于书法，小楷有钟繇笔法。作品有《近溪子文集》《近溪子语要》等。

《书史会要》《中国美术家人名辞典》《孝经宗旨》《明史》《康熙南城县志》

罗什

【明】字一因，南城人。工诗、画、琴、棋、篆刻，各造其妙。常与人诗酒酬唱，风骨古朴。晚年喜鼓琴，与客人谈论竟日不倦。其家藏有一砚，坚润发墨，下镌数字，笔画苍古。

《吾庐诗话》《同治南城县志》《中国美术家大辞典》

罗素

【明】号墨狂，进贤人。嘉靖中（1522—1566），以画游江右。花鸟仿吕纪，设色写生，俱能逼真；山林树石模仿吴伟，亦能乱真。

《书史会要》《明画录》《中国美术家人名辞典》《中国历代画家人名辞典》

罗维善（1586—1667）

【明】字淑士，号四乐，别号友兰，泰和人。幼即聪慧，12岁补为府学生。然而后续多次科举考试均落第，故以乡村塾师终其一生。曾表示己乐有四：乐见善人，乐闻善事，乐道善言，乐行善愿，故自号"四乐"。长于诗文古词，工书法，草、隶皆精。与庐陵名士张贞生相交甚契，张辞官回家，为之书"读书养气"四字为堂额。作品有《纲目发明》《补养正斋蒙谈》《易经爻象证》《醒世箴言》。

《江西古代名人》《江西省志人物志》

罗小川

【明】豫章（今南昌）人。善画。

《翠屏集》《中国美术家人名辞典》《中国历代画家人名辞典》《历代画

史汇传》

罗性

【明】字子理,以字行,泰和人。内阁首辅杨士奇的继父。洪武四年(1371),中乡举,任德安同知。任满后赴京,因用枣木染军衣而连坐,贬戍边西安。性博学,时四方宿儒在西安者数十人,吴人邹奕曰:"合吾辈所读书,庶几罗先生之半。"书法学钟繇。

《明史》《中国美术家人名辞典》《中华罗氏通谱》《秘阁元龟政要》

吕怀(1492—1573)

【明】字汝德,号巾石,永丰(今广丰)人。明理学家、音乐家、诗人。师从湛若水,为四大弟子之一。嘉靖十一年(1532)进士,官至南京太仆寺少卿。著有《律吕古义》《巾石类稿》《箫韵考逸》《周易卦变图传》等。工书法,传世墨迹有《磬室交游诗卷》。

《上饶历代书画集》

吕夔(1472—1519)

【明】字祖邦,号星石,永丰(今广丰)人。理学家。弘治十五年(1502)进士,出为工部主事,经理江淮水务。适逢旱荒,夔克已俭约,省事便民,百姓多以得活。后拟提任翰林,令先谒见首揆,执意不从,遂任虞衡主事,管理仪真瓮厂,改革弊端,升员外郎。颇受赏于少师梁文毅,荐选部郎中,迁杭州知府,政绩颇著。夔修身洁己,风度文雅,工书擅诗,著有《草堂余兴集》。后服丧回乡,筑莲湖书院,与朋辈唱和以终。曾刊唐王维《唐王右丞诗刘须溪校本》,颇精善。

《上饶历代书画集》

倪宗器

【明】江西人。善画兰及竹石。

《明画录》《画史会要》《中国美术家人名辞典》《中国历代画家人名辞典》

聂大年（1402—1456）

【明】字寿卿。临川（今属抚州）人。天资聪颖，博学多才。宣德十年（1435），他由经明行修科，授仁和县县学训导。后为常州、仁和教谕。任内，修缮学舍，整顿学规，延聘有学行的名士任教。景泰六年（1455），被荐入翰林院修史。工书善画。书法先学欧阳询，后学李邕，能自运，俊爽可爱；画学高房山，落墨不凡，颇得清淡之趣。

《明史》《嘉靖仁和县志》《画史会要》《明画录》《詹士小辨》《蓉塘诗话》《列朝诗集小传》《中国美术家人名辞典》《中国历代画家人名辞典》

潘峦

【明】字碧井，婺源人。精音律、经纬、象数及书、画。荆、益诸王聘为纪善。考古乐章制器，颇臻其妙。著有《君臣图鉴》《礼乐志》《八家行草》等。

《康熙徽州府志》《安徽通志》《明画补遗》《中国美术家人名辞典》《中国历代画家人名辞典》

潘中邦

【明】婺源人。潘峦子。承其家学，善于绘画。

《明画补遗》《中国美术家人名辞典》《中国历代画家人名辞典》

潘中孚

【明】婺源人。潘峦子。少承家学，尤工绘事。

《明画补遗》《中国美术家人名辞典》《中国历代画家人名辞典》

庞叙

【明】字明叙，吉水人。工书，永乐初年（1403），因善书被举荐至内阁学习。后除中书舍人，累官至礼部仪制郎中。

《光绪吉水县志》《东里续集》《中国美术家人名辞典》

彭时（1416—1475）

【明】字纯道，又字宏道，号可斋，安福人。正统十三年（1448）中进士，被任命为翰林院修撰。历任翰林学士、吏部右侍郎、兵部尚书、太子少保、吏部尚书等。成化十一年（1475）卒，赠太师，谥"文宪"。博览群书，擅作文章，先后担任《续通鉴纲目》编纂、《寰宇通志》编纂、《大明一统志》总裁、《英宗实录》总裁。亦工书法，王世贞《国朝名贤遗墨》中就有其遗迹。作品有《彭文宪公笔记》《彭文宪公文集》《可斋杂记》等。

《明史》《彭文宪公笔记》《明会要》《弇州续稿》《历代人物年里碑传综表》《中国美术家人名辞典》

彭天禩

【明】字提卿，号念溪，万载人。貌清质惠，文采斐然。曾任广东高州府经历，因政绩较好引起同僚妒忌，辞职归家读书。工书法，酷嗜二王。

《康熙万载县志》《民国万载县志》《中国美术家人名辞典》

皮屿

【明】江西人。永乐时期（1403—1424）以善画著名。

《明画补遗》《中国美术家人名辞典》《中国历代画家人名辞典》

钱习礼（1372—1460）

【明】名干，以字行，吉水人。永乐九年（1411）进士，选庶吉士，寻授检讨。仁宗即位后，迁侍读、知制诰。宣德元年（1426），进侍读学士，修两朝《实录》。英宗开经筵时，为讲官。《宣宗实录》修成后，擢翰林学士，掌院事。卒后谥"文肃"。善行、草书。

《书史会要》《明史》《万历吉安府志》《中国美术家人名辞典》

丘霁

【明】字时雍，鄱阳人。天顺元年（1457）进士。历任刑部主事、苏州知府等。幼即颖悟能诗文，工怀素草法，有才子名。

《康熙鄱阳县志》《康熙吴县志》《中国美术家人名辞典》

璩幼安

【明】江西人，侨居华亭（今上海松江）。璩之璞之子。承家学，擅长刻印。

《中国美术家大辞典》

璩之璞（？—1607）

【明】字君瑕，一字仲玉，一说荆卿，江西人，侨居上海。与平湖陆光寅友善。人品高洁，不趋荣利。楷法妍雅，善画山水，亦能画翎毛及水墨花卉，笔致矜贵。精于摹印，胎息秦汉，致力宋元，工稳秀劲，在吴门文氏伯仲间。其所著诗文，评者谓"如碧玉钵中摩尼"。董其昌见之，叹曰："君瑕乃能尔耶？五百年后必有识者。"作有《苏长公外纪》12卷、《雪满空山图》。子幼安，亦工刻印。

《明史》《松江志》《海上墨林》《明画录》《平湖县志》《广印人传》《支那名画宝鉴》《中国美术家人名辞典》《红豆树馆书画记》

瞿志高

【明】制瓷匠师，处州（今浙江丽水）人。洪武年间，瞿于江西横峰县横峰窑烧瓷。嘉靖（1522—1566）该窑移于弋阳，俗犹称横峰窑，亦曰

"弋器"。

《广信郡志》《中国陶瓷史》《中国美术家人名辞典》

释来复（1319—1391）

【明】僧。俗姓黄（或王），字见心，号蒲庵，丰城人。年轻时曾出仕元朝，做过学士（《大明一统志》称其幼时即出家，未曾仕元）。后弃官出家为僧，学法于南楚悦禅师。洪武初召至京，于蒋山法会上说法，受朱元璋赏识，赐锦斓袈裟，除僧录司左觉义，诏住凤阳圆通院。洪武十三年（1380），以涉嫌胡惟庸党被监禁，后被处死。书法颇有造诣，时人称其颇似赵孟頫。作品有《四会语录》《蒲庵集》《澹游集》行世。

《续书史会要》《列朝诗集》《中国美术家人名辞典》《江西省志人物志》《广舆记》《明一统志》

舒芬（1484—1527）

【明】字国裳，世称梓溪先生，进贤人。正德十二年（1517）丁丑科状元，授翰林修撰。嘉靖四年（1525）因反对张璁入翰林院，忤帝意，下狱廷杖。卒于家，万历中追谥"文节"。其人以昌明绝学为己任，其学贯诸经，兼通天文律历，尤精于《周易》。书法见称于时。著有《书论》《诗稗说》《东观录》。

《中国美术家大辞典》

宋季子

【明】以字行于世，临川（今属抚州）人。洪武十三年（1380）被举为周府奉祠，卒于官。为诗文有法，擅长草书、隶书。其留意于隶古之书，所获汉魏诸碑刻必夙夜潜玩。多次前往鄱阳见伯诚先生欧君复，欧君授之以作隶之法，复从龙虎山中质诸方壶翁（方从义），于是学大进，遂以善隶书知名。

《金溪人物志》《宋濂重校汉隶字源序》《中国美术家人名辞典》

宋九德

【明】字士吉，别号官虞，万载人。自幼颖敏笃志，博古积学。事其母至孝，定省不辍。生平仁爱恻隐，捐资修五云二十里渡头坑倒桥。官历融县教谕、万安县训导，迁广西柳州府融县谕，以母老求归田。其人笃志博古，工诗文，善楷书，诗文才藻雄冠一时。

《万载县志》《赣文化通典·书画卷》

谭纶（1520—1577）

【明】字子理，号二华，宜黄人。嘉靖二十三年（1544）甲辰科进士，历官台州知府、右佥都御史、兵部尚书，谥曰"襄敏"。巡抚福建时屡挫倭寇，安定东海边境。其人知兵善战，与戚继光齐名。其人精通音律，喜好诗文，书法见称于世。著有《谭襄敏奏议》《谭襄敏公遗集》《点将图》《说物寓武》等。

《中国美术家大辞典》

汤显祖（1550—1616）

【明】字义仍、若士，号海若、海若居士、清远道人、茧翁等，临川（今属抚州）人。万历十一年（1583）癸未科进士，历任南京太常寺博士、詹事府主簿、礼部主事，后贬为地方典史，迁知县。二十六年（1598）被劾告归，住临川沙井。书斋有"玉茗堂""清远楼"等名。专意著述，精研词曲，名重一时。善书法，所作行书，风骨秀拔，笔致雅逸，颇有晋、唐人遗意。传世作品有万历二十九年（1601）为其下属姜士昌而作的送行诗行书长卷，现藏上海博物馆。著有诗文集《红泉逸草》《雍藻》《问棘邮草》《玉茗堂文集》及戏曲多种，尤以《紫钗记》《牡丹亭》《南柯记》《邯郸记》著名。

《中国美术家大辞典》

陶贺

【明】字元吉，乐平人。嘉靖初，以岁贡为扬州府学训导，迁通州学正。善画兰菊，曾用泥金作巨幅献上官，获荐为绍兴府教授。著有《鹤城集》。

《通州志》《中国美术家人名辞典》《中国历代画家人名辞典》

童轩（1425—1498）

【明】字志昂，鄱阳人。明科学家、文学家、书法家。永乐初，以精天官学召入南京钦天监。景泰二年（1451）进士，授南京给事中，进都给事中。成化初谪调浙江寿昌知县，升云南按察司佥事，提督云贵学政。弘治元年（1488）复起为太常寺卿，仍掌钦天监事，升右副都御史提督西川松潘军务，兼理巡抚，弘治四年（1491）迁南京吏部右侍郎，弘治七年（1494）升礼部尚书，十年致仕。精通天文、历学，曾著《历日疏》，强调对星象进行观测、验证，主张"以自然之数求自然之运"。为文渊博雄丽，书法亦遒劲。著有《清风亭稿》《枕肱集》《纪梦要览》《海岳涓埃》《筹边录》等。

《上饶历代书画集》

涂澂

【明】字惟儁，新城（今黎川）人。明中叶以岁贡入仕，授徽州同知，官至刑部郎中。习钟、王书法，选入内庭写诰。

《建昌府志》《中国美术家人名辞典》

涂颖

【明】字叔良，进贤人。元末师从余廷心等人，侨居金陵（今江苏南京）。明初历任太常博士，书工篆、隶、行草绰有姿致。

《大观录》《中国美术家人名辞典》

万象乾

【明】南城人。崇祯间为湖广泸溪县学训导。文宗先正，言行有古君子风。擅长书法，腕力绝劲，出入欧、柳。后进以善其法称者，无一能步其后尘。遗墨所在，珍为至宝。

《中国美术家大辞典》

汪道全

【明】婺源人。以能书闻名于郡中，其书法清婉可爱。

《篁墩集》《中国美术家人名辞典》

汪德予

【明】字天生。婺源人。工画花卉。

《疑庵随笔》《古今画史》《中国历代画家人名辞典》

汪佃（1478—1538）

【明】字有之，号东麓，弋阳人。正德十二年（1517）进士，改翰林院庶吉士，充经筵讲官，累官至太常寺少卿、詹事府詹事。与修《孝宗实录》，著有《东麓稿》。工书，得宋人法度，传世墨迹有《汪俊寿白岩乔公六十序卷跋尾》。

《上饶历代书画集》

汪都

【明】字瀛海，婺源人。为薄州吏目。工书画文词，而画尤绝技。晚年以双箸代笔。山水人物，点染颇佳。有画作《坐观飞泉图轴》《松山观瀑图》《山水册》《墨林漫兴》遗世。《坐观飞泉图轴》中自赋诗云："自识丹青绝世无，几年磊落在江湖。老来不用狸毫笔，双箸能挥十丈图。"

《徽州志》《中国美术家人名辞典》《中国历代画家人名辞典》

汪徽

【明】字仲徽，婺源人。性傲岸，曾游历金陵，颇受王公巨侯赏识。工于诗，诗极壮丽，为汪道昆所建"丰乾诗社"成员。又善画，擅山水和八分书。于秦汉图章颇有造诣，治印负有盛名，明文人极为追捧。与詹濂等同为"别立营垒，称伯称雄"一类。人称"四绝"。现存画作有《白岳前后图》《昱江烟亭图》。

《徽州府志》《中国美术家人名辞典》

汪俊（？—1529）

【明】字抑之，号石潭，弋阳人。明名臣、理学家。弘治二年（1489）解元，弘治六年（1493）会元，改翰林院庶吉士，累官至礼部尚书，隆庆时，追赠少保，谥"文庄"。《明史》称其"行谊修洁，立朝光明端介"。他的理学思想师承程颢、朱熹，著有《濯旧稿》，后人称他为"石潭先生"。工书，传世墨迹有《寿白岩乔公六十序卷》。

《上饶历代书画集》

汪来贤

【明】字樵云，婺源人。工画山水、人物。万历年间替云水道人（杨之炯）撰的《新镌全像蓝桥玉杵记》做插画，插画幅面大，皆合页连式。作品典雅静穆，讲究诗情画意，情景交融。如《玉英入梦》《清泠讲道》《写怨南园》《凭阁忆远》《玉洞谭真》等插图，注重线描，人物突出，形象秀逸，构图饱满，运用虚实、动静、繁简等对比的手法，使人物形象更饱满，更能形象化地点明书中章节或段落的意境。

《疑庵随笔》《古今画史》《中国历代画家人名辞典》《徽派版画》

汪士芳

【明】字无隅，一字仲蔚，婺源人。工于绘画，擅画山水。

《疑庵随笔》《古今画史》《中国历代画家人名辞典》

汪舜耕

【明】婺源人。工画人物、花卉。子仲耀，亦工画。

《疑庵随笔》《古今画史》《中国历代画家人名辞典》

汪玄高

【明】字聿修，婺源人。工画人物、翎毛。

《古今画史》《中国历代画家人名辞典》

汪佑贤

【明】字君左，婺源人。工画山水。安徽省博物馆藏其山水轴，书年万历己未。

《疑庵随笔》《古今画史》《中国历代画家人名辞典》

汪之宝

【明】道士。字丽阳，号痴颐，铅山人。一作贵溪人。与刘端阳同学，以诗文、书、画相友善。嘉靖（1522—1566）间至武夷创玄道院于接笋峰顶，闭户清修，洒然出尘，人称"高士"。有《野怀散稿》。

《武夷山志》《中国美术家人名辞典》《中国历代画家人名辞典》

王常

【明】字兰轩，江西人。其父即制墨名匠罗文龙，因祸被杀，故王常改姓避居上海 50 年。工诗，善书，尤善铸鼎。

《松江府志》《中国美术家人名辞典》《中国历代书法家人名大辞典》《赣文化通典》

王纯

【明】赣县（今赣州）人。工于水墨画，所作水墨人物、树石，笔法苍古，意趣天成，时称"石林画史"。

《同治赣县志》《中国美术家人名辞典》《中国历代画家人名辞典》

王艮（1368—1402）

【明】字钦止,一作敬止,号止斋,吉水人。建文二年（1400）榜眼,与状元胡广、探花李贯均为同乡。官翰林修撰,参与编撰《太祖实录》《时政记》等。为人正身饬色,不可玩狎,燕兵渡淮,饮鸩卒。其诗词警永,字画精妙,为文雄伟光彩。著有《翰林集》。

《名山藏》《中国美术家人名辞典》《中国历代画家人名辞典》

王洪

【明】抚州人。詹景凤云:"洪武（1368—1398）中有抚州王洪者,作小字匀净成家。"

《詹氏小辨》《中国美术家人名辞典》

王家祥

【明】字喆生,南城县人。县学生员。擅长书法,风格效仿晋人,笔力瘦健。学使侯广成对其十分欣赏,称其有右军家法。

《南城县志》《中国美术家大辞典》

王均玉

【明】婺源人。性端洁,克承家学,探顺易理。隐居不仕,尝自书座右铭:"知穷有命,知通有时,知富贵不可以苟得,知贫贱不可以苟去,故行义以达其道,隐居以求其志。循循然不与物竞者,所以顺夫天也。"乡里称为"王处士"。终老于家。善楷书。

《中国美术家大辞典》

王柯

【明】婺源人,善山水人物,山水得大小李将军法,融南北宗于一炉,工金碧山水，设色典雅，直逼唐宋，画迹罕存。

《上饶历代书画集》

王礼

【明】广昌人。曾任中书舍人。工书，成化（1465—1487）中礼部郎中。关西倪让撰《隆安寺碑》，王礼为之书。

《香河志》《中国美术家人名辞典》

王谦

【明】字鸣吉。南城人。专攻篆书、图章，因之闻名于世。

《中国美术家大辞典》

王士茂

【明】字伯才，婺源人，《光绪婺源县志》称其精图、书，擅飞白体、隶、篆，并臻佳妙，士林宝之。

《光绪婺源县志》《中国美术家大辞典》

王适

【明】字太古，玉山人。初充府掾，弃去。研究诗书画十余年，声名籍甚。酒酣放笔淋漓，殊足珍玩。著《太古集》。

《江西通志》《西江志》《中国美术家人名辞典》《中国历代画家人名辞典》《中国美术家大辞典》

王受

【明】字谦益，玉山人。永乐九年（1411）举人，官南京广东道监察御史，正统间升广西佥事，分巡桂林。工诗，善书法，得晋人笔意，桂林七星岩有其摩崖题刻。

《上饶历代书画集》

王挹真

【明】一作挹珍，江右（江西）人。山水宗二米，笔法欠老，故传之者鲜。

《画史会要》《皇明书画史》《中国美术家人名辞典》《中国历代画家人名辞典》

王英（1376—1450）

【明】字时彦，号泉坡，金溪人。永乐二年（1404）进士，入翰林，官至南京礼部尚书，谥"文安"。其人端凝持重，历仕四朝。在翰林院40余年，朝廷制作多出其手。善草书，书法劲丽，飞动圆转，有怀素之风。四方求铭志碑者不绝。帝特赐金钏束手，以视信重。

《吾学编》《中国美术家人名辞典》《中国历代书法家人名大辞典》

王猷定（1598—1662）

【明末清初】字于一，号轸石老人，南昌人。明太仆卿止敬子。贡生。以诗词古文自负，为文雄健，尤擅传奇性古文。善书法，得李邕笔法，力透纸背，如龙搏虎跃。清兵南下后居广陵，客死西湖。著有《四照堂集》。

《中国美术家大辞典》

王真赏

【明】金溪人。善画龙，尝得陈所翁（陈容）《六龙图》，精心学之，笔意颇得其肯綮。所翁以后，不多见焉。

《金溪县志》《中国美术家人名辞典》

王直（1379—1462）

【明】字行俭，号抑庵，泰和人。永乐二年（1404）进士，正统（1436—1449）中为吏部尚书，与王英齐名，时称"二王"。卒赠太师，谥"文端"。工于书法，尤善行楷，结构老成，笔法精妙。有《题文同墨竹图》《与南云书帖》，其中《与南云书帖》用笔精到，笔画圆润劲健，结构端庄秀逸。

《书史会要》《列卿记》《中国美术家人名辞典》《中国历代书法家人名大辞典》

危瓛

【明】字朝献，金溪人。一作临川（今属抚州）人。危素弟。官卫府纪善，亦善行楷。

《名山藏》《中国美术家人名辞典》

危进

【明】字伯明，金溪人。危素子。书法有父风。工诗。

《大观录》《中国美术家人名辞典》

危素（1303—1372）

【明】字太朴，号云林，金溪人。一作临川（今属抚州）人。曾游学于著名学者吴澄、著名诗人范梈门下，和他们为师友之交，吴澄等人对危素十分赏识，由他们的引荐，危素又结识了许多文人，名震江南，元至正元年（1341），担任经筵检讨（为皇帝讲学的官职），后官至行中书省右丞，洪武二年（1369）授翰林侍讲学士。博学善文辞，擅楷、行、草三体，尤精楷书，有释智永、虞世南典则。其书法"用笔骨力遒健，结字端庄秀俊"。遗有诗集《云林集》二卷、文集《说学斋稿》四卷、《御制皇陵碑》《义门王氏先茔碑》等。

《书学传授》《书史会要》《宋濂学士集》《书林藻鉴》《中国美术家人名辞典》《江西省文学艺术志》

吴伯理

【明】号巢云子，广信（今上饶）人。道士。居广信龙虎山，任上清宫提点，永乐时入蜀访张三丰，迁居嘉定之鹤鸣山。博通经史，工诗书，精篆隶，工画枯木竹石。

《明书画史》《明画录》《列朝诗集小集》《中国美术家人名辞典》

吴存

【明】南昌人。洪武初领乡荐，授刑部主事，历湖广参政。《湖广总志》曰："吴存有才名，善吟咏，长于草书。"

《赣文化通典·书画卷》《中国美术家大辞典》

吴扨谦

【明】字汝亭，号文台，临川（今属抚州）人。隆庆五年（1571）进士，官至按察佥事。善大书。

《抚州志》《中国美术家人名辞典》

吴均

【明】字平仲，临川（今属抚州）人。建文（1399—1420）年间为翰林院侍书，后擢高第，官中书舍人。善书法。

《书史会要》《广东通志》《中国美术家人名辞典》

吴逵

【明】字近光，号云泉，新淦（今新干）人。嘉靖八年（1529）己丑科进士，官至四川按察副使。长于歌词，善草书。著有《云泉集》。

《中国美术家大辞典》《罗念庵集》《中国美术家人名辞典》《同治临江府志》

吴勤（1330—1405）

【明】字孟勤，自号匡山樵者，又号黄鹤山樵，晚号山翁，永新人。永乐二年（1404）修太祖实录，授开封儒学教授。为文章诗歌，敏而甚工；善行、楷书，有晋人风格，不择纸笔，俱得其妙。成祖命书《永乐大典·序例》，字几万余，时年已七十，仍神闲意定，书至终纸，点画一无纤讹。

《永新志》《书史会要》《解学集》《中国美术家人名辞典》《中国美术家大辞典》《美术辞林·书法艺术卷》

吴山（1500—1577）

【明】字日静，号筠泉。高安人。嘉靖十四年（1535）进士，官至礼部尚书，加太子太保，谥"文端"。工书，曾书大学士余姚李本所撰《祐圣观碑》。著有《治河通考》。

《名山藏》《渌水亭杂识》《中国美术家人名辞典》《赣文化通典·书画卷》

吴雪崖

【明】丰城人。曾任福州司理。平生笃信佛法，曾面斥开元寺僧不守戒律。其人善写竹。

《佩文斋书画谱引雪崖集》《中国美术家人名辞典》《中国历代画家人名辞典》

吴应庭

【明】萍乡人，吴三益之子。崇祯时官中书舍人，《同治萍乡县志》称其博学工诗，真草书皆善。

《同治萍乡县志》《中国美术家大辞典》

吴余庆（1385—1462）

【明】字彦积，别号斯白，宜黄人。永乐六年（1408）以荐除中书舍人，历右通政兼制诰。能诗文，工楷书，尤擅真、草、篆、隶。其楷如美女簪花，草如瑞雪飞空，流水赴壑。

《宜黄县志》《中国美术家人名辞典》

吴与弼

【明】字子传，号康斋，崇仁人。其父为国子监司业吴溥。幼时随亲友游京师，以杨溥为师，潜心理学。天顺元年（1457）以荐特勒召见，授左谕德，固辞不拜。性情刚毅，疾恶如仇。善为诗，书迹奇怪，自成一家。

《列朝诗集》《书画史》《中国美术家人名辞典》

吴钺

【明】字宿威，崇仁人，弘治十五年（1502）壬戌科进士。曾任南直隶松江府知府一职。诗与字俱有法。

《玉茗堂集》《中国美术家人名辞典》《中国美术家大辞典》

伍福

【明】字天锡，一称字天爵，临川（今属抚州）人。伍礼之弟。正统九年（1444）领乡荐任咸宁教谕，累迁至提督学政。为人正直，秉公执法。诗文典雅，又精书法，篆、隶、真、行、草书，流利俊美，不落窠臼，深受时人称赞。著有《南山居士集》《云峰清赏集》。

《抚州府志》《中国美术家人名辞典》《中国历代书法家人名大辞典》

伍槩

【明】字廷节，临川（今属抚州）人。寄禄中书科。工于书法，善花卉翎毛。

《图绘宝鉴续纂》《无声诗史》《中国美术家人名辞典》《中国历代画家人名辞典》

夏言（1482—1548）

【明】字公谨，号桂洲，贵溪人。正德十二年（1517）进士，官至吏部尚书，华盖殿大学士。谥"文愍"。夏言为人豪迈强直，纵横辩博，因仪礼而受宠，后被严嵩构陷，弃市而死。以才隽居首揆，善书大字，天下重其书。贞珉法锦，视若拱璧。正、行亦遒美，但肥过而滞，老过而稚耳。榜署书尤可观。为诗作文风格宏整，又以词曲擅名。著有《桂洲集》《南宫奏稿》。

《艺苑卮言》《列卿记》《中国美术家人名辞典》

夏之时

【明】字葛民，星子县（今庐山市）人。嘉靖年间拔贡，万历五年（1577）任潮州通判，工诗文书法。

《赣文化通典·书画卷》

萧得周

【明】道士，号自愚翁，泰和人。自幼仰慕老子之学，学道于隐延真观，得天师张嗣成传授。曾画龙于孔子庙壁，峥嵘攫拏之势，不可逼视，人称"自愚龙"。

《泰和县志》《中国美术家大辞典》《中国历代画家人名辞典》

萧端岳

【明】字镇之，泰和人。工篆书。

《书史会要》《中国美术家人名辞典》

萧公伯

【明】泰和人。善写照。时有画师寓邑之普觉寺，公伯往事，尽得其法。一日汲水迟归，其师问其故，萧氏称见二鬼搏斗，便以水画地，故而忘返。其师大惊，因此有名，相传其染色处可以占人荣枯，不但肖之而已。

《明画录》《书史会要》《画史会要》《中国美术家人名辞典》《中国历代画家人名辞典》

萧士信

【明】世称以德子，泰和人。以写真游两京。著有《萧氏流放集》。

《东里集》《中国美术家人名辞典》《中国历代画家人名辞典》

萧以德

【明】道士。泰和人。萧得周之侄。善画天神、古佛及菩萨像。

《东里集》《中国美术家人名辞典》《中国历代画家人名辞典》

萧于京

【明】泰和人。萧以德之子，萧于乔弟。尤工于写真，形神毕肖。曾至北京，摹写李白、杜甫、欧阳修、司马光等名人像，皆极精妙。明代文学家李昌祺作有《题萧于京卷》，曰："吾邦自昔产才英，画手如君艺更精。柱国少师题旧隐，经筵学士表新茔。悠闲有与诗兼酒，落魄无心利与名。犹记京华曾识面，白头回首故人情。"

《东里集》《中国历代画家人名辞典》

萧于乔

【明】泰和人。萧以德之子。擅人物画，得父之传，而技法益精。曾至南京，士大夫求画者甚众。

《东里集》《中国历代画家人名辞典》

解缙（1369—1415）

【明】字大绅，号春雨，吉水人。洪武二十一年（1388）进士，授中书庶吉士。成祖驱兵入京师，擢侍读，命与黄淮、杨士奇、胡广等并直文渊阁，预机务。永乐初年（1403），进翰林学士兼右春坊大学士，主持纂修《永乐大典》。追谥"文毅"。自幼颖悟绝人，其文雅劲奇古，诗豪宕丰赡，书小楷精绝，行、草皆佳。狂草名一时。他学书上溯晋、唐，下窥当朝，对历代碑帖都有所研究，尤取法于危素、周伯琦。他的书作傲让相缀，神气百倍；下笔老到，圆滑纯熟。他的楷书，素妍清秀，典朴逸俊。明人任亨泰《解学士文集序》说："天子爱惜其楷书，至亲为之持研。"著有《文毅集》《春雨杂述》等。对于书法亦多有论述。传世墨迹有《草书卷》《草书轴》等。

《明史》《列卿记》《名山藏》《格古要论》《匏翁家藏集》《艺苑卮言》《中国美术家人名辞典》《中国历代书法家人名大辞典》

解泰

【明】字季通，一字成我，吉水人。洪武初累辟不起。绝意进取，究竟六籍，旁搜百家。尤善楷书，其字不效妍媚，方正严重，类其为人。

《解学士集》《中国美术家人名辞典》

解易

【明】字仲长，吉水人。解缙后裔。工写真，人争延致。曾曰："以天合天，故其神全。"写真之技，当以解易为鼻祖。

《吉安府志》《中国历代画家人名辞典》

解祯期（1382—1450）

【明】吉水人，解缙侄。永乐年间，缙坐事下狱，籍其家徙边，后召还。仁宗洪熙年间，祯期任中书舍人。书法学于赵、王，以书名于世。王世贞《续明名贤遗墨跋》曰："祯期书疏隽自喜，不失春雨（解缙）门风。"

《明史》《赣文化通典·书画卷》

谢子德

【明】清江（今樟树）人。工山水，亦能写照，兼花鸟，画作传神。

《明画录》《中国历代画家人名辞典》

性朗

【明】金溪人，疏山寺僧。善画墨竹，有名于时。

《金溪县志》《中国美术家人名辞典》《中国历代画家人名辞典》

熊鼎（1322—1376）

【明】字伯颖，临川（今属抚州）人。明初诗人。元末举于乡，曾主持龙溪书院。江西寇乱，熊鼎结乡兵自守，不从陈友谅。洪武初历浙江佥事，以僵直称，进副使。坐累左迁，复授王府参军，召为刑部主事。洪武八年（1375）被叛寇杀。朱元璋知道后，深觉惋惜，命葬于黄羊川（甘肃省武威市古浪县黄羊川镇），立祠纪念之。同朝文学家宋濂为他写了墓志铭。熊鼎颇具文学才华，常吟诗作文，在诗歌上尤有建树。其诗寓意较深、粗犷豪放。还著有教科书《公子书》三卷，存目于《四库全书》子部杂家类。熊鼎擅长书法，明宋濂《潜溪集》曰："太祖亲征豫章，征授中书考功博士。"明何乔远《名山藏》曰："太祖命博士熊鼎编类古人行事可鉴戒者书壁间，又书《大学衍义》于两庑。"事见《明史》卷二百八十九。

《明史》《名山藏》《潜溪集》《中国美术家人名辞典》《赣文化通典·书画卷》

熊概（1385—1434）

【明】字元节，丰城人，一说为江西吉水文峰镇七里湾村人。永乐九年（1411）中进士。由于他为人正直，为官清廉，七年后，即洪熙初升为广西按察使，巡视南畿，惩治豪强恶霸，建议朝廷兴利除弊。官至右都御史，兼刑部尚书。宣德九年（1434）十月卒。明过庭训《分省人物考》曰："元节为诗文豪伟健丽，尤善草书。"

《中国美术家大辞典》《分省人物考》《中国美术家人名辞典》《赣文化通典·书画卷》

熊茂松

【明】字汝长，号蘅皋，瑞州（今高安）人。官礼部员外郎。明万历年间（1573—1620）任汀州府同知，《汀州府志》载其"不为苛刻严峻。两署宁化篆，新文庙，造金字塔。衙斋萧淡，恬如也。寻升知府"。能诗，擅书法。明陶宗仪《书史会要》载其"能诗，工书法，尤以绘佛菩萨罗汉像为长，兼能山水"《明画录》载其"山水师黄公望，佛像师丁云鹏，能得其神"。

《书史会要》《明画录》《中国美术家人名辞典》《中国历代画家人名辞典》《中国佛教人物大辞典》《赣文化通典·书画卷》

熊文登

【明】字于岸，自号松风主人，世人称于岸先生。新建人。明季官学博，工书法，精诗文及刻印，并善绘画，曾为朱容重（明宗室）之师，李石鼎《石园集》载："朱子壮精心八法，作各体书，盖师事于岸熊学博，而得其微。"宁庶人娄妃精书翰，有人得其手写《黄庭经》，失其下函，熊于岸学博以隶书续成之，施于佐清寺中。《同治新建县志》载其"嗜古，尤工篆、隶书法。得其片纸如拱璧。"著有《松风主人传》《字辨》诸集行世。

《南昌县志》《熊文举雪堂集》《中国历代画家人名辞典》《同治新建县志》

熊周

【明】字六有，临川（今属抚州）人。淹贯经史，兼工书画。万历（1573—1620）间游学至陆凉（今云南陆凉），生徒颇众，遂定居。提学范允临称其"学贯全滇，质非凡品"。

《云南通志》《中国美术家人名辞典》《中国历代画家人名辞典》

徐瑚

【明】浮梁人。《康熙浮梁县志》载其"以贡生官同知。精绘事，善画竹，自题署名曰'道道子'"。

《中国美术家大辞典》《濂溪志》《康熙浮梁县志》

徐敬

【明】字敬仲，号梅雪。清江（今樟树）人。洪武（1368—1398）时任监察御史，历官春坊。喜画墨梅，为海内所称。徐敬是画史上有名的墨梅画家之一，1441年，徐敬作大幅绢轴水墨《岁寒清白图》右下方的题记中写道："正统辛酉五月十六日，清江徐敬为王广文绘岁寒清白图。"现藏于美国纽约大都会艺术馆，此图画面右下角描绘了一株耸立的老梅树，挺拔的铁干虬枝伸向左方。这株雪梅采用倒晕的方法描绘。倒晕法是在白色绢地上以墨涂黑为背景，烘托出无墨绢地，手法含蓄，以展现雪中盛开的梅花银光夺目。

《江西通志》《临江府志》《中国美术家人名辞典》《中国历代画家人名辞典》《赣文化通典·书画卷》

徐琼（1425—1505）

【明】字时庸，号东谷，金溪人。天顺元年（1457）进士第二名，授编修，由翰林累官侍读学士，弘治（1488—1505）中为礼部尚书，加太子太保。尝上书论禁奢侈，广用人、抑奔竞，开言路。《南京太常少卿圭峰罗玘曾云："徐琼之量宏矣而无量名，文优矣而无文名，书善矣而无书名。"有"三不近名"之誉。著有《东谷文集》。尝修《大明一统志》

《抚州志》《中国美术家人名辞典》《中国美术家大辞典》《江西省人物志》《康熙金溪县志》

徐文珍

【明】豫章（今南昌）人。善山水，尤工墨竹，绘有《筠窗图》，张元弼题之"此君何可一日无徐君为绘筠窗图"。

《画史会要》《明画录》《中国美术家人名辞典》《中国历代画家人名辞典》

徐有道
【明】婺源人。善画鹰，能惊鸟雀。

《中国美术家人名辞典》《中国历代画家人名辞典》

许鸣鹤
【明】字暨广，庐陵（今吉安）人。因能文官中书舍人。明陶宗仪《书史会要》载其："鸣鹤受业詹孟举之门，行、草沉着可爱。"

《书史会要》《中国美术家人名辞典》《赣文化通典·书画卷》《六艺之一录》

严嵩（1480—1567）
【明】字惟中，号勉庵、介溪、分宜等，江西分宜人。弘治十八年（1505）进士，改庶吉士，授编修。旋病归故里，于钤山读书十载，专攻诗古文辞，诗文峻洁，声名始著。正德十一年（1516），还朝复官。后屡进侍讲、署南京翰林院事、召为国子监祭酒等职。嘉靖七年（1528），奉命祭告显陵，归而极言祥瑞，世宗大悦，迁其为吏部右侍郎，进南京礼部尚书，两年后改任吏部尚书。嘉靖十五年（1536），以贺万寿节至京师。时值廷议重修《宋史》，遂留京以礼部尚书兼翰林院学士衔主持其事。因善伺世宗之意，以醮祀青词获世宗宠信，加为太子太保。嘉靖二十一年（1542），拜武英殿大学士，入直文渊阁，仍掌礼部事；后解部事，专直西苑。累进吏部尚书，谨身殿大学士、少傅兼太子太师，少师、华盖殿大学士。世宗晚年逐渐疏离严嵩，四十一年（1562），适御史邹应龙疏极论严嵩父子不法之事。子严世蕃被诛，严嵩被黜。家居两年，老病而死。严嵩著有《钤山堂集》《直庐稿》《直庐续稿》等。其诗格调高古，韵度深远，辞采华妙。书法笔力厚重，有肃穆堂皇气象。但因被列入《明史·奸臣传》，世人恶其为人，并鄙弃其诗文和书法。

《明史》《江西古代名人》《赣文化通典·书画卷》《江西省人物志》

杨德彪

【明】字玉峰，上饶人，杨时乔孙。诸生，十岁能诗文，古今书史一览辄记。倡文社于邑，著有《信风集》《呓语》《竹关集》《玉峰漫稿》等。工于书，行书尤为时人推重。

《上饶历代书画集》

杨嘉祚

【明】字邦隆，号寨云，泰和人。杨士奇后人。万历四十四年（1616）进士，官至广西副使。明陶宗仪《书史会要》曰："邦隆，文贞公之后也。书法清古，与王雅宜（雅宜山人王宠）笔法相类。"《泰和县志》载其"墨竹尤工"。

《泰和县志》《书史会要》《中国美术家人名辞典》《江西人物传》《赣文化通典·书画卷》《中国书法大辞典》《尺牍新钞》

杨时乔（1531—1609）

【明】字宜迁，号止庵，上饶人。明理学家。嘉靖四十四年（1565）进士。万历中累官至吏部左侍郎。绝请谒，谢交游，止宿公署，苞苴不及门，铨叙平允。卒，谥"端洁"。著有《端洁集》《周易古今文全书》《马政记》《两浙南关榷事书》等。工书，尤精于楷，颇具庙堂之气。

《上饶历代书画集》

杨士奇（1365—1444）

【明】初名寓，以字行，号东里。泰和人。自幼家贫，常借他人藏书苦读。《泰和县志》记载其在书院"读书作字，心不外驰，诸生以弄事百方挑之，未尝一顾。暮归挟书册独行道间，步履徐徐，貌如有所见者，道旁观者啧啧，以语其子弟曰：'若曷为不然哉'"。建文初，以史才被荐，召为翰林院编纂官。永乐初，与解缙、胡广等直文渊阁预机务，为最初的内阁成员之一。洪熙、宣德时期，杨士奇与内阁杨荣、吏部尚书蹇义、户部尚书夏原吉共同辅政，不遗余力推行政治、经济改良措施，史称"仁宣之治"。正统初年（1436），英宗少年即位，太皇太后委政内阁，杨士奇与杨荣、杨溥同心辅政，人称"三杨"。其诗文主旨大抵维护封建统治和粉饰太平盛世。文学史上称这类文字为"台阁体"，而将杨士奇与杨荣、杨溥等台阁重臣称为"台阁体"的代表人物。他善书法，尤长于行、草书。明陶宗仪《续书史会要》曰："士奇善行、草，笔法古雅而少风韵"。明丰坊《书诀》认为"士奇书学二王"明代书体以行楷居多，未能上溯秦汉北朝，篆、隶、八分及魏体作品几乎绝迹，而楷书皆以纤巧秀丽为美。至永乐、正统年间，杨士奇、杨荣和杨溥先后入直翰林院和文渊阁，写了大量的制诰碑版，以姿媚匀整为工，号称"博大昌明之体"即"台阁体"。士子为求干禄也竞相摹习，横平竖直十分拘谨，缺乏生气，使书法失去了艺术情趣和个人风格。著有《东里全集》《文渊阁书目》《历代名臣奏议》等。

《吾学编》《书史会要》《中国美术家人名辞典》《中国历代书法家人名大辞典》《江西省人物志》《赣文化通典·书画卷》

杨体秀

【明】江右（江西）人，善画兰蕙竹石，最擅墨兰。

《画史会要》《明画录》《中国美术家人名辞典》《中国绘画史》

杨廷麟（1598—1646）

【明】明末抗清英雄。字伯祥，一字机部，晚年自号兼山，意在效法文天祥（号文山）、谢枋得（号叠山）这两山气节。临江府清江县（今樟树）人。少时"勤学嗜古"，崇祯四年（1631）中进士，改庶吉士，授编修。崇祯十年（1637）冬，皇太子出阁，廷麟任讲官兼直经筵。顺治二年（1645），南京陷落，江西诸府唯赣州尚属唐王政权控制，唐王升廷麟为吏部右侍郎，与刘同升共谋"复明"。顺治二年（1645）九月，领兵收复吉安、临江，阻遏清军进攻，因此升为兵部尚书兼东阁大学士，并得赐剑"以便宜行事"。次年唐王被杀城陷，廷麟佩带赐剑投清水塘殉节。清将贾熊叹道："忠臣也！"以四扇门为棺，葬于南门外。杨廷麟阵亡后，南明永历朝廷追赠他为新淦伯、少傅，谥号"文正"。清乾隆帝追谥"忠节"。著有《兼山集》10卷、《杨忠节公遗集》8卷传世。擅长书法，称名于乡。吴梅村谓："伯祥书法出入两晋，仿索靖体。"其画作现存《墨梅》。

《明史》《梅村诗话》《赣文化通典·书画卷》《中国美术家大辞典》《江西省人物志》《江西古代名人》

杨胤

【明】字嗣庆，吉安人。明朱国祯《开国臣传》载其"学有根柢，行端谨，妙于诗文。"洪武（1368—1398）中，以孝廉、文学、善楷书举皆不赴，以纂修起亦不就。取足垄亩，襟抱洒然，卓然陶潜、徐稚之风。

《开国臣传》《中国美术家人名辞典》《赣文化通典·书画卷》《中国书画辞典》《中华书法家篆刻大辞典》

杨子超

【明】泰和人，杨士奇之季父。《御定佩文斋书画谱》卷四十引杨士奇《东里续集》曰："杨子超安贫守义，好诗文，擅写大字，名其所居斋曰'蠹书'。"

《东里续集》《中国美术家大辞典》《赣文化通典·书画卷》《中国书法大辞典》

杨遵

【明】字遵道，鄱阳人。官左司员外郎。《道光鄱阳县志》称其工篆隶法，绘事亦精致。

《道光鄱阳县志》《中国美术家大辞典》

叶昭

【明】字子宜，星子人。洪武（1368—1398）初为南康府训导。明林庭㭿《江西通志》赞其"通经术，能诗文，善隶古"。

《江西通志》《中国美术家人名辞典》《中国书法大辞典》《中华书法篆刻大辞典》

游观岳

【明】南直隶婺源人。工画山水。

《古今画史》《疑庵随笔》《中国历代画家人名辞典》《新安画人汇录》

游其耀

【明】字出光，南直隶婺源人。工画山水。

《古今画史》《疑庵随笔》《中国历代画家人名辞典》

游日华

【明】字无华，南直隶婺源人。工画山水。

《古今画史》《疑庵随笔》《中国历代画家人名辞典》

游士衡

【明】字文若，南直隶婺源人。工画山水、兰竹。

《古今画史》《疑庵随笔》《中国历代画家人名辞典》

游斯道

【明】字伯弘，南直隶婺源人。工画山水。

《古今画史》《疑庵随笔》《中国历代画家人名辞典》

游襄臣

【明】字苍叟，南直隶婺源人。工画山水。

《古今画史》《疑庵随笔》《中国历代画家人名辞典》

游遵先

【明】字季章，南直隶婺源人。工画山水。

《古今画史》《疑庵随笔》《中国历代画家人名辞典》

余本立

【明】金溪人。善写墨竹，亦擅长画菜。

《金溪县志》《中国美术家人名辞典》《赣文化通典·书画卷》

余德辉

【明】婺源人，余有道之子，亦善画。

《婺源县志》《中国美术家人名辞典》《历代画史汇传》

余绍祉（1596—1648）

【明】字子畴，号疑庵居士，婺源人。诗人、书法家。屡试不第，以诸生终。逃禅参访，筑室读书，潜心著述。明亡，裂衣冠缁服隐居高湖山。善属文，工行草，人称其"神骨苍然，隐秀而不露"，时人视为珍宝。曾有海商找他求字，告诉他日本人买他的字"以十犀易一幅"，他听后很惭愧，认为是"以心性供人耳目之娱"，此后就很少写字，只有时醉中作狂草，乡人得之往往越境去以之换米归。著有《晚闻堂集》《元丘素话》等。

《上饶历代书画集》《江西文化艺术志》

余有道

【明】字万山，南直隶婺源人，余德辉之父。擅丹青，亦擅画鸟。《婺源县志》载其"善丹青，山水落笔有神，翎毛尤为独步"。

《婺源县志》《中国美术家人名辞典》《历代画史汇传》《赣文化通典·书画卷》

余孜善

【明】字庆之，临川（今属抚州）人。正统（1436—1449）间以能书荐，官给事中。明陶宗仪《书史会要》曰："庆之善行、楷。"

《书史会要》《抚州府志》《中国美术家人名辞典》《赣文化通典·书画卷》《中国书法大辞典》

俞行之

【明】字文辅，清江（今樟树）人。《皇明书画史》载其"善草书及章草，俱工妙"。

《皇明书画史》《中国美术家人名辞典》

俞可进

【明】字于渐，婺源人。《御定佩文斋书画谱》卷四十四引《徽州志》曰："于渐精钟、王书法，云间董其昌、陈继儒见其所书《黄庭心经》，惊为绝品。"曾书《黄庭心经》《曹娥》《西升》《清净》等篇。

《徽州志》《中国美术家人名辞典》《赣文化通典·书画卷》《中国美学史资料选编》《中国书法大辞典》

俞塞

【明】字吾体，号无害，婺源人，享年50岁。俞塞从小喜欢读书，读之入胜处，常顾影自笑或独坐通宵。常曰："使我为伊周难，我欲为孔、颜易。"或疑之，曰："士不得志，必不能为伊周，我欲为孔、颜，孔、颜即我心，孰能御之哉。"虽家境贫寒，终生未娶，却绝不随便接受别人的恩惠，而当他遇到贫穷乞讨者，常毫不犹豫地倾囊相助。品行高洁，耻随俗俯仰。清倪涛《六艺之一录》卷三百七十三引《江宁府志》载吾体"少孤，客游金陵不能归，自更其姓为独孤。精究《易》理，工楷书，善医"。由于经常生病，阅读了很多医书，并有一定的个人见解，认为行医不懂得《易》理，医术就难至高明，故辑《医易》《易窬》《本草正误》。又有《诗起》《四书心诂》等，均不见传，仅《五七言近体》一书存。

《江宁府志》《中国美术家人名辞典》《新安名医及学术源流考》《中国书法大辞典》《中华书法篆刻大辞典》《清代家集叙录》

喻希连

【明】字鲁望，号素痴，玉山人。为文徵明门下弟子。据《画史会要》卷四及《御定佩文斋书画谱》卷三十七载"（喻希连）慕尚庄老，兼通内学，诸经皆有约说。有时令人画之，箬冠芒履，行游市井。生平不做端语，居王公大人之前，说鬼说怪不择也，以托于隐居放言之意。作诗亦高古。行书山水，俱法沈启南。作画即用写字笔，皴法粗略，不堪近视；十步之外，亦觉岩石岫苍郁"。万历时尝游京师，以数丈匹纸写钟馗悬城，以为画招。

《明画录》《画史会要》《中国美术家人名辞典》《中国绘画史》

袁彬（1401—1488）

【明】字文质，新昌（今宜丰）人。袁彬出生近侍家庭，自幼聪颖，能诗善文。正统末袁彬以锦衣校尉扈驾北征，土木之变，从官奔散，独袁彬随侍，不离左右。还京，代宗授袁彬锦衣试百户。袁彬护驾北征，深得史家的赞赏，家乡人民也为他建了两座"保驾楼"，以纪念他的护驾大功，袁彬将这次护驾的始末写成了《北征事迹》一书，收入《四库全书》中，《豫章丛书》亦收录。景泰八年（1457）正月，代宗病危，袁彬辅佐英宗复辟、改年号为天顺。《明史》卷一百六十七有传。袁彬能书，明何乔远《名山藏》曰："英宗北狩，以校尉见上，察其能书，留之。"

《明史》《名山藏》《中国美术家人名辞典》《赣文化通典·书画卷》《江西省人物传》

曾鼎（1321—1378）

【明】字元友，更字有实，泰和人。杨士奇外祖母的兄弟。元代末年的文人篆刻家。有孝行，人称曰"曾孝子"。元末为濂溪书院学正。洪武三年（1370）以明经举，引疾辞。明杨士奇《东里文集》卷二十《孝子曾先生改葬志铭》称其"博学强记面专礼经，工诗，擅八分书，范金为小印章，浑然古意"，其中"范金"当指铸造之事。

《东里集》《中国美术家人名辞典》《赣文化通典·书画卷》《江西省人物传》《历代工艺名家》

曾棨（1372—1432）

【明】字子棨，号西墅，永丰人。家贫，以砍柴、帮工为生。永乐二年（1404）中进士第一人。成祖阅其答卷批曰"贯通经史，识达天人。有讲习之学，有忠爱之诚。擢魁天下，昭我文明，尚资启沃，惟良显哉！"授翰林修撰，后以第一人选为庶吉士，进文渊阁深造。后诏令修《永乐大典》，曾棨任副总裁，书成，升侍讲学士。后诏修天下郡县志，任副总裁。宣德元年（1426）升右春坊大学士，侍讲文华殿。二年，任詹事府少詹事，掌管太子宫内事务，仍值文渊阁。宣德七年（1432）病逝，赠礼部左侍郎，谥"襄敏"。其体魄魁硕，爱饮酒，人称"酒状元"。工书法。明郑晓《吾学编》称："子启工书法，草书雄放，有晋人风。自解（缙）、胡（严）后，独步当世"。所作诗文甚多，万历年间，永丰知县吴期照加以选录，为《西墅集》10卷，存目《四库全书》集部别集类。另有《巢睫集》5卷传世。杨士奇称其诗文"如园林得春，群芳奋发。锦绣灿然，可玩可悦。赋咏之体，必律唐人。兴之所至，笔不停挥。状写之意，极其天趣"。

《吾学编》《中国美术家人名辞典》《古代江西名人》《江西省志人物志》

詹伯麒

【明】字宾镜，号灵宪居士，婺源人。诗人、书法家。工书法，独隐山中，临池摹"二王"遗墨，十年勤苦，克肖其神。诗亦进于"王孟"之间，与休宁詹景凤齐名，时称"新安二詹"。著有《诗稿前集》《札稿内集外集》。

《上饶历代书画集》

詹绍庆

【明】字本修，婺源人。理学家。博览能文，以课图自给。究心于宋儒性理之旨，兼肆力于古学，学者称"大麓先生"。著有《三静整三疑编》《左凡印可正续集》《大麓野钞》等。工书法，善行草书。

《上饶历代书画集》

詹希原

【明】初名希元，字孟举，号逸庵、丙寅讷叟。詹同从孙，婺源人。元末任善用库大使，明洪武初年（1368）任铸印局副使，后升为中书舍人。以书法名世。善大书，其书法有欧阳询、虞世南、颜真卿、柳公权之法，时京师宫殿及城门坊匾皆其所书。解缙《文毅集》卷十五《书学源流详说》曰詹希元"号逸庵、丙寅讷叟，幼从父官胜国，至洪武初，为铸印副使，后官中书舍人"。《御定佩文斋书画谱》卷十引《明祝允明书述》云："詹（希元）解（缙）鸣于朝，卢（熊）周（砥）著于野。"同书卷四十引詹景凤《詹氏小辨》曰："希元署书，于端重严整中，寓苍劲雅秀之趣，是为难能耳。若小字则稍熟媚。"同书卷四十引李文凤《月山丛谭》曰："詹孟举尝作太学集贤门，字画遒劲，第用趯，太祖见而怒曰：安得梗吾贤路，遂削其趯。"同书卷四十引《书画记》曰："希元善大书，兼欧、虞、颜、柳，凡宫殿城门坊匾，皆希元书。"明叶盛《水东日记》曰："詹孟举篆书……用笔绝类泰不华《王贞妇碑》。"《御定佩文斋书画谱》卷八十引杨士奇《东里集》云："国朝大字，希元为第一，盖兼欧虞颜柳之法，而有冠冕佩玉之风者也。"

《赣文化通典·书画卷》《中国历史人物辞典》《历史掌故》

张钓月

【明】金溪人。《乾隆金溪县志》载其"善画禽鸟,仿佛吕纪"。

《乾隆金溪县志》《中国美术家人名辞典》《中国历代画家人名辞典》《中国画史记略》

张鹗祥

【明】字云若,贵溪人。《同治广信府志》称其工诗及书法,草书尤胜。著有《自怡草》。

《同治广信府志》《中国美术家大辞典》《贵溪县志》《中国美术家大辞典》

张焕

【明】字彦草,号新槐,豫章(今南昌)人,擅长书法、绘事,尤善传神之笔。

《无声诗史》《中国美术家人名辞典》《中国历代画家人名辞典》《中国美术家大辞典》

张顺

【明】奉新人。明陶宗仪《书史会要》载:"张顺,永乐(1403—1424)中累官国子监丞,学者称为'诚斋先生',工草书,入妙品。"

《书史会要》《中国美术家人名辞典》

张玄庆

【明】道士,嗣号天师,贵溪人。《画史会要》中记作庆玄,《宋元以来画人姓氏录》引《名山藏》《历代画史汇传》引《画史会要》均作元庆,《名画录》作"庆元,嗣法正一真人,贵溪人"博学能文,长诗、画。尤其擅长画兰草竹石。

《名山藏》《画史会要》《明画录》《中国美术家人名辞典》《赣文化通

典·书画卷》

张应雷（1536—1603）

【明】字思豫，号顺斋，金溪人。龙庆五年（1571）进士，授湖州府推官。《御定佩文斋书画谱》卷四十三引《抚州志》曰："应雷著作，工韵语，兼善书画，亦多作榜书，绘画以墨竹、翎毛为主。"

《抚州志》《中国美术家人名辞典》《中国历代画家人名辞典》《赣文化通典·书画卷》《江西省人物志》

张宇初（1359—1410）

【明】字子璇，别号耆山，又号无为，贵溪人。正一派第四十三代天师，朱权之师。幼习百家之书。洪武十年（1377）嗣教。十一年入朝，次年授"正一嗣教道合无为阐祖光范大真人"，领道教事。十六年命建玉箓大醮紫金山。十八年命祷雨于神乐观。二十三年奏准降敕重建龙虎山大上清宫。二十四年旨谕礼部严禁伪造符箓者，赐正一玄坛之印。建文年间，"坐不法，夺印诰"，一度受贬。成祖即位，诏令复职。永乐元年（1403），命陪祀天坛。四年，命编修道教书以进。五年，命就朝天宫建玉箓大斋。此后曾一再受命寻访张三丰，皆无结果。永乐八年（1410）春，以印剑付弟宇清，作颂曰："一点灵明，本无生灭，五十年中，非圆非阙，今朝裂破大虚空，三界十方俱透彻。"举手向前指而化，葬岘泉。幼时聪颖持重，长而学识渊博，贯综三氏，熔为一炉，经史诸子百家之籍，靡不穷搜，发为载道纪事之文，各极精妙，并善书画，人誉为"列仙之儒"。著有《岘泉集》12卷、《道门十规》1卷，辑录其祖《三十代天师虚靖真君语录》7卷等。擅画墨竹，精于兰蕙，兼长山水。曾画《秋林平远图》，洪武三十一年（1398）所画的《夏林清隐图》轴传世，现存日本。

《明史》《中国历代画家人名辞典》《江西古代名人》《赣文化通典·文化卷》《江西省人物志》

张宇清（1364—1427）

【明】字彦玑，别号西璧，张宇初之弟，贵溪人。为明代道教正一派第四十四代张天师。《汉天师世家》载"七岁能诗，及长，凡秘要、儒经、子史，究索无遗"。永乐八年（1410）命醮于南京朝天宫，诰授"正一嗣教清虚冲素光祖演道大真人"领道教事。后多次于上清宫、太和山等地主持醮会。宣宗改元（1426）加封为"正一嗣教清虚冲素光祖演道崇谦守静洞玄大真人"掌天下道教事。宣德二年（1427）羽化。著有《西璧文集》传于世。

张宇清善画山水。曾棨《西墅集》载"真人张宇清善写山水"现存画作有《思亲慕道图》《牧牛图》《山水》。《思亲慕道图》收录于《神州国光集》，作于宣德二年（1427），应是张宇清的绝笔之作。

《明史》《中国历代画家人名辞典》

张羽（1333—1385）

【明】字来仪，一字附凤，后以字行，号静居，浔阳（今九江）人。从父官江、浙，卜居吴兴。元末与徐贲相约避居湖州蜀山（在今浙江吴兴），领乡荐，为安定书院山长。洪武四年（1371）后征至京师。因应对不称旨，放还。再征，授太常司丞。洪武帝曾亲述滁阳王事实，命张羽撰写庙碑。洪武十八年（1385），因坐事谪放岭南，未半道召还。张羽自知不免于难，遂自沉龙江，卒年53岁。著有《静居集》四卷，及《张来仪先生文集》《静庵张先生诗集》等。张羽好著述，工诗文，善书画，且多有建树。张羽以诗文名世，时与高启、杨基、徐贲齐名，并称"吴中四杰"，以配唐之王、杨、卢、骆。张羽书法亦具特色，其隶书取法唐人韩择木，楷书则有右军《曹娥碑》意趣，行书则远师魏晋，近法唐宋，笔力劲健，瘦硬挺拔。

《明史》《明画录》《无声诗史》《书史会要》《画史会要》《清河书画舫》《真迹日录》《名山藏》《六研斋笔记》《詹氏小辨》《弇州山人稿》《历代画史汇传》《中国美术家人名辞典》《中国历代书法家人名大辞典》《中

国历代画家人名辞典》

张子言

【明】道士。一作子元。号静渊，袭封龙虎山天师。善画山水、水仙、墨梅。

《画史会要》《明画录》《中国历代画家人名辞典》《徐州历代人物》

赵雪涛

【明】江西人，先世宦滇，因鼎革之变，流落云南临安（今建水）。据《云南通志》载，其人容止都雅，多技能，隐于市，计所得足一日费，即闭门赋诗。书学董其昌、毕肖，清淡雅讴，冲虚善下。尝有句云："也如紫阁双扉梦，不换清溪半枕眠。"后游鸡足山，不知所终。

《云南通志》《中国美术家人名辞典》《新纂云南通志》《云南书画家约传》《临安府志》《建水州志》

赵子深

【明】清江（今樟树）人。工画山水。明朱谋垔《画史绘要》卷四、清徐沁《明画录》卷一均录。明刘崧《槎翁诗集》卷六有七言律诗《题赵子深山水画轴》云"我观画图之青山，百叠巉岩哪可攀。长松更出危石上，飞瀑正在双崖间。草堂流水钩帘迥，野艇横江收钓闲。安得手招王子晋，共乘笙鹤望遥关"。

《画史会要》《明画录》《中国美术家人名辞典》《中国历代画家人名辞典》《赣文化通典·书画卷》

郑克修

【明】清江（今樟树）人。《明书画史》载其"工画人马。虽未能追迹古人，殊无尘俗气"并以擅画人物著名。

《明书画史》《明画录》《中国美术家人名辞典》《中国历代画家人名辞

典》《赣文化通典·书画卷》《中国绘画史》

周忱（1381—1453）

【明】字恂如，号双崖，吉水县醪桥乡人。永乐二年（1404）中进士。当时选二十八人为庶吉士，周忱不与，遂上书自言年少好学、请求入选，经特许同入文渊阁读书。当时称二十八人应天上"二十八宿"，而周忱为"挨宿"。后参与修撰《永乐大典》，升刑部主事，进员外郎。洪熙元年（1425）迁越王府长史。宣德五年（1430）九月，经夏原吉、杨士奇等人力荐，超迁工部右侍郎，巡抚江南，总督税粮。期满，进左侍郎。此后再以九年任期届满，进户部尚书，但因太祖时有苏州、松江、江西、浙江人"毋得任户部"之禁，改工部尚书。景泰四年（1453）十月卒，谥"文襄"。擅书，《大观录》载其"书牍多大字，如学子法帖式"。著《双崖集》8卷传世。

《大观录》《中国美术家人名辞典》《江西省人物志》

周颠

【明】无名字，举动癫狂，遂以为名。建昌（今永修）人。年十四得狂疾，走南昌市中乞食，言语无恒，皆呼之曰"颠"。及长，有异状。言语仿佛，人呼"颠仙"。《明史》中记载有周颠与朱元璋的轶事与对话。洪武十六年（1383）朱元璋亲写《周颠仙传》《赤脚僧》诗，命中书舍人、书法家詹希庚将诗文书写，让工匠凿刻在石碑上，立碑建亭于今庐山仙人洞旁锦绣峰顶，即"御碑亭"。善写真，尝自写貌于皇城五凤楼上。

《明史》《画史会要》《名山藏》《中国美术家人名辞典》《中国历代画家人名辞典》《赣文化通典·书画卷》《永修历代诗词选》

周官

【明】江西人。美丰仪，工诗，善草书。性刚直敢言，明末弃官游滇，从临安入元江，一时士人多从就正。后卒于元江。

《云南通志》《中国美术家人名辞典》

周仕
【明】字用宾，号草冈，庐陵（今吉安）人。正德八年（1513）乡举为工部主事。《御定佩文斋书画谱》卷四十三引《罗念庵集》曰："用宾为古文诗歌，不道唐、宋以下语，又多识篆籀，工书法，难字称引艰僻，不可流诵。"

《念安集》《吉安府志》《中国美术家人名辞典》《赣文化通典·书画卷》

周是修
【明】吉水人，善画龙。

《应庵随录》《中国美术家人名辞典》《中国历代画家人名辞典》《赣文化通典·书画卷》

朱多熿（1530—1607）
【明】字宗良，号贞湖，一号密庵。朱权六世孙，朱拱枘从子。明嘉靖年间人。封镇国中尉。博雅好修，以辞赋名。能诗善书，其诗初名《石兰馆稿》，王世贞改题为《国香》。明陶宗仪《书史会要》曰："宗良博雅好修，以辞赋名，草书宗孙虔礼，笔法茂美。"

《书史会要》《赣文化通典·书画卷》

朱多煜
【明】字中美，号午溪，瑞昌人。明宗室，瑞昌王五世孙，朱拱榣子，袭封奉国将军。明陶宗仪《书史会要》谓多煜善书。明朱谋玮《藩献记》曰："中美行、草得钟、王书法，亦自珍惜之。每一纸出，好事者重价购去，比之《兰亭禊帖》云。"《明史》卷一百一十七称多煜"以孝友称"。

《明史》《书史会要》《赣文化通典·书画卷》《中华书法篆刻大辞典》

朱多炡

【明】字贞吉，号瀑泉，南昌人。明宗室，朱权六世孙，弋阳王朱多煌之弟，八大山人祖父。封奉国将军。颖敏过人，擅长写诗，爱好游历山水，经常改名换姓，往南直、浙江、湖广等地游览。其诗多写生活境遇和思想情感，借祖辈业绩来慰藉自身，而不问世态炎凉。能诗工书，行草书杂以古字，自成一体。精绘事，见古人墨迹一再临之，如出其手。山水得二米家法，花鸟及传神均工。足迹遍吴楚。死后，弟子私谥"清敏先生"。著有《五游集》《倦游集》等。

《画史会要》《书史会要》《大泌山房集》《明画录》《明史宁献王传》《江西古代名人》《江西省志人物志》《中华书法篆刻大辞典》

朱拱柄

【明】号白贲，瑞昌人，明瑞昌王孙。嘉靖时人，封奉国将军。善书法，行草得朱熹体格。明陶宗仪《书史会要》曰："嘉靖时上《大礼颂》一章，赐敕褒奖，行草得晦翁体格，名重一时。"

《书史会要》《中国美术家大辞典》《赣文化通典·书画卷》《明史》《中国书法大辞典》《中华书法篆刻大辞典》

朱洪图

【明】字定远，南昌卫戍指挥使嗣宗子。《御定佩文斋书画谱》卷五十八引《翠橘堂笺牍》载其"善山水。落笔潇洒，逼真云林"。

《翠橘堂笺牍》《中国美术家人名辞典》《中国历代画家人名辞典》

朱徽

【明】字文徽，号松谷，新城（今黎川）人。《新城县志》载其"少颖敏，七岁就学。读书过目成诵，出口成章，人以神童目之。稍长，从自立黄先生、源清何先生学，声名日著"。后经邑宰张文琮荐入邑庠教学。永乐年间经乡荐任光泽县学司。宣德初又任训道。《光泽县志》载其"有文学，善画，尝修邑志"。

《光泽县志》《中国美术家人名辞典》《新城县志》

朱鹭（1553—1632）

【明】初名家栋，字白民，号西空老人、西空居士、青浮子，婺源人。学者、书画篆刻家。工古文辞，尤邃于《易》。间写兰竹，深得文同、吴镇之旨。平生喜游历，尝登华山乐而忘返，结茅于莲花峰。虽贫甚，却不受人一钱，写竹刻印，卖以自给。著有《颂天胪笔》《建文书法拟》《名山游草》等。

《上饶历代书画集》

朱孟约

【明】临川（今属抚州）人。擅墨竹，兼工坡石、兰蕙、竹。

《明画录》《画史会要》《中国美术家人名辞典》《中国历代画家人名辞典》《中国绘画史》

朱谋㙉

【明】字素臣，号谦山，明宗室，瑞昌王之孙。封辅国中尉。明罗治《十二故人传》曰："谋㙉雅好草书，远宗怀素，近法张东海，间用淡墨枯笔出己意，迫视之若云篆烟书，口噤不能读。"

《六艺之一录》《赣文化通典·书画卷》《中国书法大辞典》《中华书法篆刻大辞典》

朱权（1378—1448）

【明】宁献王，明太祖第十七子，洪武封大宁，永乐封南昌。自号臞仙，又号涵虚子，丹丘先生。生而神姿秀朗，始能言，自称大朋奇士。好学博古，读书无所不窥，旁通释老，尤精于史。洪武二十四年（1391）封宁王，两年后就藩大宁（今内蒙古喀喇沁旗大宁故城）。建文元年（1399

七月，燕王朱棣在北京起兵"靖难"，朝廷恐其与朱权联合，召朱权进京。朱权未奉诏，被削去王府护卫。此后，被迫参与了"靖难"之役的全过程，并时为燕王草诏。成祖即位后，始请封苏州、杭州，未许。永乐元年（1403）改封南昌，又下诏把原布政司衙门作为王府，规制如旧。此后不问世事，韬光养晦。多与文人学士往来，寄情于戏曲、游娱、著述、释道，结交道家第四十三代天师张宇初，拜为师，研习道典，弘扬道教义理。朱权于南昌郊外构筑精庐，曾于西山缑岭（今属南昌市）创建道观与陵墓，成祖朱棣赐额"南极长生宫"。所撰道教专著《天皇至上篇江西书法道太清玉册》八卷，成书于正统九年（1444），收入《续道藏》。正统十三年（1448）薨，谥"献"，史称宁献王。

朱权酷好著述，兼好刻书。其著述涉及面广，凡经、子、九流、星历、医卜、黄冶诸术皆具。著有《通鉴博论》《汉唐秘史》《神隐志》各2卷、《肘后神经大全》3卷、《原始秘书》10卷及《琼林雅韵》,《寿域神方》4卷、《史断》1卷、《文谱》8卷、《诗谱》1卷、《活人心》《太古遗音》各2卷、《异域志》1卷、《遐龄洞天志》2卷、《运化玄枢》《琴阮启蒙》各1卷、《乾坤生意》《神奇秘谱》各3卷、《采芝吟》4卷，大多失传。刻书亦多，凡群书有秘本，莫不刊布，《宁藩书目》载有朱权所纂辑与刊刻之书凡137种。尤精音律，工戏曲。著杂剧12种，现存《大罗天》《私奔相如》两种。曾据元代高安周德清《中原音韵》改编成《琼林雅韵》。校订北曲曲谱，著《太和正音谱》2卷，是现存最早的北杂剧曲谱，为北曲规范化做出了重大贡献。

《明史》《无声诗史》《画史会要》《赣文化通典·书画卷》《江西省人物志》

朱重光

【明】浮梁人。《浮梁县志》载其"由国学任经历，善画喜鹊"。相传在他去世后数十年，有个叫彭生的人，把他画的喜鹊粘在墙上，喜鹊突然鸣叫，彭生的妻子觉得很诡异，于是将这幅作品烧毁了。

《浮梁县志》《中国美术家人名辞典》《中国历代画家人名辞典》《赣文化通典·书画卷》

朱自方（1368—1644）

【明】号梦庵，临江（今樟树）人，家浙江奉化。工绘事，喜画水墨山水，晚年画艺精进，自成一家。明成化《四明郡志》载其"自方性尚冲淡，喜写水墨山水，晚年出入郭熙、范宽，而自成一家。同里卓明逸常师之，而笔法精致，实有过焉。娄穆中亦常师范宽，而点染又在自方之下。在鄞则有胡仲厚、吴景行之青绿山水师董源，而云气悠扬可爱，然亦自秘惜，人罕得者。如史均民之水仙，傅子英之抚写人物，各有生意。之数人者，虽出处不同，皆一时之杰出"。

《明画录》《画史会要》《中国美术家人名辞典》《中国历代画家人名辞典》《四明书画家传》

祝世禄（1539—1611）

【明】字无功，号石林，德兴人。文学家、书法家。万历十七年（1589）进士，初授休宁知县，后考选为南科给事中，迁尚宝司卿。耿定向讲学东南，世禄从之游，与潘去华、王德孺同为耿门高弟。世禄工诗，善草书。著有《环碧斋集》《祝子小言》等。

《上饶历代书画集》

邹缉（？—1423）

【明】字仲熙，自号素庵，吉水人。洪武中举明经，除星子县训导。永乐初入为翰林检讨，历官左春坊左庶子。其在东宫，所陈皆正道，卒于官。邹缉居官勤慎，清操如寒士。博览群书，嗜学，见异书，必录抄雪纂。明陶宗仪《书史会要》称其"精楷书"。

《明史》《列朝诗集》《书史会要》《中国美术家人名辞典》《赣文化通典·书画卷》《中国藏书家考略》《中国书法大辞典》

左赞（？—1489）

【明】字时翊，号桂坡。南城人。天顺元年（1457）丁丑科进士，授吏部稽勋司主事，历员外郎、郎中，迁浙江布政司参政，成化（1465—1487）中为广东右布政。谨绳尺，崇理致。左赞颇留心于古文，又精隶书。明何乔新《椒丘文集》曰："时翊学书于程南云，以词翰名于时。"明陶宗仪《书史会要》曰："左赞书法兼诸体。而尤精于隶，得二蔡笔意。"著有《桂坡集》十五卷，《四库总目》列入别集类存目。

《书史会要》《椒丘文集》《江西通志》《中国美术家人名辞典》《中国历代书法家人名大辞典》《江西省人物志》《元明散曲》

清

八大山人（1626—1705）

【清】僧，南昌人。谱名统鍌，俗姓朱氏，名耷，字刃庵，别号甚多，有雪个、个山、个山驴、人屋、驴汉、驴屋驴、刃庵、道朗、良月、破云樵等。其是明太祖朱元璋十七子朱权九世孙，袭封为辅国中尉，世居南昌。祖父奉国将军朱多炡，工诗歌，精书画，书学米家，自成一体，山水亦宗大小米，临摹古画，极为擅长。其父亦工书画。朱耷八岁能作诗，十一岁能作画，儿时即能悬腕写米家小楷。晚明成诸生（秀才）。明朝覆亡后，朱耷于顺治五年（1648）23岁时，弃家遁入奉新县耕香庵山中，落发为僧，并在耕庵老人处受戒，尝持《八大人觉经》，因以为号。康熙十七年（1678）朱耷53岁时，曾被江西临川县令胡亦堂邀请到其官舍做客，一年后精神失常，忽大笑，忽大哭，一夜，将其僧服投入火中烧毁，走回南昌，后被其侄认出带回家，一年多后，渐愈。朱耷62岁时还俗。其书画款署"八大"二字必连缀，"山人"二字亦然，类"哭之""笑之"，盖意别有在也。朱耷工书法，行、楷学欧、黄，纯朴圆润，无明人习气，狂草亦怪伟，自成一家。朱耷尤善绘画，山水学黄公望，构图颇受董其昌影响，但用笔干枯，一片荒凉气象。花鸟于沈周、陈淳、徐渭基础上，独树风格，简单奇异，不落恒蹊，而用笔用墨，于豪放中有温雅，于单纯中见含蓄。喜画水墨芭蕉，怪石、花、竹、芦雁及汀凫，超然脱俗，时人争藏之。其所作鱼、鸟，白眼对青天，以寓不平之气。与石涛、渐江、石溪合称"清初四僧"。

《八大山人传》《国朝画征录》《桐阴论画》《青门剩稿》《清画家诗史》

《书林纪事》《中国美术家人名辞典》《中国历代画家人名辞典》《赣文化通典·书画卷》《江西省人物传》《清稗类钞》

蔡秉质

【清】字彬士，南昌人。工写翎毛，尤善画鹅，有"蔡鹅"之目。为"东湖书画社"成员。

《江西通志》《乾隆南昌县志》《清画拾遗》《中国美术家人名辞典》《中国近现代书画家辞典》《中国历代画家人名辞典》

蔡辂

【清】玉山人。《同治玉山县志》载其相关："蔡辂，精仓公术，善画梅，至老不倦。邑令唐世征赠以诗曰："九十老人能画梅，兴来为我扫枯煤。正当东阁题诗候，不问南枝开未开。"

《同治玉山县志》《中国美术家大辞典》

蔡梅

【清】字龙南，南昌三江口人。《乾隆南昌县志》载其相关："蔡梅，字龙南，县学生，工写生。尝游姑苏，有贵阉招之，不往。阉肩舆至逆旅，索梅画，梅逾垣走。阉怒，逆旅主人遂辞梅。梅典衣以食，人争笑之。将归，遇旧识郑生，邀梅图其母肖，郑以橘树数十株以酬，梅知郑为孝子，辞不受。性狷介，所如多不合，然江南北至今传蔡梅能写生云。"

《乾隆南昌县志》《中国历代画家人名辞典》

蔡漱秋

【清】赣州人，画山水宗沈周，笔力浑厚。花鸟亦佳，工刻篆，能音乐，隐于书画，不求仕进。卒年仅四十。

《中国近现代书画家辞典》《中国历代画家人名辞典》

蔡紫琼

【清】女，字绣卿，一字玉婷。德化（今属九江）人。贡生蔡瀛之女，湖口诸生周文麟之妻。从吴小荼学画墨兰。工楷、隶书，精琴艺，喜吟咏，尤以画兰见长。且与妹泽茗以能诗称于时。著有《花风楼吟稿》三卷。蔡紫琼之诗多为吟风弄月，咏史怀人之作。其兄弟姐妹均好吟诗，常游园雅集，故唱酬诗较多，蔡紫琼多才多艺，琴棋书画，均属高手。

《清画家诗史》《中国近现代书画家辞典》《中国历代画家人名辞典》《九江市文化志》

曹德华（1751—1807）

【清】又作惪华，字迪谐，一字山甫。新建人。乾隆六十年（1795）进士，授中书。官刑部主事。能赋诗，擅长书法，行书、正书皆精，亦善篆分，不恒作。亦擅画，山水学南宋，具淡远之致。有《断桥烟柳图》传世。

《大云山房文集》《欧钵罗室书画过目考》《中国美术家人名辞典》《中国美术家大辞典》《中国书法篆刻大辞典》

曹秀先（1708—1784）

【清】字恒所，又字冰持，一字芝田，号地山。新建人。少孤，学于兄茂先，事之如严师。雍正十年（1732）中举，《清史稿》卷三二一云："乾隆元年，举博学鸿词，未试，成进士。"改庶吉士，授翰林院编修，充《世宗实录》纂修官兼史馆校勘。乾隆十年（1745），迁浙江道监察御史。乾隆十七年（1752），行恩科会试，秀先因从子曹咏祖作弊被诛案牵连，降二级留任，终以不知情而从宽处置。次年在京畿地区救蝗灾。其后，先后迁鸿胪寺少卿、光禄寺少卿、内阁学士，充经筵讲官。历工、户、吏诸部右侍郎。乾隆三十八年（1773），充《四库全书》馆副总裁。次年迁礼部尚书，四十二年（1777）任上书房行走，命为总师傅。四十六年（1781），因皇朝典礼之议而被参，从宽留用。但次年又因《明臣奏议》

"体例乖舛"等事免去其总师傅之任，仍回任礼部尚书。乾隆四十九年（1784）去世，赠太子太傅，谥"文恪"。乾隆上谕称其"教皇子书，学问优长，奉职勤慎"。曹秀先为官清廉，人称"诚敬勤慎"，秉公执法，深得民心。并多次用自己的薪俸在家乡设置义田，兴办义学，兴修水利。乡民将御赐"秩宗衍泽"匾额悬于曹氏宗祠，以褒扬其德尚。《国朝先正事略》称曹秀先："以文学受主知，沉默厚重……待僚属，务存大体。每入对，知无不言。恭遇国庆、武成、巡幸诸大典，所进诗文册，皆称旨。尤工书法。"清彭元瑞《恩余堂辑稿》卷二称其"书法尤高古，人得片楮以为宝，求者不少吝，碑版照耀海宇，自刻石书课若干种"。善于中锋用笔。尝进所刻敬恩堂、移晴堂书课，赐御临黄庭坚尺牍。以书法领袖书坛，乾隆称"大手笔"。著《赐书堂集》《省耕诗图》《依光集》《使星集》《秋光集》《敬思堂题跋》《衍琵琶行》《地山初稿》，并有《移晴堂四六》2卷。

《国朝先正事略》《恩余堂辑稿》《清朝书画家笔录》《中国美术家人名辞典》《江西古代名人》《清史稿》《赣文化通典·书画卷》《江西省人物传》

车衮

【清】字龙文，世称"洞虚子"，临川（今属抚州）人。《虞初新志》中收录傅占衡为其作传。

《中国艺术家征略》《中国美术家人名辞典》《中国历代画家人名辞典》《虞初新志》

陈宝箴（1831—1900）

【清】字相真，号右铭，谱名观善，晚号四觉老人。修水县宁州镇竹塅村人。晚清维新派政治家。"少负志节，诗文皆有法度"。初在乡从父办团练，因率团练协助克复义宁州城有功，咸丰皇帝谕以知县候补，并尽先选用。1860年入京会试未中，一度留京，与四方俊雅之士交往。1862年往安庆谒见两江总督曾国藩，被尊为上宾，1865年被保荐觐见皇帝，授予候补知府。1875年授辰、靖、永、沅道官职，光绪六年庚辰（1880）改官河北道，十六年庚寅（1890）任湖北按察使，二十年甲午（1894）调直隶布政使，另年秋，升任湖南巡抚，一直到光绪二十四年（1898）戊戌政变。被光绪帝称为"新政重臣"的改革者，系清末著名维新派骨干，地方督抚中唯一倾向维新变法的实权派风云人物。后受到湖南守旧派王先谦、叶德辉的攻讦。光绪二十四年（1898）戊戌政变爆发，百日维新宣告失败，陈宝箴以"滥保匪人"被罢黜。光绪二十五年（1899）初，举家回到南昌，葬黄夫人于南昌城郊西山，筑室以居，名曰"崝庐"。与其子陈三立"往往深夜孤灯，欷歔不能自已"。次年六月，"以微疾而卒"。陈宝箴为官俭朴，"绝贫，在官不能请贷于婚友，则时时典其衣裘"。文、诗不多，为则精粹有法。书法结体宽博，清刚遒劲，极具个人特色。有《陈宝箴集》3册，2003年由中华书局出版。其子陈三立，为清末民初著名诗人，"同光体"代表人物。孙陈衡恪，字师曾，近现代著名画家。孙陈寅恪，史学大师，清华大学国学四大导师之一。曾孙陈封怀，我国植物园创始人之一。一门四代五杰，被称为"中国文化贵族之家"。湖南凤凰古城现有座"陈宝箴世家"博物馆。

《江西省人物传》《江西古代名人》《中华陈氏家训》《中国书法家大辞典》《中国近现代书法家辞典》《九江人物志稿》《中国历代人名辞典（增订本）》

陈超

【清】字越三，亦作月三。高安人。应雍正元年（1723）武科得举，能诗，行、楷尤工，善画，画艺广博，花鸟、山水、树石无不精能，笔墨荒疏，意韵淡远。尤以芦雁著名，尤多见名人题咏。著有《爱筠堂诗集》。其子亦以画名。

《瑞州府志》《中国历代画家人名辞典》《高安县志》

陈凤翔（？—1813）

【清】字竹香，崇仁人。陈一章子。无功名出身，由监生充国使馆誊录,议叙县丞。乾隆五十年(1785),拨发直隶河工差委。后被诬陷,发往乌鲁木齐效力赎罪。未及行,病故于河北清河县。工山水、人物,能继父艺。

《墨香居画识》《画传编韵》《中国美术家人名辞典》《中国近现代书画家辞典》《赣文化通典·书画卷》《江西省人物传》《江西古代名人》

陈孚恩(1802—1866)

【清】字少默,又字子鹤,号紫藿,新城(今黎川)人,清代著名书法家。陈希祖侄。道光五年(1825)拔贡,次年朝考一等,以七品小京官分发吏部任职,后升军机处章京,迁郎中。大学士穆彰阿当朝时,陈孚恩备受赏识,道光二十七年(1847)调任兵部侍郎。又调任刑部侍郎,受到朝廷嘉奖,赏头品顶戴、紫禁城骑马,赐"清正良臣"匾额。二十九年(1849)调工部,又任刑部尚书、礼部尚书、兵部尚书、吏部尚书。咸丰帝病故,两宫太后执政,载垣等在宫廷斗争中失败,陈孚恩也作为载垣同党而遭革职,永不叙用。后被捕入狱,并被抄家,追缴宣宗御赐的匾额,发配新疆戍边。同治五年(1866)五月,新疆回民军队首领金相印借助浩罕汗国(今乌兹别克斯坦)军队援助,攻陷伊犁,孚恩及其亲属一同殉难。孚恩为政之余,爱好书法,深受董其昌书法影响,手迹在家乡广为流传。擅长行楷书对联书写,笔画圆劲秀润,结体紧密,平中寓奇,与董其昌行书一脉相承。

《欧钵罗室书画过目考》《中国美术家人名辞典》《赣文化通典·书画卷》《江西省人物传》《江西古代名人》《中国宰相全传》《中国历代宰相志》《中国历代人名辞典》《清史》

陈其松

【清】字秋麓,鄱阳人。乾隆五十四年(1789)副贡,官至安庆府同知、徽州知府。擅诗文,工书画,书摹迹董其昌,山水颇得元人逸趣。

《上饶历代书画集》

陈三立（1856—1937）

【清】字伯严，号散原，义宁州（今修水县）人，陈宝箴长子，陈寅恪、陈衡恪之父。早年随父宦游。光绪八年（1882）秋，由河南回江西参加乡试。应试时，考卷不按考场规定文体（八股文）做题，而以用己所擅长的古文形式答写，初选时遭摒弃，后被主考官陈宝琛发现，才从落第卷中选拔中举。光绪十五年（1889）中进士，授主事，分吏部行走。未几即辞去，侍父在武昌，赞划政事，交结贤士。光绪二十一年（1895），其父陈宝箴为湖南巡抚，创办新政，提倡新学，支持戊戌变法运动，陈三立协助乃父筹划新政。此时他"慨然思维新变法，以改革天下"。湘省大小新政事项，或参与决策，或代父以闻，与谭嗣同、丁惠康、吴保初合称"戊戌四公子"。戊戌变法失败，陈三立被加上"招引奸邪"的罪名与其父一同被革职。光绪二十五年（1899）初，三立侍父回赣，筑室南昌西山以居，后迁往南京。次年七月，其父"忽以微疾卒"。《辛丑条约》签订后，清政府颁布实行立宪新政，重新起用一些参与戊戌变法的维新人物。陈三立因是复原职，执意不就。以文章自娱，以气节砥砺。光绪三十一年（1905），与李有棻等创办江西铁路公司，筹建江西第一条铁路南浔铁路，先后担任协理与名誉总理，后因人事复杂阻碍而告罢。入民国，三立寓居上海，后返南京。其间曾列名孔教会，并与沈曾植、樊增祥、朱祖谋等组织"超社""逸社"。后寓居杭州，1924年4月，在杭会见来访印度诗人泰戈尔，由徐志摩担任翻译，晤谈甚欢，互赠诗集，合影留念，留下中印文化交流史上一段佳话。1929年，移居庐山，倡议重修《庐山志》，后由吴宗慈专主其事。稿成，亲自审定，为之作序。1933年，因其子陈寅恪在北平教书，遂迁往北平。同年冬迁居北京后，郑孝胥和罗振玉劝他去伪满洲国，被严厉拒绝。1937年卢沟桥事变后，"倭陷北平，欲招致先生，游说百端皆不许。调者日伺其门，先生怒，呼佣媪操帚逐之。因发愤不食五日死于农历八月初十日"。其板暂置于长椿寺中，1948年夏，与俞夫人合葬于杭州牌坊山。陈三立工诗及古文辞，是"同光体"诗派代表人物。"同光体"诗人不专宗盛唐，而兼学宋诗。其诗步踪韩愈、孟郊、黄庭坚，以生涩拗峭之风格写枯寂萧瑟之感伤，用词避熟恶俗，"语必惊人，字忌习见"。"诗界革命"倡导者梁启超对他极为敬佩，说："其诗不用新异之语，而境界自与时流异，浓深俊微，吾谓于唐宋人集中，罕见其比。"著有《散原精舍诗集》《散原精舍文集》。其书法苍劲，自成一格。书风承颜真卿、苏轼，而又融入北碑拙重之气，笔画方圆并用，厚实老辣，结体方正，内紧外松，表现出敦厚古拙之美。

《枫园画友录》《中国美术家人名辞典》《中国近现代书画家辞典》《赣文化通典·书画卷》《江西省人物传》

陈世宷

【清】丰城人。陈世宏之弟。《同治丰城县志》称其善画竹，潇洒出尘，片笺尺幅，人皆以拱璧珍之。

《同治丰城县志》《中国美术家大辞典》

陈世宏

【清】丰城人，据《同治丰城县志》称其工书善画，所做月梅树影横斜，饶有古致。

《同治丰城县志》《中国美术家大辞典》

陈文长

【清】宁都人，善画竹。有《画竹册》，魏禧为之作序。

《冰叔文集》《中国美术家人名辞典》《中国近现代书画家辞典》《赣文化通典·书画卷》

陈希增（1766—1816）

【清】字集正，号雪香，新城（今黎川）人。清代书法家。少年时，与兄陈希祖同学于清代著名文学家鲁九皋。乾隆五十四年（1789）中解元，乾隆五十八年（1793），中进士一甲第三名，授翰林院编修。历官云南乡试副考官、贵州乡试正考官、山西学政、内阁学士兼礼部侍郎、江苏学政、刑部右侍郎、国史馆副总裁官等。陈希增"工为文，娴掌故，有治事才"。任国史馆副总裁时，将本朝大臣之政绩，誊录副本，时时览阅作为自己的借鉴。还将编入《四库书目》中江西籍人士的著作集成册，予以珍藏。工书法，仿王羲之，擅长行书，草书尤佳。

《中国美术家大辞典》《赣文化通典·书画卷》《江西省人物传》《抚州人物》

陈希祖（1765—1820）

【清】字敦一，又字稚孙，号玉香，更号玉方，一作玉芳。新城（今黎川）人。乾隆五十五年（1790）进士。官至浙江道监察御史。对古文诗艺、天文、算法、水利皆洞悉其理，而书名独盛。书法学张即之，兼得董其昌晚年神髓。自张照、刘墉而外，无有能比。清顾莼希祖《云在轩诗集》曰："诗古文辞与一切星命杂学，无不究心，而书名独盛，四方来都者，多求得片纸只字以为荣。"清齐学裘《见闻随笔》评希祖"书远宗右军、鲁公，近法董思白，得晋人空圆之妙。"又记载说：希祖"曾书一联条幅，授裘书法。联云：果是端庄必流丽，全凭顿挫长气机"。清包世臣《艺舟双楫》卷六云："玉方先生以书名宇内，称为华亭后身，酷似华亭而导源平原，故形神皆肖，异于世之学华亭者。"其行书作品重视笔画的轻重变化，给人以一种强烈的视觉反差。著有《云在轩稿》。

《艺舟双楫》《见闻随笔》《梅麓文抄》《欧钵罗室书画过目考》《中国美术家人名辞典》《赣文化通典·书画卷》

陈禧

【清】字元夫，永丰人。工淡墨花鸟，墨骨写生，尤精山水。《同治永丰县志》称其山水画烟云缥缈，林木苍润，神气变幻莫测。

《同治永丰县志》《中国美术家大辞典》

陈偕灿（1790—1860）

【清】字少香，晚号呫呫翁居士，宜黄人。从小天才敏捷，喜爱六朝古文，道光元年（1821）中举，分发福建，署惠安知县。后多次进京会试，均不中。赴考途中，遍游吴、越、齐、鲁、燕、赵等地。阮元、陶澍、曾燠等都以文章意气相投，而与之多有交往。东乡吴嵩梁也推许其诗作，认定必然可以传之长久。后留京教习三年，因家境贫困，不得不以卖书画为生。其工书，善画。书法学苏轼，古雅秀美。画也颇具逸趣，收藏家视为珍宝。其诗学苏东坡、陆放翁。有《鸥汀渔隐诗集》6卷、《续集》3卷、《外集》1卷、《春雨楼诗集》4卷。继妻沈氏，亦能诗善画。

《江西通志》《画家知希录》《中国美术家人名辞典》《中国近现代书画家辞典》《中国历代画家人名辞典》《江西省人物传》

陈延恩

【清】字登之，号云乃，新城（今黎川）人。陈希祖子。应试未中，遂捐监生，援例分发江苏，官至两淮运判，政声甚著。亦善书，酷似其父。

《欧钵罗室书画过目考》《见闻随笔》《中国美术家人名辞典》

陈岩

【清】字卓公，临川（今属抚州）人。善画山水、花鸟，生动有致。

《图绘宝鉴续纂》《中国美术家人名辞典》《中国近现代书画家辞典》《中国历代画家人名辞典》《赣文化通典·书画卷》

陈尧英

【清】赣县（今赣州）人。《画家知希录》作陈尧荚，今依《历代画史汇传》。他善于丹青绘画，尤精传神。州牧黄汝铨命其子涵向他拜师。临终前赠他一块匾额曰"乐志云林"。

《同治赣县志》《历代画史汇传》《中国美术家人名辞典》《中国近现代书画家辞典》《中国历代画家人名辞典》《赣文化通典·书画卷》

陈一元

【清】新城（今黎川）人。清初以善画竹有名。

《国朝画征录》《中国历代画家人名辞典》

陈一章（1734—1803）

【清】字夏木，号静山，崇仁人。乾隆（1736—1795）时游裘文达（曰修）之门，官至无为州州同。工画山水，画笔精劲而有秀野之趣。

《墨香居画识》《艺林月刊》《画传编韵》《中国美术家人名辞典》《中国历代画家人名辞典》《赣文化通典·书画卷》

陈重莘

【清】字尹如，江苏上元（今南京）人。传为陈继儒嫡孙，父宦豫章，卒葬鄱阳芝山，重莘不忍弃父墓，遂留鄱阳，孑然一身。工画水仙，因以"陈水仙"呼之。

《清画家诗史》《中国历代画家人名辞典》

程涍（1618—1697）

【清】字箕山，号岸舫，一号铁鹤。顺天府宛平（今北京丰台）人，一作广信（今上饶）人，顺天籍。顺治六年（1649）己丑科进士，官江西广信知府。作山水洒落浑厚，画松石颇有别致。书法亦精善，与王铎友善。工诗，颇多吟咏，有《半野山房诗》30章。

《中国美术家大辞典》《上饶历代书画集》

程刚中

【清】字子潜，瑞昌人。善画山水，尝画《庐山图》进呈。

《江西通志》《中国美术家人名辞典》《中国近现代书画家辞典》《中国历代画家人名辞典》《赣文化通典·书画卷》

程极

【清】字用其,婺源溪头人。工书,《光绪婺源县志》称其小楷流传,人尽珍之。

《光绪婺源县志》《中国美术家大辞典》

程际云

【清】字友风,贵溪人。岁贡生。工诗古文,尤长于画。《同治广信府志》称其信笔挥洒,姿致天然。《光绪贵溪县志》称诸名士多出其门。尤长于书、画,信笔挥洒,姿致天然,生趣迥出。所画墨竹、兰梅深得古人笔意。士林中有获其片幅者,咸视如拱璧。

《同治广信府志》《中国美术家大辞典》《光绪贵溪县志》

程履丰

【清】字宅西,号芭田,婺源人。清学者、诗人、医家、书画家。行书初宗东坡,后得郑板桥三昧。著有《陇上鸿泥出岫吟草》《食破砚斋赋》《全唐诗韵》《本草摘要》等。

《上饶历代书画集》

程懋采(1799—1843)

【清】又名赞采,字憩棠,新建人。兄弟五人,程懋采居长。自幼家境贫寒,天生聪颖好学,性情平和。嘉庆十八年(1813)中举。次年中进士,选庶吉士,官翰林院编修。道光五年(1825)任甘肃凉州府(今武威县)知府。七年因回避与其弟矞采同省为官,调任陕西凤翔府知府。十年升陕西督粮道道台,十四年授山东按察使。十六年授安徽布政使。程懋采整顿财务,勾稽账册,创设总册、简明册及三印册,以杜绝各级官吏挪掩作弊。十九年,升安徽巡抚。倡捐赈济水灾,修筑宿松河堤,招募壮丁,练兵寿春,以御外侮。在任时,修筑安庆、庐州、池州、太平沿江堤坝。道光二十三年(1843)调任浙江巡抚。未及任,在安徽病亡。著有《心师竹斋文集》《心师竹斋章牍存稿》。书法见称于时。

《中国美术家大辞典》《江西省人物传》

程荣春（1819—？）

【清】字桐轩，婺源人。以参军随清军入台湾，因功擢知县，官至福建福宁、泉州知府。工诗文，擅书画。著有《福宁纪事》《泉州从征纪略》《简练集》《战车练炮图说辑要》等。

《上饶历代书画集》

程万里

【清】字子鹤，婺源人。流寓杭州。善白描，得宋李龙眠法，花鸟亦精，出入于华新罗、奚铁生之间。居杭州时，与俞樾、黄孝侯并称三老，所交皆一时名流。

《上饶历代书画集》

程学恂（1873—1951）

【清】字公鲁，号伯臧，新建人。父早逝，由其母抚养教导。母亲是河道总督许振祎长女。程学恂博通经史百家，精于诗词，亦擅长书画，有诗、书、画三绝之称，为世人所敬重。光绪二十三年（1897），参加乡试中举。因祖父福培在武汉抵御太平军而死，他得以承袭骑尉世职，赏戴花翎，任湖北候补知府。后调入奉天，先后任通江厅、凤凰厅同知，以道员身份留在奉天待补。入民国，因长江巡阅使张勋保荐，程任长江税务局局长多年。解职后，客居南京，以吟诗作画自娱自乐。1937年抗战爆发，携家属返江西，被聘为江西省政府秘书。1940年，国民党省政府在泰和县橘园村设立江西通志馆，聘请中山大学历史系主任吴宗慈为馆长，他与辛际周、周性初、蔡敬襄等人被聘为协修，编纂新建人物志数卷。1947年在南昌成立诗社"宛社"，被推举为社长，有社员27人，常在百花洲聚会。同年省政府命各县普设文献委员会，纂修县志，他被聘为新建县文献委员会主任，兼主编。1951年12月去世。程学恂绘画专工山水，学习中国传统画法，有时画水墨山水，有时画设色山水。笔调苍劲，布局谨严，有书卷气。工诗，题画诗多有独到的见解。著有《影史楼诗存》14卷、《鹈恨集》2卷、《戊巳诗存》1卷、《韩诗臆说》2卷，后者收入钱仲联《韩昌黎诗笺注》。

《江西省人物传》《南昌文史资料选辑》《新建县历史人物选》

程岩（1714—1768）

【清】字巨山，号海苍，铅山人。乾隆四年（1739）进士，改翰林院庶吉士，七年散馆授检讨。累官至光禄寺卿、礼部左侍郎。工书法，行书颇得董香光法度。

《上饶历代书画集》

程英照

【清】字允明，号松坪山人。婺源人。善画，工诗。

《光绪婺源县志》《中国历代画家人名辞典》

程永康

【清】字载言。婺源人。工诗，善画兰竹，篆刻法完白。

《光绪婺源县志》《中国历代画家人名辞典》

程志和（1843—1915）

【清】字钧年，号雏盦，一号乐庵，又号少耘，晚号汪山老人，新建人。生于书香世家，程焕采孙。幼承庭训，通经史百家金石之学，熟娴掌故，善书画，精品鉴。同治七年（1868）戊辰科进士，签分工部营缮司行走，擢补虞衡司员外郎。与翁同龢、端方等人相过从，研讨书画文物之学。光绪初年（1875），参与刘坤一重修《江西通志》，致力颇多。后曾任江西优级师范学堂监督等职，书窗多暇，恒写山水以自娱。著有《诗经讲义》《监略韵语》。

《新建文献五种》

戴嘉德

【清】字立斋。大庾（今大余）人。画山水，为盛大士弟子。盛氏称他"天分极高"。

《溪山卧游录》《中国历代画家人名辞典》

戴衢亨（1755—1811）

【清】字莲士，又字荷之，大庾县（今大余）人，戴第元之子，均元之侄。年十七举于乡里，乾隆四十一年（1776），召试授内阁中书，充军机章京。乾隆四十三年（1778）戊戌科状元，授翰林院修撰。累主湖北、江南、湖南乡试，先后任山西、广东学政，历迁侍讲学士。嘉庆元年（1796），转侍读学士。二年，受命为随军机大臣学习行走，并加三品卿衔。凡大典须撰拟文字，皆出其手。累迁礼部侍郎，调户部。四年，仁宗开始亲政，衢亨以病请求告假。假满起用为吏部左侍郎并复转户部。六年，任兵部尚书，兼顺天府尹，调户部三库。后因镇压川楚陕白莲教受褒奖，加太子少保、云骑尉世职。八年，与礼部尚书纪昀负责缮办《四库全书》。又调任工部尚书，充《会典》馆副总裁。九年，因失察顺天府书吏盗印而被罢免所兼顺天府尹职。次年，调户部兼直书房，主持会试。十二年，迁协办大学士，充经筵日讲起居注，兼翰林院掌院学士，主持顺天乡试。十三年，与大学士长麟视察河南，并成功治理黄河灾祸，嘉庆帝命治河者以衢亨的河工为标准。次年晋为太子少师，又授体仁阁大学士，得嘉庆御诗褒奖："凤阁随双彦，鳌头冠众英。荷天作霖雨，江右操台衡。"并命管理工部，充《会典》馆正总裁。十五年，以篆辑《平定三省邪匪方略》告成，赏加一级。次年因病回京，不久病卒。嘉庆亲临祭奠，赠太子太师，进贤良祠，谥"文端"。著有《震玉咎斋诗稿》。今南昌市内状元桥即为纪念戴衢亨而建。善画山水。乾隆三十六年（1771）尝作《庐山瀑布图》。戴衢亨之父戴第元，字正字，号省翁，乾隆丁丑科进士。叔父戴均元，字修原，号可亭，乾隆乙未科进士，翰林院编修，任军机大臣，拜文澜阁大学士。兄戴心亨，字习之，号石士，乾隆乙未科与叔父同登进士，翰林院编修。四人均才大学博。以其一家同出两相四进士，誉为"西江四戴"。

《毗陵画征录》《知鱼堂书画录》《中国美术家人名辞典》《江西省人物传》《江西古代名人》《徽州书法》

德堃

【清】僧。字载山，本姓李，别署罗浮画禅。江西人。嘉庆（1796—1820）间居罗浮宝积寺，晚岁为大佛寺住持。清苦自适，能诗，工画人物，亦善写照，尝为谭敬昭写《云泉雅集图》。广州六榕寺、肇庆梅庵均有德堃白描佛像人物，笔致超逸。尝为黄香石作《粤岳山人采芝图》。

《翦淞阁随笔》《留庵随笔》《云楼石钞》《十二石山斋诗话》《中国美术家人名辞典》《中国近现代书画家辞典》《中国历代画家人名辞典》《中国佛教人物大辞典》《游罗浮日记》《珍帚编诗集》《听云楼诗钞》

邓林

【清】字不敷，号补珊。新建人。工画山水。

《江西地区书画家简述·刘品三》《中国历代画家人名辞典》

丁峻（1829—？）

【清】字潜生，南昌人。官浙江按察使。受知于曾文正公。善画马，得赵孟頫《八骏图》遗意。又擅长人物，生动可喜。

《寒松阁谈艺琐录》《南昌县志》《历代画史汇传补编》《中国美术家人名辞典》《中国近现代书画家辞典》《中国历代画家人名辞典》

丁梦松（1774—1856）

【清】号漆阶，上饶县石人乡人。丁家是书画世家，梦松八岁学画，朝夕不离案，十六岁成名，成为清代名画师，深得同代画家称赞。《同治上饶县志》称其所绘山水人物、松鼠等无不精妙绝伦，鉴赏家称为"化工之笔"。

《同治上饶县志》

董桂敷（1771—1828）

【清】字宗邵，号小楂，又号筱槎，婺源人。清学者、书法家。嘉庆十年（1805）进士，改翰林院庶吉士，散馆授编修，充国史方略馆纂修官，总纂国史。主讲豫章书院，士林以"文模道范"额其讲堂，门人刘绎修撰作联云："说经为诸儒宗，盛德必百世祀。"著有《十三经管见》《书序蔡传后说》《周官辨非解》《夏小正笺注》《诸史蠡测》《诸子异同得失参摩》《儒先语录汇参》《见闻赘语》《自知室文集》《自知室诗集》等。书法润秀，得东坡神韵。

《上饶历代书画集》

董练金

【清】字牧堂，晚号定香居士。婺源人。清乾隆五十七年（1792）举人，博览群书，不乐仕进。书法米芾，善篆、隶体，工画兰、竹。旁及秦汉尊彝，宋元明金石碑板，无不考核精详，所著有《五代史》《乐府》《绿满园诗集》14卷。80岁授太常博士。

《安徽通志》《徽州府志》《中国美术家人名辞典》《中国历代画家人名辞典》

董祥晖

【清】字旭曦，室名六启斋。婺源人。通吕律韵算，工诗、书、画。著《爱日山房诗草》等。

《婺源县志》《中国历代画家人名辞典》

杜钧
【清】字景宋,号藕庄,新建人。乾隆乙丑进士,能诗,工书。

《江西地区书画家简述》

范金镛(1853—1914)
【清】字沤舫,一作藕舫,号沤道人,心香室主人,新建人。光绪六年(1880)进士。历任礼部主事、云南知县。其间常游山玩水,搜集花草蝴蝶标本,回家后即展纸挥毫,专心作画。工画花鸟、仕女,浓湛中生气勃发。所作《百蝶图》,被誉为"范蝴蝶"。因淡泊名利,无意仕途,不愿逢迎权贵,遂辞官回乡,在南昌东湖旁建"心香楼",致力于诗词与书画研究,成为一代名画家,康有为有诗称其"幽居罕尘事,山水清且腴。蠢然动者谁?寓目繁有徒"。善诗,著有《心香室诗钞》四卷、《蝶梦词》各一卷。今人辑有《范金镛工笔画珍品》《范金镛诗词集》。

《寒松阁谈艺琐录》《中国美术家人名辞典》《中国近现代书画家辞典》《中国历代画家人名辞典》《江西省人物传》《艺史芳尘》

方燮
【清】字子和,号台山,南安(今大余)人,蒋宝龄《墨林今话》称他:"工诗古文,擅八法,行楷法二王,姿致魄力俱胜,尤工径丈大字,年七十复益臻老境。少曾习画,既弃去,间以篆、隶法写墨竹。清挺洒落,得石室老人(文同)意。"后又写米芾、高克恭墨戏,浑古简厚,尤非画家可及。作品有《李思训碑跋》《雪鸿楼近稿》等。

《墨林今话》《清画家诗史》《中国近现代书画家辞典》《中国历代画家人名辞典》《赣文化通典·书画卷》

封虬

【清】号致园，南丰人。《同治南丰县志》称其善画嗜酒，欲画者，辄先致美酝饮之，醉酣拈笔，顷刻挥洒多幅。其画，颇得"扬州八怪"之一黄慎的称赞。

《同治南丰县志》《中国美术家大辞典》

福宗

【清】僧号散庵，万载人。安福欧阳氏。出家白杨。《万载县志》称其工诗画。创"一粟园"，为精修所。知县庞骥尝造访，序其诗。安福伍环赠以序。康熙元年（1662），振锡京师、安福。辑《禅宗总究》28卷、《白杨语录》2卷。

《万载县志》《中国美术家大辞典》《宜春禅宗志》

傅金铨（1763—1845）

【清】道士，字鼎云，号济一子、醉花老人，金溪人。少以孝行闻乡里，居善亲，与善邻。自言受训于纯阳吕祖，应八百之谶，首先忠孝，若尧舜禹文周孔，道统相承。为君止仁，为臣止敬，为父止慈，为子止孝。各止至善，即各证厥修矣。所著《道海津梁》中，对净明忠孝教义多所阐发。傅不仅是净明道流裔，也是清代阴阳双修内丹派的代表人物之一，被称为清代东派内丹家。曾游历江西、江苏、湖南、四川，嘉庆二十二年（1817）寄居四川巴县（今重庆巴南区），设坛传教。门下弟子有纪大奎、周鸾书、姚一智等。著有《入药镜注》《天仙正理读法点睛》《道书试金石》《道书一贯真机易简录》《新刻道书椎阳经附集》《鼎器歌》《吕祖沁园春注》《真经歌》《采金歌》《心学》《赤水吟》《杯溪集》《性天正鹄》《新刻道书五篇注》《丹经示读》《金丹真传顶批》《康节邵子诗注》。或阐述净明教义与会合三教理论，或内丹旨义，是研究清代道教思想重要资料。傅金铨多才多艺，淹贯经史，工词翰，解声律，善画能琴，俊绝一时。

《益州书画录续编》《中国美术家人名辞典》《中国历代画家人名辞典》

《中国美术家大辞典》《江西省人物传》

傅任
【清】字宏可,江西人。家居江苏常熟。工花鸟,娴吟咏。

《虞山画志》《中国美术家人名辞典》《中国近现代书画家辞典》《中国历代画家人名辞典》

高炳驯
【清】字辇之(一作辇芝),一字研之。又字舫生,别号少云,彭泽(今九江)人。嘉庆二十一年(1816)举人,官龙游知县。工画,运笔如飞,顷刻数纸。有《十莲山房诗稿》。

《清画家诗史》《正雅集》《中国美术家人名辞典》《中国近现代书画家辞典》《中国历代画家人名辞典》

高路人
【清】临川(今属抚州)人。《同治临川县志》称其善画,墨法孤瘦,不寄人篱下。字入钟繇、王羲之之座。

《同治临川县志》《中国美术家大辞典》

高心夔(1835—1883)
【清】原名高梦溪,字伯足,号陶堂,又号碧湄、东蠡,湖口人。天资优异,年十六岁为弟子员,咸丰元年(1851)举人,"计偕入都,宾于尚书肃顺之门"。三年,太平军攻占湖口县,其父遇难。高心夔锐意复仇,在乡训练五百名乡兵。后拜谒正在九江驻防的曾国藩,表示愿将部下归曾指挥,陈说攻破太平军之策,为曾所器重,延入幕府,参赞军事,师久无功,再入京师。九年贡士,十年补廷对,列二甲,铨选县令不就,遂南归,奔走于楚越之间。李鸿章督军德州,心夔佐其军幕。后论功以直隶州知州发江苏,先后两次署吴县知县,共四年。卒年仅49岁。学识渊博,精研小学。工诗，多拟魏晋古风，自成一家，尤好渊明诗，故自号"陶堂"。在遣词造句上较多生新创奇。诗风沉雄峭拔，诙诡不测，属近代以拟古诗歌为标榜的"汉魏六朝诗派"主将之一。擅篆刻、书法，所临颜帖，几可乱真。著有《陶堂志微录》5卷、《陶堂遗文》《恤诵》《碑求九》各1卷。又善篆刻，专主生肖，不落恒蹊。是能于浙、皖两派外，别开生面者。

《广印人传》《中国美术家人名辞典》《中国近现代书画家辞典》《赣文化通典·书画卷》《江西省人物志》

龚步瀛

【清】字海瞻，进贤籍诸生。工诗，亦以书、画名，行草尤工。

《南昌县志》《中国美术家人名辞典》《中国近现代书画家辞典》《中国历代画家人名辞典》

桂瑞藩（1880—1947）

【清】字秩棠，临川县李渡镇（今属进贤）人。清光绪三十二年（1906）官费留学日本。1919年，他自筹资金，在李渡桂桥村创办小学。桂瑞藩擅长书法，尤以篆籀草书为工，抗日战争前后，南昌、临川、抚州等地多有富商请其书写匾额、招牌。

《进贤风物·第14辑》

桂中行（1833—1897）

【清】字履真，临川（今属抚州）人，占籍镇远，补博士弟子员，旋食廪饩。咸丰年间诸生。为诸生时，即为翁同龢所赏识。咸丰六年（1856），贵州苗军起义，23岁的桂中行即以县丞的身份跟随翁同龢，后因功耀升知县，曾在安徽的合肥、蒙城、阜阳任过知县。咸同间天下多故，中行以诸生赴皖从军，两江总督曾国藩见而器之，积功奖知县，历任亳州蒙城、阜阳诸县事。光绪九年（1883）补徐州府知府。治郡12年，徐人爱之如父母，尝卧病，士民争祷城隍，愿减算益其寿，及以卓异荐。调苏州，旋授岳常漕道，耆老相率攀留，不可得，则绘其像祀之。迁湖南按察使，光绪二十年（1894）卒，附祀徐州府城曾国藩专祠。桂中行也是一位书画家，擅八分书，兰和花卉等画得极好。

《中国美术家人名辞典》《中国近现代书画家辞典》《贵州中国画·花鸟卷》《贵州通志·人物志》《清史》

郭道洪

【清】崇义人。岁贡生。《光绪南安府志补正》称其工书法，遒劲苍古，挺然如绝壑孤松，毫无媚俗态。从不轻易下笔以书赠人，有人出重金求墨，他挥手弗顾不书予人。

《南安府志补正》《中国美术家大辞典》《赣南客家艺术》

郭古

【清】号白林田人，万载人。《民国万载县志》称其嗜酒善画，且饮且挥，笔苍意古，初若了不可喜，细视乃觉其妙。

《民国万载县志》《中国美术家大辞典》

郭梦琴

【清】字帝良，新城（今黎川）诸生。工书画。

《清画家诗史》《中国美术家人名辞典》《中国近现代书画家辞典》

郭仪霄（1775—1859）

【清】字羽可，永丰人。少时师从永丰张琼英学习文史。嘉庆二十四年（1819）中举，此后多次参加京试皆落第。道光十一年（1831），授内阁中书。历主琅琊、夷山、经训、梅江、鹭洲、恩江、求志诸多书院讲席。十六年（1836）后，请假回乡。仪霄擅长写诗，诗学杜甫又深受汉魏六朝乐府及唐诗的影响，而能自成一家，形成悲凉苍劲、雄浑高古的独特风格。其新乐府诗尤为深妙古浑，当时无人能出其右。王昶评价说："近人多以史书中事作为新乐府，仪霄下笔崭崭，不拾他人牙慧。"在京期间，与京城文人名士多有诗文往来，大学士潘世恩、王鼎都十分敬重。朝鲜使臣权敦仁、李石友喜爱其诗，皆向仪霄求诗，传之于朝鲜国。仪霄书法笔力遒劲，神气雄健。还善于画竹，生气远出，时人将其与北宋名画家文与可相比，他也如此自许，因此又字"与可"。黄爵滋赠诗有句云："古之与可今羽可"，大得仪霄喜欢，即以此句刻成一方印。著有《诵芬堂诗钞》12卷、《诵芬堂文钞》6卷。书法师承二王，兼有魏碑的拙趣。

《墨林今话》《清画家诗史》《中国美术家人名辞典》《中国近现代书画家辞典》《中国历代画家人名辞典》《赣文化通典·书画卷》《江西省人物志》

何宾笙

【清】清江（今樟树）人，工画。

《中国画学全史附录》《中国美术家人名辞典》《中国近现代书画家辞典》《中国历代画家人名辞典》

何象宾

【清】字子嘉，临川（今属抚州）人。官蜀。工诗，善画色兰，大有蒋予检之遗韵，生动灵活，洵妙品也。

《益州书画录补录》《中国美术家人名辞典》《中国近现代书画家辞典》《中国历代画家人名辞典》《赣文化通典·书画卷》

贺璠

【清】字璞如，芦溪人。咸丰拔贡，官临邑知县等。擅长书画，与松年、董茂、蒋师诚世称"历下四书法家"。

《山东书画家汇传》

贺桂（1616—1677）

【清】女。字秋安，号竹隐居士，莲花厅（今莲花县）人。工诗，善鼓琴，兼精篆隶治印。父亲贺士昌，万历戊午（1618）科举人，初任浮梁县教谕，后任安徽滁州太守，为人方正慈祥，讲究大节，可与人共患难，滁州人称他为贺佛，贺桂从小随父生活，4岁开始念书。她爱读书，记忆能力、理解能力都很强，而父亲又积书甚富，读之，渐有书生的气派。贺桂从小受到良好的家庭教育，吟诗、填词、画画、弹琴、刺绣、吹笛，样样都学，样样都会。15岁以后，许配给出生在本县龙溪村（今属莲花县花塘乡）后在攸县做知县的龙有珠为妻。明末兵乱，夫妻偕隐于老家龙溪，架小楼，取名"竹隐"，过着隐居生活。子龙科宝，博学，有文行，康熙八年（1669）乡试中举，善绘事，所绘大士像最工。

《广印人传》《中国美术家人名辞典》《中国近现代书画家辞典》《中国书画艺术辞典·篆刻卷》《永新人物传》《魏叔子文集》

洪图

【清】宜黄人，国子监生。精水墨画。乾隆三十年（1765），皇帝南巡，于扬州献所画梅，蒙赐荷包一对。

《中国美术家大辞典》

胡崇道

【清】字仲醇，金溪人。举孝廉，官县尹。花鸟虽从周之冕入门，而飞舞飘扬之致，出诸锦心绣腕。

《图绘宝鉴续纂》《画传编韵》《中国美术家人名辞典》《中国近现代书画家辞典》《赣文化通典·书画卷》

胡光迁

【清】号莲舫，南昌人。工书，善鉴别。

《江西地区书画家简述》

胡君仙

【清】临江府（今樟树）人。工诗擅画，笔意跌宕风流。常依日本画谱作《百蝶图》一册，栩栩如生。

《中国美术家大辞典》

胡克家（1756—1816）

【清】字果泉，鄱阳人。清学者。乾隆四十五年（1780）进士，官至安徽、江苏巡抚。为官有政声，关心民疾，嘉庆二十二年（1817）因疏浚吴淞口积劳成疾，殁于任。治学谨严、致力文献校刊，倡导和主持刊刻的《昭明文选》和《资治通鉴》为有清一代之善本。工行草书，出入于山谷、南宫、香光之间。

《上饶历代书画集》

胡寿椿

【清】原名定仁，字大年，号砚生，南昌人。清朝翰林，工书。官至河南道、贵州道监察御史。钦加四品卿衔。回乡后曾任豫章书院山长。

《江西地区书画家简述》

胡思敬（1869—1922）

【清】字漱唐，新昌县（今宜丰）人。光绪十三年（1887）入县学，未几入南昌经训书院。光绪十九年（1893）中举，次年中进士，光绪二十一年（1895）补殿试，选翰林院庶吉士。改任吏部稽勋司主事。宣统元年（1909）补辽沈道监察御史，转掌广东道监察御史。不畏权贵，刚直敢言，对权奸、贪吏、妖宄，莫不指名弹劾。胡曾劝摄政王载沣以法治国，"以振聩发聋之策"，惩一儆百。其间，"益肆于学，日至书肆搜求经籍。老仆负囊从其后，无所不收，盖亦无所不读"。宣统三年（1911）春，愤于朝廷不接受其上谏而挂冠离京。后携归其藏书定居南昌，筑庐湖滨，校辑图书。楼上名"问影楼"，楼下名"江西私立退庐图书馆"，藏书对外开放。其间，他继续外出南京、杭州等地访书购求，充实藏书，馆藏最多时达 40 万卷。1917 年 6 月，张勋复辟，授都察院左副都御史，抵九江，因道阻折回南昌。著述极丰，有《退庐疏稿》4 卷（附《补遗》1 卷）、《驴背集》4 卷、《丙午厘定官制刍论》2 卷（附《附录》1 卷）、《戊戌履霜录》4 卷、《王船山（读通鉴论）辨正》2 卷、《盐乘》16 卷、《国闻备乘》4 卷、《大盗窃国记》1 卷。后半生投入全部身心搜集图书，编刻《豫章丛书》，内收唐宋以来江西历代名人著作经、史、子、集 103 种，共 266 册。

《江西省人物传》《北京历史人物传》

胡思荣（1875—1908）

【清】光绪时景德镇人。善制瓷器，专仿明、清官窑，能逼真，多运销英、法各国。

《王敦化稿》《中国美术家人名辞典》

胡廷标

【清】字贵皋，婺源人。《光绪婺源县志》称其善丹青，每游览神怡走笔。尤工人物、竹马。笔不苟下，高雅宜人。

《光绪婺源县志》《中国美术家大辞典》

胡浚源（1748—1824）

【清】字甫渊，号乙灯，铜鼓人。30 岁考中举人。从乾隆五十二年（1787）始，先后在河南商水、考城、新郑等县任知县八年。有"醇儒良吏"之称。辞官返乡后，把全部精力用于教育和著述，先后在梯云书院、镇兴书室、树春山房、毓芝斋四讲堂执教十余年，培植后进甚众，家乡获益匪浅。著有《饮墨时艺》3 卷、《斗酒篇》2 卷、《楚辞新注求确》12 卷、《雾海随笔》16 卷、《韩集五百家注旁参辟谬》40 卷、《杂文》12 卷、《豫小风》6 卷、《秋田集》14 卷、《尚友录》10 卷、《铁拍集》1 卷、《遗忠录》2 卷、《外集》6 卷等。其中《楚辞新注求确》《雾海随笔》两部完整地保存在北京图书馆古籍部。

《江西通志》《画家知希录》《中国美术家人名辞典》《中国近现代书画家辞典》《中国历代画家人名辞典》《赣文化通典·书画卷》《清代文体资料集成》

胡永焕

【清】字奎耀，号雪蕉，婺源人。乾隆五十二年（1787）进士，历官《四库全书》校勘官、工部营缮司兼都水司主事。工书法，行书尤佳，出入于二王、山谷间。著有《龙尾山房诗存》。

《上饶历代书画集》

胡允乔

【清】字亘扐，号静山，金溪人。山水、兰、竹皆擅长，所画《上清仙岩图》尤为精妙。画不署名，只题静山二字。

《墨香居画识》《中国美术家人名辞典》《中国近现代书画家辞典》《中国历代画家人名辞典》

华祝三（1811—1900）

【清】字肇猷，号尧峰，铅山人。肄业于信江书院。道光二十四年（1844）进士，改翰林院庶吉士，散馆授编修。历官河南道监察御史、甘肃西宁府知府，分巡兰州道，贵州乡试同考官，钦加布政使衔。曾纂修《同治铅山县志》。工书法，楷书遒劲端庄，有唐人法度。

《上饶历代书画集》

黄璧

【清】字白元，南昌人。山水、人物、翎毛精妙，写照绝伦。

《图绘宝鉴续纂》《中国美术家人名辞典》《中国近现代书画家辞典》《上饶历代书画集》

黄道开

【清】号立之。南城人。《同治南城县志》称其工书法,真草得颜鲁公笔意,兼涉晋唐诸家,各尽其妙。片纸尺幅人争宝之。

《同治南城县志》《中国美术家大辞典》

黄鼎

【清】字秋园,亦字秋沆,婺源人。工诗画、善篆隶,治印古雅,尝与其族人黄廷甲深究篆籀之学。

《广印人传》《中国美术家人名辞典》《中国近现代书画家辞典》

黄铎

【清】字子宣,号小园,又号鹭洲诗渔,黄鼎之子,黄裕弟。原籍婺源,寄籍江宁(今南京),咸丰(1851—1861)时至上海。精医,工诗善书画,喜绘墨菊、松石。瓣香白阳。著《肱余集》。

《海上墨林》《中国美术家人名辞典》《上饶历代书画集》

黄海

【清】字卧云,婺源人,咸丰时曾居上海数年。工书及篆刻,善绘山水。初宗董源,后仿荆、关,画松桐最擅长,多用水墨。晚岁尤工小楷,喜用鸡毫。卒年七十九。

《海上墨林》《广印人传》《中国美术家人名辞典》《中国近现代书画家辞典》《中国历代画家人名辞典》《赣文化通典·书画卷》

黄恒红

【清】字竹山,定南人。进士。工诗画,精研家学,尤有夙悟,书法亦有欧柳笔意。画得家传,名噪京师,存缣尺幅,价等兼金。

《中国美术家大辞典》《赣州府志》《定南县志》

黄靖（1836—1882）

【清】字岘亭，江西人，以父官河工，遂居江苏靖江，捐职得保知县。工画山水，得张之万指授，宗王原祁，精临摹，往往乱真。所造甚深，惜微乏气韵。又工八分书。光绪六年（1880）与汪鋆会于淮壖节署，写《淮壖访甓图》，又成《古砖录》，汪鋆皆序而题之。

《淮安府志》《扬州画苑录》《中国美术家人名辞典》《中国近现代书画家辞典》

黄爵滋（1793—1853）

【清】字德成，号树斋，晚号一峰居士，宜黄人。嘉庆十九年（1814），以拔贡赴朝考，试列一等。次年任泸溪（今资溪县）县学训导。嘉庆二十四年（1819）中举。道光元年（1821）入京求学，就读东阁大学士托津门下。道光三年（1823）中进士，入翰林院，授庶吉士。道光六年（1826）散馆，授编修，不久充国史馆协修、武英殿纂修、总纂官、江南乡试副考官。道光十二年（1832），授福建道监察御史。道光十八年（1838），上《严塞漏卮以培国本疏》，痛切指陈鸦片祸害，分析禁烟不成的原因是官吏的贪赃枉法，进而提出"重治吸食"以达到禁绝鸦片的主张，成为同林则徐齐名的人物。翌年初，升任大理寺少卿，旋迁任通政使司通政使、江南乡试主考官、礼部右侍郎。道光二十三年（1843），户部银库亏空900余万两事发，因爵滋为御史期间，曾稽查户部银库，故以失察罪而被夺职，并责令所有责任者按管库查库时日赔款。此后家居多年。江西巡抚吴文熔敬佩其人品才学，聘为豫章书院主讲。其间，"严考课、优奖进，真才辈出、文学大兴"。后病卒于北京。著有《黄少司寇奏议》20卷、《仙屏书屋初集诗录》16卷、《诗后录》2卷、《己酉北行续草》1卷、附《咸斋续图序》1卷、《仙屏书屋初集年纪》等。

《江西省人物传》《江西古代名人》《法学辞海》《文学百科辞典》《大学历史词典》

黄龙章

【清】字云亭，铅山人。工山水，所绘山水，多荒塘冷浦，清雅绝俗，颇得宋许道宁遗意。

《上饶历代书画集》

黄嵋

【清】号两峰，南城人。历官江苏知县。善画山水，以高旷为宗，不落寻常蹊径。

《墨香居画识》《中国美术家人名辞典》《中国近现代书画家辞典》《中国历代画家人名辞典》

黄平格

【清】字石舲，婺源人。工写意花卉，墨兰尤妙，纷披散漫，得文徵明笔意。咸丰四年（1854）尝为秦谊亭（炳文）作花鸟扇。

《墨林今话续编》《中国美术家人名辞典》《中国近现代书画家辞典》《中国历代画家人名辞典》

黄少云

【清】婺源人。亦工治印，橐笔江苏吴江，颇有盛名。

《广印人传》《中国美术家人名辞典》《中国近现代书画家辞典》

黄文珪

【清】字星庐，号酒痴。黄裕子。原籍婺源，咸丰（1851—1861）时移家上海。诗画均承家学，亦工墨菊，左手画尤著名。

《海上墨林》《中国美术家人名辞典》《中国近现代书画家辞典》《中国历代画家人名辞典》

黄文瀚

【清】字瘦竹，室名楫竹馆。原籍婺源，寄籍江宁（今南京）。咸丰（1851—1861）时至上海。工诗词，善钟鼎篆隶，精刻印，晶玉竹木，无不是擅长。著《楫竹馆诗》《苍筤轩印存》。

《海上墨林》《中国美术家人名辞典》《中国近现代书画家辞典》

黄游鹏

【清】字凤冈，吉安永丰人。慕西湖山水之胜，寓居杭州。工诗，善书画。

《清画家诗史》《中国美术家人名辞典》《中国历代画家人名辞典》

黄裕

【清】字问之。原籍婺源，寄籍江宁（今南京）。咸丰（1851—1861）间至上海。工诗善画，花卉初师陈淳，后法恽寿平。著有《金竹居诗存》、《菜花剩经》。

《海上墨林》《中国美术家人名辞典》《中国历代画家人名辞典》《赣文化通典·书画卷》《上饶历代书画集》

黄元治

【清】号樵谷钝夫，德兴人（一说安徽歙县人）。康熙十五年（1676）进士，曾任贵州平远府、江西建昌府通判，官至大理寺卿、刑部左侍郎。工诗善书。书宗米芾，得者颇宝之，诗以公安三袁为宗。直幅墨迹："竹草亭幽，客去舟头，十里平湖，清浅处，渡野花稠。"笔画圆畅，墨色燥润结合，结体形方势圆，用笔结体都源自颜真卿的楷书和行书。

《赣文化通典·书画卷》

黄允迪

【清】信丰人，廪生。工画兰竹，笔意有清矫。

《赣州府志》《中国历代画家人名辞典》

黄钟

【清】字晏臣,婺源诸生。工诗文,能篆刻。诗文宗欧、苏。曾为江小襄镌"志士多苦心"五字印,古趣天然,无姿媚之习。

《广印人传》《中国美术家人名辞典》《中国近现代书画家辞典》

黄中谟

【清】字习之,号范亭,南昌人。又举人官内阁中书。嘉庆十四年（1809）成进士,工书。

《江西历代人物辞典》

黄卓诚

【清】字海峰,上饶玉山人。九岁习楷书,爱率更体。稍长,梦巨人授以巨椽巨笔,书法大进。弱冠,蒙家难,遂弃制举业,而遨游山水,于闽地遇高人授其青乌术。卒前,焚其故编,语诸子某月日时将谢世。至期,果无疾而终,年八十有四。

《中国美术家大辞典》《同治玉山县志》《同治广信府志》

慧觉

【清】僧。字幻空,晚号青原老人,泰和人。驻扬州旌忠禅院。以能诗且工绘画闻名。

《湖海诗传》《中国美术家人名辞典》《中国近现代书画家辞典》《中国历代画家人名辞典》

纪大奎（1746—1825）

【清】字向辰,别号慎斋,临川（今属抚州）人。其父纪纶精于《易》学,故其幼时颇受影响。乾隆四十三年（1778）以拔贡生充《四库全书》馆誊录，得以遍览诸书，学益精。乾隆四十四年（1779），中举。曾历任山东商河、昌乐、栖霞、博平等县知县，皆廉政爱民。嘉庆十一年（1806）知四川什邡县（今什邡市），在任十年，备受赞颂，主持编修《什邡县志》。后升合州知州。道光二年（1822），以疾辞。长于考据，地理、占卜、方志有研究，著有《观易外编》《易问》《双桂堂稿》等，有《纪慎斋先生全集》行世。

《益州书画录》《中国美术家人名辞典》《中国近现代书画家辞典》《江西省人物传》

江峰青（1860—1931）

【清】字湘岚，号襄楠，婺源人。近代社会活动家。光绪十二年（1886）进士，出为浙江嘉善知县，宣统间任江西省审判厅丞，累官至大学士。民国初年（1912）奉母命还乡，被公举为省议会议员，并任婺源紫阳学社社长兼商、农、教育会会长。总纂民国九年（1920）《婺源县志》，重修《嘉善县志》。著有《江峰青四种》《莲廊雅集》《里居楹语录》《魏塘楹帖录存》等。能诗兼善书画，楷书宗欧阳询，行书颇得山谷笔意，作画笔墨超逸，清雅脱俗。

《上饶历代书画集》

江皓臣

【清】明末清初篆刻家，字濯之，号汉臣。婺源人，一作安徽歙县人。常在嘉兴，后游闽中。善治玉印，能取法古人而运以己意。用刀如划沙。尝云："切玉后觉石如宿腐不屑为。"实为刻玉印之显者。周亮工所作《印人传》《闽小记》均记录其相关事迹，赞其"独皓臣治玉章，始终用刀，易如划沙"。

《国（清）朝书史》《广印人传》《中国美术家人名辞典》《闽小记》

江铭忠（？—1922）

【清】字养吾，号江村老农，贵溪人，长居北京。富收藏，山水有古趣。工书画，著有《清代画史补录》，在该书自序中，其言："虽从戎十余载，作画无暇，然详求摘录仍不辍也……自清初以及清季得一千二百余家，仿彭氏《汇传》例。"其画论与书画作品均有金石的观念，是黄宾虹所提名的道咸时期金石入书画的代表性人物之一。

《历代画史汇传补编》《中国美术家人名辞典》《中国近现代书画家辞典》《清代画史补录》

江人镜（1823—1900）

【清】字云彦，号蓉舫，婺源人。清名臣、文学家。道光二十九年（1849）举人，累官至两淮盐运使。为官练达，清积弊，增课税，晋一品衔。其故居尚存婺源晓起村。博洽能文，工诗词，其词为晚清大家，著有《双桥小筑词存》《知白斋诗集》。兼善书法，行楷书端庄秀逸。

《上饶历代书画集》

江澍畇

【清】字韵涛，弋阳人。光绪三年（1877）进士，改翰林院庶吉士，散馆授编修，出为山东济南知府。曾掌信江书院讲席。工诗文，擅倚声。书法端庄流丽，翰逸神飞，世极珍之。

《上饶历代书画集》

江炯

【清】号炯斋，贵溪人。工诗文，兼善山水，笔酣墨畅。深得方壶道人之神髓。康熙四十六年（1707）南巡，呈画册，恩赉优渥。有《炯斋集》。

《贵溪县志》《中国美术家人名辞典》

江永（1681—1762）

【清】字慎修，又字慎斋，婺源人。清著名经学家、音韵学家、天文学家、数学家。博通古今，尤长于考据之学，于音韵、乐律、天文、地理均有研究，著述等身，主要有《近思录集注》《四书典林》《音学辨微》等。亦工于书，行草书得米芾、董其昌笔意。

《上饶历代书画集》

江之纪

【清】字石生，婺源人，清学者。道光六年（1826）进士，授金匮知县。为官有政声，结积案，兴文教，捐赈济灾。后以丁母忧归乡里，师友渊源，极一时之盛。工诗及古文辞，兼擅书法，行草书尤佳。著有《白圭堂诗集》《太极图解说》等。

《上饶历代书画集》

姜璧

【清】号笨人。修水人。工画山水。

《中国历代画家人名辞典》《江西地区书画家简述》

蒋徽

【清】女，字琴香，一字锦秋，号石溪渔妇，道光时东乡人。蒋士铨之妹；吴嵩梁继妻。能琴，工诗，山水笔致苍秀，有《琴香阁诗笺》。

《中国近现代书画家辞典》

蒋士铨（1725—1785）

【清】字心馀、苕生、蕖生，号藏园，又号清容居士，晚号定甫。铅山人，祖籍浙江长兴。清代戏曲家、文学家。家贫，四岁，母钟氏授书，断竹篾为点画，攒簇成字教之。既长，工为文，喜吟咏。乾隆二十二年（1757）进士，官翰林院编修。乾隆二十九年（1764）辞官后主持蕺山、崇文、安定三书院讲席。乾隆四十二年（1777），乾隆皇帝南巡，称蒋士铨与彭元瑞为"江右两名士"。其是乾嘉时期颇有影响的诗人，与袁枚、赵翼并称"江右三大家"。有《忠雅堂诗文集》《铜弦词》。

《铅山县志》《忠雅堂诗文集》

蒋予检

【清】字矩亭。河南睢州（今睢县）人。道光二年（1822）举人，官江西景德同知。与何绍基友善。工书学颜、柳。善写兰，纵横偃仰，别有姿态，被誉为"画兰圣手"。居梅巢《今夕盦读画绝句》有诗咏之。卒年67岁。

《寒松阁谈艺琐录》《桐阴论画》《瓯钵罗室书画过目考》《清画家史》《中国美术家人名词典》

蒋知白（1775—1835）

【清】字莲友，号君质，铅山人。士铨五子。嘉庆六年（1801）拔贡生，补山西解州州判改绛州州判，著有《红雪楼诗钞》《墨余书异》。郭文汇在《红雪楼诗钞序》云："心余先生即表异超群，在后嗣或难媲美。而公本性情，发为词章，奇思壮采，生面独开，空依傍，绝雷同，克绳祖武，比苏氏父子，世济其美，以重古今知氏族不是过也。"工书法，行书俊秀英发，有东坡遗意。

《上饶历代书画集》

蒋志章（1815—1872）

【清】字恪卿，铅山人。蒋士铨曾孙。道光二十五年（1845）进士，授翰林院庶吉士，累官至陕西巡抚。工书法，楷书尤精妙绝伦。

《上饶历代书画集》

觉善（1840—1906）

【清】僧，法号觉善，自号庐山修梅，临川（今属抚州）人。居庐山，善画墨梅，亦工诗文著有《梅庵夜话》。传世作品有墨梅四条屏，款署"庐山修梅觉善"。另有光绪十八年（1892）淡彩雪景山水盘，署款"庐山修梅觉善作"。

《寒松阁谈艺琐录》《中国美术家人名辞典》《中国近现代书画家辞典》《中国历代画家人名辞典》《陶瓷科学与艺术》

赖安田

【清】金溪人。善画马、兽，尤善画芦雁。同乡曾异三，受教于他，亦长于芦雁，有《百雁图》。

《墨香居画识》《中国美术家人名辞典》《中国近现代书画家辞典》《中国历代画家人名辞典》《历代画史汇传》

赖淑

【清】字耕南，宁都人。幼从塾师习句读，即颖悟绝伦。既长，能诗，兼工篆籀，不乐仕进。博观古人墨迹，以意仿之辄为识者所许。晚年笔意苍劲，归于平淡，有倪瓒、黄公望风格，人得其片纸，如获奇珍。

《宁都直隶州志》《中国美术家大辞典》《道光瑞金县志》

赖勷

【清】字集之，宁都人。画花鸟，尽态极妍，尤工芭蕉。与同时的魏石床、杨巨源俱以善画倾动远迩。

《中国美术家大辞典》《道光石城县志》

赖新

【清】字晓山，新建（一作石城）人。乾嘉时与阙岚曾同入奇丽川中丞幕。工写意人物，尝以杯中饮酒和墨作《钟馗唊鬼图》，署"老莲"名，人莫能辨。兼善松石，江湖间盛传"赖松"之名。

《墨林今话》《中国美术家人名辞典》《中国历代画家人名辞典》

蓝钰（1862—1932）

【清】原名玉，字瑞人、式如、石如。号蛰庐。高安人。清光绪十八年（1892）进士。国史馆编修。"搜罗史实，纂修《德宗实录》，工诗文，亦善书法，家富藏书，有名于世。著有《负笈砚斋诗稿》2卷、《负笈砚斋文钞》4卷。

《中国进士藏书家考略》

老欧

【清】姓名不详，康熙（1662—1722）间铅山人，擅竹雕工艺。其做竹雕不借胶漆，力不露斧，做出来的器具美轮美奂。

《同治广信府志》《中国美术家人名辞典》

勒方锜（1816—1880）

【清】初名人壁，字悟九，号少仲，新建人，道光二十四年（1844）中举。历任江苏按察史、广西布政使，后任江苏、福建和贵州巡抚，官至河东河道总督。勒方锜精通星卜术相之学，洞达玄理，工诗能文，对词造诣极深，享名于时。精于书画，书法受唐代欧阳询、褚遂良楷书影响颇深。每作画澄思静会，自研墨盈器，然后染翰。墨若隔夜则不用，所以他的书法作品缣素流传，光气奕奕，字体秀丽清俊，传为珍品。居所名"太素垒"。所制太素垒墨为世人珍重。著有《太素斋词》4卷行世。

《乐禅室随笔》《中国美术家人名辞典》《中国近现代书画家辞典》《同治苏州府志》《赣文化通典·书画卷》《中国历史大辞典 清史卷（下）》《新建县历史人物选》

勒深之（1853—1898）

【清】字公遂，一字省旀，一作字元侠，号彖公。新建人。勒方锜之子。是光绪朝有名贵公子之一，性豪放，博学能通。光绪十一年（1885）拔贡，十四年（1888）戊子入京都朝考一等一名而未复试，遂不得志，落拓累年，二十二年（1896）冬回南昌，杜门谢客，一反以前作为。尤长于诗，有多首诗流传。并工书画，书作瘦金体，用笔如枯藤，瘠而坚凝。其画山水学于戴熙，间作花卉。又尝仿文徵明双钩水仙，风致嫣然，迥绝尘埃。亦能写兰。著有《蕉鹿吟》。

《寒松阁谈艺琐录》《清画家诗史》《中国美术家人名辞典》《中国近现代书画家辞典》《清裨类钞》《新建县历史人物选》

雷发达（1619—1693）

【清】字明所，明南康府建昌（今九江市永修县梅棠镇新庄雷村）人，明末清初土木建筑师。是宫廷"样式房"掌案，世称"样式雷"。从小爱好木工技艺，跟随父亲学艺，学习建筑图样的设计和绘制。清初，与堂兄雷发宣，应募赴北京修建皇室宫殿。康熙中期，因修建太和殿（即金銮宝殿）立有大功，康熙帝面授他为工部营造所长班。此后，调任圆明园楠木样式房掌案。年七十方解役，著有《工部工程做法则例》《工程营造录》等。所创烫样（即模型），广泛应用于建筑业。子孙世世相传，六代皆主持"样式房"，凡二百余年，参与设计建造圆明园、香山、颐和园、东西二陵等。雷家世代精于设计图样，北京图书馆藏有雷家设计图纸数百幅，国内存有2万多件，少部分流失国外。

《中国美术家大辞典》《江西古代名人》《江西省志人物志》《样式雷考》

雷恒（1867—1916）

【清】字常伯，号见吾，新建人。光绪三十年（1904）甲辰科进士，选庶吉士，未散馆，授检讨。曾赴日本留学，后任侍讲学士，两江师范教务长，辛亥后返回江西故里，任省立工专校长。博通经史，书法见称于时。

《中国美术家大辞典》《江西历代进士全传》

雷作和
【清】字育长，别号宋山樵客，兴国人。工书，善绘画。
《兴国州志》《中国历代画家人名辞典》

黎岱
【清】字景山，赣县（今赣州）人。善画墨竹、石；书法亦佳，特别是题榜大字，最有气势；亦能医。
《同治赣县志》《中国美术家人名辞典》《中国近现代书画家辞典》《历代画史汇传》《同治赣州府志》

黎坤
【清】字载臣，清江（今樟树）人。擅画山水，与涂岫齐名，尝与彭廷谟、李仍辈等东湖诗画会。
《清画录》《光绪江西通志》《中国美术家人名辞典》《中国近现代书画家辞典》《中国历代画家人名辞典》《南昌县志》

李必昌
【清】字兰生，临川（今属抚州）人。仕长沙司马摄武陵县令。其画山水、花卉，俱秀逸。
《历代画史汇传附录》《中国美术家人名辞典》《中国近现代书画家辞典》《中国历代画家人名辞典》

李秉礼（1748—1830）
【清】字松甫，一字敬之，号韦庐，又号七松老人，临川（今属南昌进贤）人，后随其父至广西桂林。其父李宜民以盐业起家，富足之后广请才子为李家子孙老师，家庭书香氛围浓厚。乾隆四十一年（1776）官至刑部江苏司郎中。嘉庆二十年（1815），在榕湖西岸建"湖西庄"，邀集骚人墨客宴游，赋诗作画。其诗歌"涵濡于韦，根柢于陶"，颇有建树。一家人均好诗文书画，喜结交有才华之人，袁枚入桂林就常与其家人一起酬和。李氏家族在桂林诗、书、画界都有一定的名气：李宜民擅长书法；子辈中，李秉礼善作诗；李秉钺善书画，较拿手的是篆书、隶书、山水画；李秉铨以画墨兰闻名；李秉绶擅画，尤以画兰竹最有名；第三代中李宗瀚的书法是李家的一绝，李宗涵、李宗湘、李慧在书画方面也有一定成就。因此，史书称"李氏一门风雅，为当时桂林之冠"。其中尤以李秉礼、李宗瀚、李秉绶成就突出，最具影响，并称"诗书画三绝"。在李秉礼晚年，为了便于结交才士，他们家甚至修建了百亩别墅，名之环碧园。其著作有《韦庐诗集》。

《粤西先哲书画集序》《墨林今画》《中国美术家人名辞典》《中国历代画家人名辞典》《韦庐诗内集》《清史列传》《清代官员履历档案全编》

李秉铨

【清】字香甫，临川（今属南昌进贤）人，寄居广西桂林。李秉钺弟。官金衢严道。善篆隶，写墨兰得赵孟坚意。

《粤西先哲书画集序》《墨林今话》《中国美术家人名辞典》《中国近现代书画家辞典》《中国历代画家人名辞典》

李秉绶（1783—1842）

【清】字芸甫，一字佩之，号竹坪、信天翁、碧霞主人。临川（今属南昌进贤）人，生于广西桂林。曾官至工部郎中。平生乐善好施。善绘画，与其兄李秉礼之诗歌，侄李宗翰之书法，有"李氏一门三绝"的说法。其在京任官时，与汤贻汾、法式善等人以书画酬和，为"乾嘉十六画人"之一。其画花卉，以沈周、陈淳为宗，旁及徐渭、石涛、华岩诸大家；尤精于画竹，专师钱载，纵逸秀挺，为世所赏。平生所作画品颇多。

《粤西先哲书画集序》《墨林今话》《中国美术家人名辞典》《中国近现

代书画家辞典》《中国历代画家人名辞典》《同治临川县志》《光绪抚州府志》

李秉钺

【清】字惠甫,临川(今属南昌进贤)人,寄居广西桂林。秉礼弟。工篆隶,善山水,得云林逸致。

《粤西先哲书画集序》《墨林今话》《中国美术家人名辞典》《中国近现代书画家辞典》《中国历代画家人名辞典》

李慧

【清】女。字小香,临川(今属南昌进贤)人。李秉铨女儿。初随叔父学习绘画,善画花鸟虫鱼,后师从赵文淑,而妍秀较胜。

《粤西先哲书画集序》《墨林今话》《中国美术家人名辞典》《中国近现代书画家辞典》《增广历代画史汇传补编》

李立周

【清】字继文,上犹人。生员。《道光上犹县志》称其喜绘山水,得王维画中有诗之意。

《道光上犹县志》《中国美术家大辞典》

李联璘(1820—1878)

【清】字季莹,又字小湖,临川温圳(今南昌进贤)人。李宗瀚之子。博学多才,亦承家传,工书法。道光二十年(1840)中举,任觉罗官学教习。道光二十五年(1845)乙巳科进士,选庶吉士,散馆授编修。咸丰二年(1852)翰林大考第一,先后任侍讲学士、侍读学士、会试考官、实录馆纂修、江苏学政,官至大理寺卿。同治四年(1865),曾受两江总督曾国藩之聘,主讲于钟山书院、惜阴书院,名噪一时。曾参加编修《江西通志》。著有《好云楼集》《采风札记》等。

《中国美术家大辞典》《江西省志·人物志》

李良潜

【清】字鼎元,婺源罗田人。善画山水,曾游姑苏,仿潇湘八景,托名古本,命仆人售于市,得百金。其村华峰庙神像及马四匹,均为其所画。

《光绪婺源县志》《中国美术家大辞典》《民国婺源县志》

李栟

【清】字栟木,贵溪人,县学生员。《同治广信府志》称其性耽书籍,善丹青,翎毛尤独步,宛然如生。

《同治广信府志》《中国美术家大辞典》

李佩兰

【清】字金章,号芝田,南丰人。其善画人物,水墨颜色皆工。常客吏部左侍郎谭尚忠。后倦游归乡,与其弟李茵饮酒唱和作乐。晚年更是喜讲仙术。

《民国南丰县志》《中国美术家大辞典》

李启儒

【清】字锦莲,上犹人。少年博通经史百家。乾隆元年(1736)恩科举人,曾任粤东高明县知县。他工于诗文,精于书法,善篆、隶、真、草书。当时人们对他的书法作品视若珍宝。

《光绪上犹县志》《中国美术家大辞典》《民国大庾县志》

李仍

【清】字汉孙,一字苏斋,南昌人。幼孤好学,能诗工画,法宋、元人,能自出新意。有洁癖,终身不娶,自呼为"绣佛"。人欲乞其画者,先投之以诗,后置酒与之。酌既酣,索笔墨,淋漓挥洒,则快意而去。

《江西通志》《南昌县志》《中国美术家人名辞典》《中国历代画家人名辞典》

李瑞清（1867—1920）

【清】字仲麟，号梅庵，一号梅痴，斋名玉梅花庵、黄龙砚斋，晚号清道人。临川温圳（今南昌进贤）人。从小精研书法、绘画和金石考证之学。光绪二十一年（1895）中进士，当选翰林院庶吉士。后任南京两江优级师范学堂监督，在学堂大力改革，收效甚大。宣统元年（1909），署理江宁提学使，仍兼学堂监督。武昌起义爆发后，前往上海，改着道士冠服，自号清道人。1920年在上海病逝，葬于南京牛首山。平生善书法、工诗画。书画界名声显赫，书法自称北宗，与曾熙的南宗并称，世有"北李南曾"之说，与吴昌硕、曾熙、黄宾虹并称"海上四妖"。1920年秋，李瑞清书法作品东渡日本展出，轰动东洋书坛，被誉为"中岳再世"。他的画初学梅道人黄山樵，后师事朱耷（八大山人）、恽南田，画花卉画佛皆妙。妙在以篆作画，以画作篆，合画篆于一体，独创画篆结合的艺术风格。晚年喜作泼墨山水、墨梅。著名国画大师张大千、吴昌硕即出自其门下。经门人整理遗稿，1939年中华书局出版了《清道人遗卷》。

《清画家诗史》《书林纪事》《姜丹书稿》《寒松阁谈艺琐录》《韬养斋笔记》《海上墨林》《中华画人室随笔》《中国美术家人名辞典》《中国历代书法家人名大辞典》《中国近现代书画家辞典》《艺史芳尘》《江西历代文学艺术家大全》

李昭炜（1836—？）

【清】字蠡存，蠡纯，婺源人。同治十三年（1874）进士，改翰林院庶吉士，散馆授检讨。累官至兵部左侍郎、户部右侍郎。光绪二十八年（1902）任江西乡试主考官。工书法，尤醉心于晋唐。

《上饶历代书画集》

李盛铎（1859—1937）

【清】字椒微，号木斋，晚号麋嘉居士。德化（今属九江）人。光绪十五年（1889）己丑科榜眼。历任翰林院编修、国史馆协修、江南道监察御史、京师大学堂总办等职。光绪二十四年（1898），与康有为等人在京组织保国会，旋投附荣禄，参与谋议用武力逼光绪帝让位。1898年10月被清廷赏三品衔以四品京堂候补任出使日本大臣。1901年任满回国，任顺天府丞。1905年出洋考察，留任比利时公使。宣统元年（1909），卸任归国，任山西按察使，后升任布政使兼署巡抚。1912年，任总统府顾问、约法会议议员、参政院参政。1917年，任农商总长兼全国水利局总裁。1918年任安福国会参议院议长等职。后寓居天津。喜收藏书籍，亦工于书法。编有《木犀轩书目》。李盛铎去世后，1939年，其子将木犀轩藏书全部售给北京大学图书馆。

《中国美术家大辞典》《辛亥革命辞典》

李斯让

【清】字允恭，号指园，进贤人，后随父落籍山东长山。自幼聪慧过人，康熙三十五年（1696）乡试第六名。康熙三十九年（1700），选河南辉县知县，有政声。历任河南洛阳府同知、户部郎中、工部右侍郎、刑部左侍郎、河道总督、湖广总督。康熙六十一年（1722），以湖广总督授光禄大夫致仕。雍正元年（1723），回进贤祖居，在进贤池溪建赐恩堂以居。雍正九年（1731）无疾而终，加赠太子少傅，谥"简毅"。工书法，书宗欧阳询，颇具唐人法度。善诗文，《国朝西江诗抄》存其诗一卷，有《李简毅公文集》六卷、《豫章李允恭先生诗余》一卷。与其兄李斯义，被时人称为"江西二李"。

《乾隆进贤县志》《长山县志》《赣文化通典·书画卷》

李纬

【清】字次文，江西人。《道光上犹县志》称其画师学倪瓒；尤擅篆刻，有《印章谱》传世。

《道光上犹县志》《中国美术家大辞典》

李贤喆

【清】字明斋，自称山海关外人。祖籍奉天铁岭，汉军旗人，侨居江西。康熙年间画家，工绘画。画梅师法王冕《万玉图》。又能作古松巨幛，松针丛密，浅深浓淡，层次井然，能墨分五色。

《栗香笔记》《景行录》《中国美术家人名辞典》

李栩

【清】字蜨厂，江西人。工篆刻，能攻坚，所治晶、玉与石章无异。即使翡翠太燥，玛瑙太过光滑，然亦能治之。

《广印人传》《中国美术家人名辞典》

李仪

【清】字四明，进贤人。《同治南昌府志》称其工秦汉篆，善于模仿古人图章篆刻。曾于仅三分昌化石上刻《陋室铭》全篇，无不称服。为人敦古道，待友真诚，与达官显宦相处亦恬淡自如。刻有《师古堂印谱》。

《同治南昌府志》《中国美术家大辞典》

李宜开

【清】字肇书，一字肇叔，号镂雪，临川（今属抚州）人。承家学篆刻。乾隆四十六年（1781），辑自刻印成《师古堂印谱》。乾隆四十七年（1782），撰《师古堂说印》。

《广印人传》《中国美术家人名辞典》《中国近现代书画家辞典》《中国美术家大辞典》《八千卷楼书目》

李裕元

【清】景德镇雕瓷艺人。擅长雕反瓷，即纯瓷不涂釉，施以彩便入窑烧炼。《说瓷》载："反瓷多属李裕元所制。"

《说瓷》《中国美术家人名辞典》

李元龙

【清】玉山人。由举人任福建德化知县。为人不修边幅。工诗，善行草，日乐之不厌。任职期间待人接物都很和蔼，县民都感念他的慈祥。

《康熙德化县志》《中国美术家人名辞典》《中国近现代书画家辞典》《闽中书画录》

李照梅

【清】字冰如，号靖村、晴村，铅山人。清文学家。嘉庆二十四年（1819）举人，再试春官不第，以教授为生。工诗文书画，冠绝一时，尤善画竹。时与鹅湖书院山长吴嵩梁相唱和。著有《漱琴山庄文钞》。

《上饶历代书画集》

李振裕

【清】字维饶，号醒斋，吉水人。康熙九年（1670）庚戌科进士，选庶吉士，散馆授检讨，官至户部尚书。博学，善诗文。工书画，书法宗"二王"。著有《白石山房诗篇》。

《中国美术家大辞典》《光绪吉水县志》

李之实

【清】号竹园，丰城人，《同治丰城县志》称其："喜吟咏，通医术，精草书。书法学苏东坡、米芾，遒劲飞舞，任笔所之，自成章法，兼通岐黄家言"。

《同治丰城县志》《中国美术家大辞典》

李宗湉

【清】字小芸，临川（今属南昌进贤）人。李秉绶之子。8岁即解书画，作擘窠书，竹石亦佳。《临川县志》载："宗湉道光壬午年七岁，喜临唐帖，尤酷似，率更所作福寿径三四尺大字，得者珍之。"

《粤西先哲书画集序》《画林新咏》《中国美术家人名辞典》《中国近现代书画家辞典》《同治临川县志》《历代画史汇传》

李宗涵

【清】字少甫，临川（今属南昌进贤）人，长期居住广西桂林。工花竹翎毛。

《粤西先哲书画集序》《中国美术家人名辞典》《中国近现代书画家辞典》

李宗瀚（1769—1831）

【清】字公博，一字北溟，一字春湖，江西临川（今属南昌进贤）人。乾隆五十七年（1792）中举人，次年中进士。乾隆六十年（1795），授翰林院编修。历任詹事府左赞善、国史馆协修、实录馆纂修、侍讲学士、侍读学士、湖南学政、太仆寺卿、宗人府宗丞。嘉庆十九年（1814），迁都察院左副都御史。道光年间官至工部侍郎。好学，博涉群书。书法学王羲之兼虞世南。好摹刻庙堂碑，世称"李本"。著《杉湖酬唱诗略》。所藏"临川四宝"《孟法师碑》《庙堂碑》《信行禅师碑》《善才寺碑》，尤为世人注目。

《清史》《曾国藩日记》《瓯钵罗室书画过目考》《中国美术家人名辞典》《中国历代书法家人名大辞典》《中国美术家大辞典》《江西省志人物志》

梁绍鸿

【清】字子熙，临川（今属抚州）秀才。尚气节，工画，亦工书法，有十三经正字摹本行世。咸丰初年（1851）从戎，入向荣幕府得参预机务，以功累保加知州衔，分发江苏以府经历用。向荣死后，随德兴阿继续参与对抗太平军，多出计谋，后战死，入昭忠祠。

《光绪抚州府志》《光绪江西通志》《同治临川县志》《画家知希录》《中国美术家人名辞典》《中国近现代书画家辞典》《中国历代画家人名辞典》

廖琛

【清】字瑶圃，宜黄人。工山水画，师从能璞。县志记载：其所画，虽尺幅中颇有寸山生雾、勺水生波之势。著作有《瑶圃画册》。

《同治宜黄县志》《中国美术家大辞典》

廖煜

【清】号南庄，南城人。善画，尤工兰竹、长松大幅，笔法超拔，饶有古趣。因赘于吴白庵家，所以他的画法深得吴白庵所传。

《同治南城县志》《中国美术家大辞典》

刘滨

【清】字梦飞，号漱泉，义宁（今修水）人。《义宁州志》载其善写照，尤精山水梅竹，意趣天然，而笔力极苍古。士大夫之家多购之。

《同治义宁州志》《中国美术家大辞典》

刘敕

【清】字诞芳，宁都人。少读书能诗，尤工于绘画，所作山水画有倪瓒、黄公望风格。与当时江右画家罗牧、朱耷，江左画家吴远度、龚半千等皆有交往，故其画艺日进，人也愈加超然物外。其平生所游遍历吴楚，所至之处名公贵卿均争相邀请他做客。晚年筑室竹岗，吟咏终身。

《宁都直隶州志》《乾隆瑞金县志》《中国美术家大辞典》

刘飞凤

【清】字愚一，号钦斋，又号城山，宜黄人。《道光宜黄县志》称其笃好临池，至筋腕痛楚未尝告瘁。真、行书有欧阳修、褚遂良风格，旁通篆、隶。治印得秦汉人遗意。著有《城山寓意印谱》。

《道光宜黄县志》《中国美术家大辞典》《光绪江西通志》

刘凤诰（1761—1830）

【清】字丞牧，号金门，又号无庐，萍乡人。乾隆五十四年（1789），中进士，为一甲第三名（即探花），授翰林院编修。乾隆五十六年（1791）升翰林院侍读学士。后历任广西学政，礼、兵、户部侍郎，署国子监祭酒。担任《乾隆实录》总纂、副总裁。修成后加太子少保衔，故世称"刘宫保"。乾隆皇帝曾称其为"江西大器"。嘉庆十三年（1808），任浙江学政。嘉庆二十三年（1818），任编修。道光元年（1821），因病回乡。道光十年（1830），病逝。其诗学颇有造诣，尤好杜甫诗。工于楷、行、草书。著作有《集古诗》《杜诗话》《存悔斋集》等。

《瞑庵杂识》《江西古代名人》《存悔斋集》《同治萍乡县志》《江西省志人物志》

刘公化

【清】字青邱，安义人。标格俊伟，工各体书法，壮岁读书别墅，不求闻达。

《同治安义县志》《中国美术家大辞典》《同治南康府志》

刘幔亭

【清】赣州人。善画佛像，为赵征之师。

《图绘宝鉴续纂》《历代画史汇传》《中国近现代书画家辞典》《中国历代画家人名辞典》

刘念拔

【清】字最超，别号笛楼，晚号铁楼，奉新人。入仕后历任云南盐井渡尉、直隶保定府经历、顺天东路同知等。为官期间不扰户口、兴修水利，士民都很拥戴他。嘉庆元年（1796），参加了千叟宴，获赠寿杖、玉如意等。善画，有《鸬鹚图》。作品有《窑墨园诗草》。

《同治奉新县志》《同治南昌府志》《清画家诗史》《中国美术家人名辞

典》《中国近现代书画家辞典》《清人别集总目》《嘉庆永善县志略》

刘庆崧
【清】一作庆嵩，字聘孙，号萍僧，室名艺隐斋，南城人。善刻印，1916年印成《艺隐斋篆刻》。

《广印人传补遗》《中国美术家人名辞典》《中国近现代书画家辞典》

刘森峰
【清】字一棣，永新人。康熙时举人，曾官内阁中书。幼贫力学，日诵万言，为文顷刻立就；善怀素书法，酒酣一挥百幅，更入神妙。

《吉安府志》《中国美术家人名辞典》《国朝书人辑略》

刘曙
【清】字东海，江西人。善画山水。

《蜨隐园书画杂缀》《中国美术家人名辞典》《中国历代画家人名辞典》

刘廷琛（1867—1932）
【清】字幼云，晚号潜楼老人，德化（今属九江）人。光绪二十年（1894）甲午科进士，选庶吉士，授翰林院编修。历任山西学政、国史馆协修、功臣馆纂修、会试同考官、陕西提学使、大学堂右参议、学部副大臣等等。曾任京师大学总监督（校长），是中国近代开创分科教学的第一人。文学优长、深明时务，亦工于书法，作品有《潜楼文集》。

《中国美术家大辞典》《江西省志人物志》《张文襄公奏议》

刘未林（1867—1933）
【清】名凤起，字未林，又署未霖，号真庐居士、未道人、威禅居士、金楼峰樵等，南城人。光绪二十八年（1902）乡试中举；次年中进士，入翰林院。历任翰林院编修、国史馆纂修、玉牒馆协修等。1905年，奉命赴日本考察。回国后在江西巡抚冯汝骙奏请下，在籍办学，任教育总会会长、师范学堂监督、省君主立宪谘议局议员等职。民国年间曾任江西民政长。后又应李烈钧约赴广东参与护法军机。1922年后定居上海，不问时政，以卖书画自给。工书擅画，山水笔动墨润，不失江西派宗法；行楷腴润秀雅，有名于时。

《民国书画家汇传》《南城县志》《中国近现代书画家辞典》《艺史芳尘》

刘渲
【清】字哲生，南昌人。国子监生，后考授教职归乡。孝友谦让，工隶、篆，善丹青。家有墨竹斋，与彭廷谟、辜世钰、八大山人常吟咏其中。

《南昌县志》《中国美术家人名辞典》《中国近现代书画家辞典》《中国历代画家人名辞典》《同治南昌府志》

刘绎（1798—1879）
【清】字瞻岩，号岳云，永丰人。道光十五年（1835）中状元，授翰林院修撰。道光十七年（1837），入值南书房。次年，出任山东学政，勤于学务，端正学风。后因赡养父母归乡，主讲于白鹭洲书院、青原山书院，造就人才甚多。太平天国期间，曾襄办地方团练。后授三品京堂衔，任江西团练大臣。后刘坤一主持修志期间，曾任《江西通志》《永丰县志》《吉安府志》总纂。善诗文，尤长书法。著有《存吾春斋文钞》《存吾春斋诗钞》等。

《中国美术家大辞典》《光绪江西通志》《江西省志人物志》

刘有仪
【清】字象卿，号碧溪，奉新人。历任四川广安州知州、华阳知县、安岳知县、温州知县等。工书、画，尤善画芭蕉，生动有力。

《益州书画录续编》《中国美术家人名辞典》《中国历代画家人名辞典》《同治奉新县志》

刘云樵（1842—1920）

【清】名裔祺，字云樵，号髯樵，德化（今属九江）人。举人。清光绪年任嘉兴知县，曾官至两浙盐运使。工书，长于汉碑，遒劲雄浑，有名于时。

《中国近现代书画家辞典》

刘宰（1759—1833）

【清】号虚谷，高安人。十二岁时，因待一老人甚恭，得老人授予书画篆刻之法；后遇雪涯和尚授予刻铜章法。故工书画及刻印，更长于用朱墨画钟馗像，兴酣落笔，奇姿怪状，毕现毫端。

《同治瑞州府志》《中国历代画家人名辞典》

刘在田

【清】金溪人。工画人物，所画关羽神像，手执《春秋》一卷，目注神凝，气宇严肃，令人望而敬畏。

《墨香居画识》《中国美术家人名辞典》《中国近现代书画家辞典》《中国历代画家人名辞典》《历代画史汇传》

六十四

【清】雍正年间（1723—1735）在景德镇监瓷雕而著名，官为协理窑务笔帖式。其所塑神像，奕奕有精采，辄用青色题名于神之背后，并非工人。

《陶雅》《中国美术家人名辞典》

龙骧

【清】字仲房，永新人。自幼博学，精音律，工诗文，尤长于画，以画牛著名。后学画梅，闻山阴王雪湖有梅谱，去求却发现雪湖已死，遂失落归家，闷坐于中庭，却见庭梅初放、雪月交映，宛然如画，遂跳起大呼，挥笔一作数幅，于是画梅之盛名冠于江右。

《同治永新县志》《中国历代画家人名辞典》

卢定勋

【清】字午峰，上饶人。道光二十一年（1841）进士。累官山东盐运使、山东按察使、直隶布政使、浙江布政使等职。工于书，小楷书尤秀润可观。

《上饶历代书画集》

卢洵

【清】武宁人。工书画。

《江西地区书画家简述》《中国历代画家人名辞典》

鲁琪光（1828—1898）

【清】字芝友，号黻珊，南丰人。同治七年（1868）进士，历任陕西道御史、山东登州知府、济南知府等。文章道德，冠绝一时，尤其擅长书法，有欧阳询之遒秀、米芾之姿致。在翰林院供职时，索书者摩肩接踵，络绎不绝，日挥数十幅，未尝厌倦。晚年书法更臻化境，珠圆玉润，雍容华贵，竟连朝鲜、日本人士都以得其零星片楮而争相宝贵。亦善画兰竹。

《民国南丰县志》《昭代尺牍小传续集》《中国美术家人名辞典》《中国近现代书画家辞典》

罗传焞

【清】号霭庵，赣县（今赣州）秀才。善书法，能画，工于篆刻。

《同治赣县志》《中国美术家人名辞典》《中国近现代书画家辞典》

罗芳英

【清】女。字妙华，宁都人，侨居金陵（今南京）。罗烜从孙女，吴已樵妻子。能诗，又工画山水。尝画《秋江图》并题诗，赠给其夫。

《墨香居画识》《中国美术家人名辞典》《中国近现代书画家辞典》《中国历代画家人名辞典》《历代画史汇传》《中华罗氏通谱》

罗牧（1622—1708）

【清】字饭牛，宁都人，侨居南昌、扬州等地。曾被"扬州八怪"誉为"一代画宗"、"江西画派英才"。十多岁时到县城梅江镇，寻师习艺，从魏石床学画。后拜林时益为师，学习制茶技术。顺治八年（1651），迁居南昌，结识了画家徐世溥等，受其影响，画技长进颇快。康熙三年（1664），迁居扬州，结识了画家恽寿平等。后再回南昌，常与澹雪和尚、八大山人在一起谈经论画、赋诗唱和。江淮间人师之者众，为"江西派"创始人。他的画曾被康熙皇帝鉴赏，旌为"逸品"，获皇帝授予的"御旌逸处士"封号。其山水画用笔削繁为简，构图精谨凝练；画山石笔墨苍润，树木粗枝大叶，浓淡间用，墨气蓊然。其画人物古朴，运思独到，技法娴熟。特别喜欢画枯木竹石、秋冬景色。

《国朝画征录》《江西通志》《续桐阴论画》《图绘宝鉴续纂》《清画家诗史》《中国美术家人名辞典》《中国历代画家人名辞典》《国朝书人辑略》《江西省志·人物志》

罗泉

【清】宁都人，侨居南昌。罗牧之孙。善画，颇有家法。

《南昌县志》《中国美术家人名辞典》《赣文化通典书画卷》

罗烜

【清】字梅仙，号锄璞道人，宁都人，侨居金陵（今南京）。罗牧裔孙。画山水传其家法，年八十余犹操笔作画自养。

《道光上江两县志》《国朝画征录》《墨林今话》《中国美术家人名辞典》《中国历代画家人名辞典》

罗允夔

【清】字虞臣，吉水人。善工山水、人物、花鸟。江西景德镇浅绛彩瓷开山大师之一，与王少维、金品卿齐名。作品有《山水图》《仕女读书图》等。

《中国画学全史附录》《中国美术家人名辞典》《中国近现代书画家辞典》《宜昌博物馆馆藏文物图录》

吕世田

【清】清江（今樟树）人。道光二十四年（1844），官长沙知府。工诗文，善书法，行笔饱满秀润，近似苏轼行书。

《赣文化通典·书画卷》《同治临江府志》

马骧

【清】江西人，为扬州同知。工山水，用笔细秀，气味古逸，不可没也。

《国朝画征续录》《中国美术家人名辞典》《中国近现代书画家辞典》《中国历代画家人名辞典》

毛士容（1638—1702）

【清】字思若，号清泉外史，贵溪人。康熙三十二年（1693）进士，授翰林院编修，散馆授翰林院庶吉士。历任云南丽江知府、云南按察使、广西布政使、湖北巡抚等。卒后赠太子少傅，谥"文简"。工诗文书法，文章宗"公安三袁"；书法初学赵孟頫，后习董其昌，湖北武当山有其书《重修紫霄宫记》，楷法森然，后人锤拓以为范本；草书宗张旭，丈幅立就，时人得片楮只字奉为圭臬。作品有《毛文简集》。

《国朝文徵先贤传》

梅德

【清】字容之，号庾山，南城人。乾隆三十八年（1773），被荐为四库馆誊录。工篆刻，初宗文彭，继仿王梧林，刀法雅秀，款识亦极嫣润。

《中国美术家大辞典》《中国书画艺术辞典》

梅光远

【清】谱名光蕴，字斐漪。南昌县人。光绪二十三年（1897）与胞兄梅光义同榜光绪丁酉科举人，工书。历任上海清文局总办，江南师范学堂监督，暨南华侨学堂监督等职。二品衔加一级，授资政大夫。1913年，被选为国会众议院议员。

《江西地区书画家简述》《江西省人物志》

梅杰

【清】字梁可、梁公，号枝山，南城人。诗人吴嵩梁弟子。幼即聪颖，数千言寓目成诵。长而善属文，工诗擅画，曾为吴氏绘《秋亭载酒图》。

《香苏山馆集》《中国历代画家人名辞典》《同治南城县志》

梅启照（1826—1894）

【清】字小岩或筱岩，室名强恕斋，南昌市青云谱区人。咸丰二年（1852）考中进士，点翰林院庶吉士、编修。历任广东惠州知府、广州知府、长芦盐运使、广东按察使、江宁布政使、浙江巡抚、领兵部侍郎衔，兼都察院右副都御史，光绪七年（1881）任河东河道总督，授头品顶戴，诰封一品光禄大夫。兄启熙，同治二年（1863）进士，人谓"一门两进士"。与曾国藩、左宗棠、李鸿章等同列为清末同光（同治、光绪）十八名臣。一生为官清正，因御史弹劾其"躁急"，遂上疏求退，回乡隐居。在家杜门不出，不通宾客，不过问地方事务。梅启照精通算术、器械，对西方兴造道路、船、机械等方法尤为关注。著有《明史约》《天学问答》《晓岩诗稿》《学疆恕斋吟草》《梅氏验方新编》等传世。

《江西省人物传》《江西古代名人》《中国历史大辞典》

梅廷对

【清】字策三,号以茂,一号素岩,南昌人。康熙五十二年(1713)进士,任翰林院庶吉士、检讨。历任顺天乡试、会试同考官、武英殿纂修、广西道监察御史、巡视西城钦差、山东盐运使、山东按察使等。工书善画。

《同治南城县志》《中国美术家人名辞典》《中国历代画家人名辞典》

闵肃英

【清】女。字端淑,奉新人。南城兵马司指挥宋鸣珂(1763—1840)妻。工笔札,鸣珂官指挥时,凡文移柬答,皆肃英佐之。能诗,作品有《瑶草轩诗抄》。

《闺秀正始集小传》《中国美术家人名辞典》《中国近现代书画家辞典》《奉新县志》

闵应铨

【清】字六长,自号湖上散人,南昌人。能诗工书,尝留题金山寺,康熙南巡曾见并赞其所书;善画蟹,入罗牧为首的"东湖书画会",有"闵蟹"之称。

《江西通志》《清画拾遗》《中国美术家人名辞典》《中国近现代书画家辞典》《中国历代画家人名辞典》《同治南昌府志》《乾隆南昌县志》

闵贞(1730—1788)

【清】字正斋,号清乔,南昌人,侨寓汉口。有孝行,称"闵孝子",早丧父母,为追写双亲遗像,因笃志学画。能画笔墨奇纵、奔放沉雄之大写意,亦能画工整精细之作。善山水,魄力沉雄,颇得巨然神趣;画人物则衣纹随意转折,豪迈绝伦;画仕女则善作直笔勾勒,益远益妍;其白描罗汉与李公麟难辨真假;其作写真,幽闲静逸,无一纵横习气。亦善篆刻,专宗秦汉。作品有《蕉荫仕女图》《八子观灯图》等。

《读画闲评》《墨香居画识》《墨林今话》《桐阴论画》《广印人传》《中国美术家人名辞典》《中国历代画家人名辞典》《国朝画征录》

明贤

【清】僧,字无方,号剩山,俗姓卢,江西人。工书画,不古不今,随意挥毫,神机活泼,别有天趣。

《读画辑略》《中国近现代书画家辞典》《中国历代画家人名辞典》

缪华(1874—1920)

【清】女。字补笙,一字韵华,江苏武进人。华阳知县缪廷俌女,江西刘钟岳继妻。能书善画,篆、隶、行、草皆工。其画花卉,设色尤妙。

《益州书画录续编》《中国美术家人名辞典》

牛石慧(约1628—1707)

【清】曾在江西奉新县奉化上村"牛石庵"(一名"柏馥寺")出家为僧,号行菴,法号法慧。又传即朱道明,为八大山人族弟。擅长花鸟,其风格与八大山人十分相似。字露锋芒,近似黄庭坚。其"牛石慧"款识联缀成"生不拜君"四字,可见其强烈的反清意识。作品在故宫博物院、上海博物馆、八大山人纪念馆有藏。

《同治奉新县志》《中国美术家人名辞典》《中国历代画家人名辞典》《乾隆南昌县志》

潘彬(1851—?)

【清】字质臣,号文轩,铅山人。光绪三年(1877)进士,改翰林院庶吉士,散馆出为知县。博通经史,精鉴赏,富收藏,亦工书法,行书得力于米南宫,端庄而典雅。

《上饶历代书画集》

潘缉光（？—1932）

【清】名学明，晚以字行，号白庵道人，鄱阳县人。光绪二十九年（1903）乡试中举。曾任江西省议会议员。工诗古文词，尤长于小简，敲金戛玉，掷地有声。善行草。辑有《白庵印存》。

《鄱阳县志》《上饶历代书画集》

潘淑

【清】女，字冰蟾，号玉磬山女史，吉安人。善绘画，师从周农。有《兰闺读画图》，周农为之题诗。画蝶尤工，绘有《蛱蝶图谱》，有正侧偏反七十二法。

《墨林今话》《海上墨林》《耕砚田斋笔记》《清画家诗史》《中国美术家人名辞典》

潘爽

【清】字爽之，上饶人。善画山水，得意处似倪瓒、沈周。

《江西通志》《中国美术家人名辞典》《中国近现代书画家辞典》《中国历代画家人名辞典》

彭良敞

【清】字研山，号研珊，南昌人。曾官天津盐运司。工山水，兼善画墨兰。

《清代画史》《历代画史汇传》《古鉴斋读书录》《中国美术家人名辞典》《中国近现代书画家辞典》《中国历代画家人名辞典》

彭若梅（1860—1913）

【清】女，字鹤俦，以性寒清似梅，好绘鹤为俦，故名。乐平人。性聪敏。通书史，好吟咏，尤好绘事。及长，曾漫游江南，接受许多新思想，豪气横生，不尽儿女闺中之态。倦游归来，侨居南昌，访求名师，冀求深造。因久读范金镛诗书而钦其人，于是访得百花洲畔范氏湖楼，相见倾谈大快，愿终身奉箕帚，执弟子礼。范氏亦悉心课教，凡仕女、草虫、蝴蝶，尽得其传，无不工妙，又课以唐诗宋词，尽得格律之学，词亦精工，写民间淳朴生活，别有一番风韵。著有《岁寒吟》诗词二卷。

《新建县历史人物选》

彭选

【清】字芝峰，鄱阳人。监生，曾任广东琼州府同知。性颖悟过人，书法精妙，尤工画《洛神图》，飘逸绝尘。

《同治鄱阳县志》《墨香居画识》《江西通志》《中国美术家人名辞典》《中国历代画家人名辞典》《国朝画识》

彭元瑞（1731—1803）

【清】字掌仞，一字辑五，号芸楣，南昌县人。乾隆二十二年（1757）进士，任编修。历任江苏学政、工部右侍郎、浙江学政、户部左侍郎、吏部右侍郎、兵部尚书、吏部尚书等。才华丰赡，文章卓著，先后充任"三通馆"副总裁、《高宗实录》总裁，被誉为江南才子。工诗文，书法有名于时，与蒋士铨合称"江右两名士"。著有《恩余堂辑稿》《恩余堂稿》《宋四六选》等。

《恩余堂辑稿》《中国美术家大辞典》《清史稿》《江西省志人物志》

平丰

【清】字辉文，号半壁，南丰人。为人质朴而多才艺，书画皆工，尤善画蟹，意致生动，变态百出而不穷。五十岁时才开始作诗，就有人传诵他的诗句。

《民国南丰县志》《中国美术家大辞典》

齐鉴

【清】字临己，南昌人。善画山水，文秀有致。及游京师，画亦有名，但不轻为人画。生性嗜酒，每酣辄画数十幅不厌。后回南昌，居一小楼之上，士大夫们均携酒求其作画，甚喜。尝自负曰："有后购其画者，比之罗饭牛、牛石慧。"

《同治南昌府志》《图绘宝鉴续纂》《中国美术家人名辞典》《中国近现代书画家辞典》《中国历代画家人名辞典》《八大山人全集》

齐梅孙

【清】一作梅生，婺源人，齐彦槐孙。工汉隶，得《西岳华山碑》真本，吸精髓而弃糟粕，挥洒纯雅。

《毗陵画征录》《中国美术家人名辞典》《中国近现代书画家辞典》

齐学裘（1803—？）

【清】字子贞，一作字子冶，号玉溪，别号樵窗，晚号老颠，婺源人。齐彦槐之次子，不求进仕，隐居绶定山中。工书法，学欧阳询、虞世南。亦能画，笔力劲健，气韵苍秀，有元人风格。著有《焦窗诗钞》《见闻随笔》《见闻续笔》等。

《清画家诗史》《见闻续笔》《国朝书人辑略》《寄心盦诗话》《中国美术家人名辞典》《中国近现代书画家辞典》《中国历代画家人名辞典》

齐彦槐（1774—1841）

【清】字梦树，号梅麓，又号荫三，婺源人。嘉庆十三年（1808），中举人。次年中进士，改翰林院庶吉士。散馆，授江苏金匮县知县。历任苏州督粮同知、苏州知府等。任内多有政绩，百姓爱戴。善诗，出入韩苏，尤长骈体律赋；兼擅书法，精于鉴藏。有《双溪堂书画录》《梅麓诗抄》等。

《清史》《婺源县志》《江西古代名人》《江西省志人物志》

千叶桃经历

【清】佚其姓名，江西人。官按察司经历。擅长绘画，画桃独为一绝，人称"千叶桃经历"。

《中国美术家大辞典》

钱渊

【清】女。字大德，号静香，浙江桐乡人。嫁江西陈凌皋。工诗，善画山水、花鸟。

《香居画识》《中国美术家人名辞典》

丘凌

【清】字公伟，赣县（今赣州）人。工画。

《同治赣县志》《中国美术家人名辞典》《中国历代画家人名辞典》

邱国

【清】字方文，南城人。工丹青，学米芾山水画。其画烟云出没，林木苍润，神气变幻，笔墨之痕皆化。

《南城县志》《中国美术家大辞典》

邱维屏（1614—1679）

【清】字邦士，宁都人。隐居翠微峰中教授弟子，精西洋算术，为"易堂九子"之一。著易数书，偶乏纸，即用牌票纸背书之，青州翟君悉以锦轴装潢其草稿。著有《周易剿说》《松下集》《邱邦士文集》等。

《书林纪事》《中国美术家人名辞典》《畴人传四编》《江西省志人物志》

裘得华

【清】字迪谐，一字山甫，新建人。裘曰修之侄。行书、正书皆能善，篆书不常作。

《西清笔记》《中国美术家人名辞典》《国朝书人辑略》

裘曰修（1712—1773）

【清】字叔度，一字漫士，号诺皋，新建人。乾隆四年（1739）中进士，任庶吉士。乾隆二十一年（1756），入值军机处。历任工、刑、礼部尚书。乾隆三十八年（1773），任《四库全书》馆总裁。同年病逝，谥"文达"。为官期间爱民如子、颇有政绩。其博学多才，能文善诗，曾任《清会典》总裁、《四库全书》馆总裁等。亦多次主持乡试、会试，是纪昀的授业师。其书法自成一家，潇洒拔俗，似不食人间烟火，高宗尝评其书似宋代书法家张樗寮（即之）。有《裘文达公诗集》《裘文达公文集》等。

《清史稿》《西清笔记》《中国美术家人名辞典》《江西古代名人》《裘文达公文集》

璩金鳌

【清】字振德，贵溪人。性嗜画，触手有天然趣。尤善画龙，尺幅具云海之胜，如见真龙飞跃。

《同治贵溪县志》《中国美术家大辞典》

饶佩勋

【清】字光策，号梅舫，铅山人。咸丰九年（1859）进士，改翰林院庶吉士，散馆授检讨，出为广东信宜知县。以书法见称于世，颇得鲁公三昧。

《上饶历代书画集》

饶士端（1861—？）

【清】字桢庭，又字直方，南城人，光绪十八年（1892）二甲进士，官历翰林院编修、国史馆协修，又以知府衔分发江苏任用，以书法见称。

《中国历代画家人名辞典》《中国美术家大辞典》

饶应理

【清】信丰人。擅长书画，善草书，工画人物花鸟，尤善画墨龙。其弟应瑄、应玟亦工画，与其齐名。

《赣州府志》《中国美术家大辞典》

任迪柏

【清】丰城四坊人。善画山水，着墨潇洒，具有诗意。

《丰城县志》《中国美术家大辞典》

邵方

【清】字咸亭，吉州（今吉安）人。康熙、乾隆年间以善画著名。

《国朝画征录》《中国美术家人名辞典》《中国历代画家人名辞典》

沈三岳（1650—1722）

【清】字麓村，吉州（今吉安）人，康熙三十五年（1696）举荐博学宏词科，圣祖恩赐翰林院检讨，官国子监司业，累迁鸿胪寺卿、左副都御史、礼部右侍郎。致仕后退居浙东湖州笤溪之南，硕望于乡里，人称"沈湖州"。沈氏工于诗文书法，诗宗江西派，擅行草及古隶。所临汉碑结构端庄大方，笔画凝重，有古雅之气。著有《麓村诗集》30卷、《麓村文集》50卷、《麓村词集》6卷。

《赣文化通典·书画卷》

施添准

【清】字秋舫，婺源人。工篆隶正草，尤善丹青，师事张乃耆，花卉、翎毛，得其师之真衣钵；山水、人物，涂写入神。著有《梅花集》。

《婺源县志》《中国历代画家人名辞典》

施宗鲁

【清】又名功懋，字无伐，婺源施村人。为人纯孝，刮骨疗祖疾，事其亲能尽心力。《光绪婺源县志》称其精于二王书法，片语只字人尽珍之。

《光绪婺源县志》《中国美术家大辞典》

石景芬（1797—1874）

【清】字志祁，号云斋，乐平人。道光元年（1821）中举，次年中进士，改庶吉士，历官工部主事、四川盐茶道、皖南兵备道等职。先后参与镇压甘肃回民起义与上海小刀会起义。被议落职后，归家倡练乡兵，参与围剿太平军，攻占景德镇，因功复原官。曾主讲濂溪书院，主修《饶州府志》。为官清正，办事认真，遇事穷究源流，洞悉利弊，抉摘不遗余力。其奏疏多为人所不敢言者，有"石头御史"之称。终因刚直不阿，逆大吏，革去职务。退而讲学，以著述为事。曾国藩曾请其再度出山，坚辞不就。其诗雄浑苍凉，语言质朴，感情真挚，反映了一些民间疾苦。工书法。著有《诵清阁文钞》《长城金镜》。

《江西省人物传》《上饶历代书画集》

史大有

【清】号拙存，鄱阳人。通画家六法，尤工写生。《同治鄱阳县志》称所画草虫、翎毛、花卉，士大夫争宝贵之。

《同治鄱阳县志》《中国美术家大辞典》

舒怀德

【清】德兴人。相貌清癯，冬夏仅一单衣，不洗漱，身无垢腻。嘉庆年间，横街有醮者，建台而施食，舒怀德称台必塌，台果塌矣。问其故，曰：《玉皇经》未焚而讥之。擅指画，又工剪纸，能撕五色纸为人物，尽态极妍。

《江西通志》《中国历代画家人名辞典》

舒梦兰（1759—1835）

【清】字香叔，一字白香，晚号天香居士，靖安人。多次应试落第后，闭门读书。其妻李湘絃亦婉慧，有才子佳人之名。李氏于中秋夜去世，舒梦兰悼伤甚至，所作《秋心集》中有《挽辞录》一篇。工诗词，善画山水小景。曾与怡亲王之子合作《槐阴清话图》。著有《白香词谱》《秋心集》《游山日记》等。

《渊雅堂编年诗》《中国历代画家人名辞典》

舒彝

【清】字训之。奉新人。工画竹。

《江西地区书画家简述》《中国历代画家人名辞典》

帅方蔚（1790—1872）

【清】字子文，一字叔起，号石村，奉新县宋埠人。中道光六年（1826）丙戌科探花，以第一进呈，道光帝以书法不工改为第三。授翰林院编修，官至京畿道道监察御史。告老还乡后在多处书院主讲，后任庐山白鹿洞书院山长。在家乡倡议筹建"登瀛集"，购置租产三千余担助学。学问渊博，书法苍劲，称名一时。著有《咫闻轩诗稿》《帅太守稿》等作。

《中国美术家大辞典》

帅念祖（1690—1705）

【清】字宗德，号兰皋，奉新人。雍正元年（1723）进士，官历礼科给事中、陕西布政司使，缘事贬谪戍军台，亡于塞外。工指画花卉，兼写山水，能诗。著有《树人堂诗》。

《清画家诗史》《国朝画征录》《中国美术家人名辞典》《中国历代画家人名辞典》

帅我

【清】字备皆,号简斋,奉新人。康熙五十年(1711)举人,官内阁中书。工书善画,颇有声名。子念祖,世其学。著有《墨澜庭集》。

《江西通志》《词堪笔记》《中国美术家人名辞典》《中国历代画家人名辞典》

宋逢圣

【清】万载人。善画,用水墨有专长。所画禽鱼走兽,皆惟妙惟肖。好饮酒,平时或与千金不画一笔,然酒酣则泼墨淋漓,顷刻十数幅,有人相求,毫无吝色。

《万载县志》《中国历代画家人名辞典》

宋家蒸

【清】字云浦,奉新人。同治二年(1863)进士。历官安徽歙县知县四川营山、夹江、蓬溪、峨眉知县。先后参与修纂《奉新县志》《南昌府志》。著有《述文斋诗草》10卷、《谱杏轩词草》4卷。擅长书法。七言联:"清华辞作云霞彩,典重文成金石声。"笔画光滑秀润,结体略显修长,受赵孟頫行、楷书影响较大。

《江西历代人物辞典》

宋育德(1878—1944)

【清】字翰生,号公威,奉新人。明代科学家宋应星后裔。幼时从硕儒宋丹崖读古文辞,光绪二十九年(1903)中进士,后赴日本早稻田大学留学,攻读政治经济科,回国后任翰林院编修。清政府宣布新政期间,出任江西高等学堂总办,后改为校长。辛亥革命后任赣省中学校长,分设师范、中学两科。1913年,创办江西省第一中学,自任校长。因办学成绩卓著,升为省教育司司长。期间创办《大江报》。不久离职,重理馆阁体书法,遂以书法为名。其书法取法于褚遂良,兼有苏轼行书之丰腴。

《中国近现代书画家辞典》

孙仲璧

【清】字摘星,赣州人。孙仲奎弟。为诸生,明清易代后弃去。工于诗文,书法于摹钟、王,与兄齐名。

《中国美术家大辞典》

孙仲奎

【清】字天武,赣州人。与其弟仲璧皆嗜古学,书法摹钟、王,有名于乡里。

《赣州府志》《中国美术家大辞典》

谭承元（1865—？）

【清】号震青,南丰人。光绪十七年（1891）举人,光绪二十年（1894）恩科贡士。曾先后任湖南永州祁阳、衡阳、东安、石门、宁乡等县知县,升郴州知州、湖南知府。1923年为江西自治筹备处处长。善书画,为"无声诗社"成员。

《江西历代进士全传（3）》《新建文献五种》

谭光祜（1772—1813）

【清】字子受,一字铁箫,号栎山,南丰人。为谭尚忠第五子。屡试不第,援例官历重庆、夔州通判,擢叙州马边同知,总司金川屯田,后升湖南宝庆知府。少娴文事,兼工骑、射、篆、隶又善度曲。

《益州书画录续编》《中国美术家人名辞典》

谭尚忠（1722—1796）

【清】字因夏,一字古愚,号荟亭,江西南丰人。清代廉吏,文学家。乾隆十六年（1751）进士,历任多地巡抚,后因事忤逆权臣和珅,以"失察"的罪名贬谪为福建按察使，后起用为云南布政使，云南巡抚。谭尚忠办事讲究原则，不徇私情，弹劾官员不避嫌怨，不畏权势，为官40多年，清正廉明，身无长物。嘉庆二年（1796）卒于吏部左侍郎任，终年75岁。著有《纫芳斋杂著》《纫芳斋诗文集》。其书法亦有名。

《江西古代名人》

谭紫璎

【清】女。原名德馨，字凤之，德化（今属九江）人。其夫为蔡泽春。为人端谨，尤善楷书。著有《绣吟楼诗钞》。

《梅庵笔记》《中国美术家人名辞典》《中国近现代书画家辞典》

汤大纲

【清】字可斋，赣县（今赣州）人。道光二十年（1840）优贡生。历官吴县知县、苏州知府、江宁布政使。工书，师法晋唐楷书、行书，用笔精到，曾临《兰亭序》八百本。

《赣文化通典·书画卷》

汤第

【清】字眉山，永新人。幼嗜学，通于天官、地理、岐黄、律历等书，才略优长。曾集结乡勇追捕吴三桂余党。居丧遵循古礼，不喜佛、老之说。书法绝似钟、王，世人十分珍爱。

《中国近现代书画家辞典》

汤顾

【清】女。字目云，吉水人。适绍兴进士沈某。擅绘画，尤擅画兰。

《图绘宝鉴续纂》《中国美术家人名辞典》《中国历代画家人名辞典》

汤国贞

【清】字宝城。萍乡人。擅长画山水、梅、竹。

《江西地区书画家简述》《中国历代画家人名辞典》

汤燮（1860—1927）

【清】字兰阶。南丰人。20岁补博士弟子员，曾任晚清湖北夏鄂地督堤，组织修复鄂地钟堤，根除水患。后升任新滩司巡检。以重德轻利、笃行爱民闻名，江汉一带甚有政声。汤燮因爱兰而喜画兰，所作兰花以郑所南、郑板桥、蒋矩亭诸先辈为师，有《汤氏兰林百种》传世。

《南丰县志》

唐赓

【清】号幼竹。临川（今属抚州）人。工书，善画墨兰。

《中国历代画家人名辞典》《清代画史补录》《中国近现代书画家辞典》

唐惠世

【清】字斐村。安远人。监生。善书画，尤工写竹，孤标逸韵，别成雅格。

《赣州府志》《中国历代画家人名辞典》

陶福同（1844—1911）

【清】原名福祠，字伟仲，新建人。光绪二年（1876）丙子科进士，授礼部主事，官至河南陈州府知府。在任两年，清正廉洁，表率部下，士民称颂。宣统三年（1911）辛亥三月卒于开封。精医学，为人治疗多有声名。亦工诗文书画。著有《伟仲医案稿》。

《中国美术家大辞典》《新建县历史人物选》

陶家驯

【清】字宾秋，南昌人。从其伯父适蜀，摄德阳知县。尝写巨幅梅花赠友，题咏隽永，人称为"大手笔"。

《益州书画录补遗》《中国美术家人名辞典》《中国近现代书画家辞典》《中国历代画家人名辞典》

涂山

【清】字青来，号静微，南昌人，寓沧州（今河北沧县）。工诗，能画草虫、花鸟。笔意飘逸清秀。

《江西通志》《中国美术家人名辞典》《中国近现代书画家辞典》《中国历代画家人名辞典》

涂岫

【清】字平山，南昌人。擅长绘画，其画人物，神采刻露，毛发纤毫可数，生气拂拂；作花卉，皆色彩秾丽，尤善画菊。时蔡秉质工画鹅，闵应铨工画蟹，临江黎坤工画山水，彭廷让擅长题咏，故有涂菊、蔡鹅、闵蟹、彭诗之称。

《画拾遗》《南昌县志》《江西通志》《中国美术家人名辞典》《中国近现代书画家辞典》《中国历代画家人名辞典》

涂学中

【清】丰城甘棠人。擅画梅花，其所画之梅老干横斜，饶有苍古之态。

《丰城县志》《中国美术家大辞典》

万本惇

【清】字薇生，德化（今属九江）人。兵部尚书万青藜之子。光绪年间官泉州守。工于绘画，尤擅山水，师从戴熙。

《历代画史汇传补编》《中国美术家人名辞典》《中国近现代书画家辞典》

万承凤（1752—1812）

【清】字卜东，号和圃，修水人。乾隆进士，官兵部左侍郎，善行楷。

《江西地区书画家简述》

万承纪（1766—1826）

【清】字廉山，一字畴五，号廉三，南昌人。乾隆五十七年（1792）副贡，官江南海防同知。博综群籍，文翰、书画、金石，悉能鉴别。少与罗两峰（聘）交，深悟画法。凡山水、人物、仕女、花鸟、兰竹，兴到命笔，率能挣脱时习，力追高古。说者谓其山水专师宋人，能为赵千里界画楼阁，而士气盎然。书法以篆体为长，颇似李阳冰，亦擅行草。曾缩临所藏汉魏碑，刊于端砚背面，有百种之多，称为"百汉碑砚"。酷爱收藏，兼藏古瓷、紫砂名壶、古木雕、古钱、玉翠、奇石等；亦富藏书，累积家藏达数千卷，名家集部图书较多。作印似何震、何通。

《耕砚田笔记》《墨林今话》《桐阴论画》《广印人传》《中国美术家人名辞典》《中国历代画家人名辞典》

万方澍

【清】字霖生，号泉孙，南昌人。万承纪之后裔。为人纯孝，母病，割股为其治疗。其母去世后，其父不再续娶，万方澍事其父甚孝，毫无忤逆。擅长汉隶。工于绘画，擅画花卉、枯木竹石，得《十三峰草堂遗意精选》。精于篆刻，有《存养斋印》行于世。

《寒松阁谈艺琐录》《中国美术家人名辞典》《中国近现代书画家辞典》《中国历代画家人名辞典》

万方雍

【清】字季初，一字时泉，号雪舫，修水人。万承凤之子，行书纤秀流畅。

《江西地区书画家简述》

万孚

【清】分宜人。诸生。万上遴之子，以画世其家，亦负声誉。

《江西通志》《中国美术家人名辞典》《中国近现代书画家辞典》

万个

【清】江西人。朱耷弟子。能作一笔石，而石之凹凸、浅深、曲直、肥瘦无不毕俱。所写花鸟及题款，均神似八大山人。

《郑板桥集》《榆园画志》《中国美术家人名辞典》《中国历代画家人名辞典》

万临

【清】九江人。《同治九江府志》称其善丹青，有倪瓒、顾恺之之风格。

《同治九江府志》《中国美术家大辞典》

万鹏

【清】字云程，南昌人。性耿介，淡名利，诗文外唯以书画自遣。工人物、山水，兴致涉笔，饶有逸致。

《韬养斋笔记》《中国美术家人名辞典》《中国近现代书画家辞典》《中国历代画家人名辞典》

万启进

【清】字兼之（又字吉云），南昌人。历官盐运司知事，兴国、富国、芦台各盐场大使，张家湾（今属北京市通县）巡厅。能文，尤工书法。

《江西历代人物辞典》

万青藜（1821—1883）

【清】字文甫，号照斋，亦号藕舲，九江府德化人。道光十九年（1839）进士。初授翰林院编修，大考第一，升侍讲侍读学士，署国子监祭酒。咸丰二年（1852）迁内阁学士，时洪秀全率太平军进攻湖北，江西戒严。万青藜与陈孚恩等人条陈江西团联章程，为镇压农民起义出谋划策。后历官兵部尚书、吏部尚书、武英殿总裁，顺天乡试同考官，多次殿试读卷，并兼任浙江、顺天学政等官。工诗文，善行草，有诗和书丹行于邑。笔力凝重，结构紧密稳健。

《中国美术家大辞典》《赣文化通典·书画卷》

万青选（1818—1898）

【清】字少筠，南昌人。万承纪孙。举贤良方正，乾隆七年（1742），署大理知府。性清廉，听讼曲直立剖，刑不妄施。察盗最严，崔苻绝迹。工篆刻。

《广印人传》《中国美术家人名辞典》《中国近现代书画家辞典》

万上遴（1739—1813）

【清】字殿卿，号辋冈，后改作辋川，《墨林今话》误为万冈，分宜县白田村人。幼年丧父，受其母教诲，然屡试不第，后以拔贡入仕，乾隆年间任清宫画院待诏。万氏工书画，擅作诗。其诗学王维，书法近似董其昌，书法细筋入骨，姗姗欲仙，擘窠榜书，遒劲飒爽。萍乡芦溪罗氏宗祠门首"大夫第"和桐田"易氏宗祠"的榜书匾额都是他的手笔。善用指画梅花、墨兰。号称"指梅"，疏花细蕊，挥指点染，别开生面，独创一格。其山水画中，林壑深邃，有"尺幅千里之胜"，超秀无作家气。当时画坛以为可与王宸、钱维乔并驾齐驱。

《墨林新咏》《江西通志》《怀古田舍梅统》《明清名人画竹册》《中国美术家人名辞典》《中国历代画家人名辞典》

万石

【清】南昌人。喜治印。

《广印人传补遗》《中国美术家人名辞典》

万士元

【清】字群英，号学柴，新喻（今新余）人。县学生员。平生工诗画，因平生不得志，画多书"工亓"二字。著有《正草鸣我鸣草》。

《中国美术家大辞典》

万贤杰（？—1919）

【清】字兰令，一字兰亭，号剑水。进贤人，一说丰城人。善绘禽鸟花卉，笔墨酣畅劲润，形神备至。师丛朱倜。

《进贤风物（第十四辑）》

汪绂（1692—1759）

【清】初名烜，字灿人，号双池，又号重生，婺源人。尚书汪应蛟之玄孙。其母江氏博通经史，从其学四书诸经数年。后母江氏得疾，卧病于床数载，汪绂照顾周全。母死后，因无法自给，佣于江西景德镇为画碗之役。后至福建，于枫岭、浦城设馆授徒，浦城学者争相受业。其所绘山水、人物、花鸟精细，迥异众工，惜无款识，人罕知之。博综儒经，以宋五子为归。著述颇富，有《书经诠义》等30余部。

《中国美术家人名辞典》《中国历代画家人名辞典》

汪舸（1701—1770）

【清】字可舟，号坜琚山人，晚号客吟，婺源人。流寓扬州。工诗，诗学黄涪翁，曾校订《山谷集》和《山中白云间词》。书法与程亶、汪肤敏齐名。

《扬州画舫录》《客吟先生墓志铭》《中国美术家人名辞典》

汪皓

【清】字知三，号芝山，一号芝衫，彭泽人。年九岁，即能作画，信笔挥洒，天趣可人，其画有王摩诘之风。有《芝山诗稿》。

《清画家诗史》《中国美术家人名辞典》《中国近现代书画家辞典》《中国历代画家人名辞典》

汪简

【清】字照阴,号竹间,又自号修江散人,义宁(今属修水)泰乡人。事其母,以孝闻于乡。《同治义宁县志》称其擅图画,得米芾笔意。

《同治义宁县志》《中国美术家大辞典》

汪洺

【清】江西人,占籍成都。胡石波婿。山水初学胡澹泉,后一意摹古。笔调清超,颇饶挺拔之致。其作品《行书诗文扇面》现藏成都市国有文博单位。

《益州书画录》《中国美术家人名辞典》《中国近现代书画家辞典》《成都藏扇》

汪鸣相(1794—1840)

【清】字佩珩,一字霈薷,号朗渠,号珏生。彭泽(今九江)人。道光进士,殿试一甲第一名,授翰林院修撰。于道光十四年(1834)、十五年(1835)分别任顺天、广西两地乡试主考官。工书画,尤善兰石。

《中国历代画家人名辞典》《明清会元状元科举文墨今译》

汪寿伯

【清】临川(今属抚州)人。以进士官四川万县知县。工于书法,以善书闻名于蜀中。

《益州书画录附录》《中国美术家人名辞典》《中国近现代书画家辞典》

汪廷谏

【清】字圣从,婺源人。善书,画花鸟超妙有致,画竹仿古。

《婺源县志》《中国历代画家人名辞典》

汪心

【清】字冰玉。婺源人。工书,善画花卉翎毛,能妙肖,尤长于写真。卒年七十一。子济源,能世父业。

《婺源县志》《中国历代画家人名辞典》《上饶历代书画集》

汪志曾

【清】字养可,婺源人。工诗,百技精妙,图章篆刻奇古,年八十犹善行草。山水亦妙,能以筋代笔画之,不让汪都。画竹尤入神,相传以其竹大幅悬堂中,群燕争栖。性幽僻,尚气谊,非所善虽百金为寿弗作。

《婺源县志》《广印人传》《中国美术家人名辞典》《中国近现代书画家辞典》《中国历代画家人名辞典》

王恩注

【清】字芑泉,号二痴,婺源人。少承庭训,博学能文。嘉庆元年(1796)进士,授临海、耒阳知县,为官断案精审,后改丹徒教谕,训诸生砥行砺名,勤勤恳恳不异家人。著有《新安述学要》《味香书塾制艺》《芑泉诗文集》。工书法,行楷书端庄有晋唐人法度。

《上饶历代书画集》

王炳荣

【清】乾隆时(1736—1795)人。《景德镇陶瓷史稿》作同治、光绪间(1862—1908)人。工于雕瓷,作品多以山水人物为题,所雕花以竹林七贤、东坡赤壁之类为多。所作精细中饶有画意,其仿木、仿竹、仿象牙之制,尤极神似。至于仿漆之器,精雕花纹,所涂之釉,又极似漆,不知者以为真漆。

《饮流斋说瓷》《中国陶瓷史》《中国美术家人名辞典》

王传（1661—1725）

【清】字绍薪，号约斋，鄱阳人。康熙三十年（1691）进士，改翰林院庶吉士，散馆授检讨，升任翰林院侍读，累官至国子监祭酒。曾三主礼闱，为国选贤，不拘一格；雍正元年（1723）恩科取士，任山东乡试主考官，所录皆贤，时称"先生榜"。回京帝予以嘉奖，亲书"讲幄清班"额赐赠。及没，帝深为轸悼，钦赐御祭。工书法，得唐人之法度，山谷之瘦硬。

《上饶历代书画集》

王光表

【清】字乐尧，万年人。县学生员。性恬静，素行谨饬。精于医术，活人甚多，其子亦以医术闻名。善属文，工于书法。

《万年县志》《中国美术家大辞典》

王嘉逢

【清】字伯和，婺源人。为人狷介孤癖，有负俗癖。又慷慨好义，挥散家资，至家壁立浃，旬不举火。书画师于族人王诗，得其精妙，墨气淋漓苍古。书善篆、隶，画工兰竹、山水，又工吟咏。

《道光婺源县志》《中国美术家人名辞典》《中国近现代书画家辞典》《中国历代画家人名辞典》

王荆山

【清】佚名。婺源人，两峰子，善画。

《道光婺源县志》《中国美术家人名辞典》

王培

【清】赣县（今赣州）人。工画山水、花卉。年甫三十卒。

《赣州府志》《中国历代画家人名辞典》

王起龙

【清】字德元,婺源人。人物写真得神,尤长花卉、翎毛。

《道光婺源县志》《中国美术家人名辞典》《中国近现代书画家辞典》《上饶历代书画集》

王诗

【清】字志庭,婺源人。以绘事名家,尤善兰、竹、水仙,设色艳而不俗,颇为时人推崇。

《道光婺源县志》《中国美术家人名辞典》《中国近现代书画家辞典》《上饶历代书画集》

王士杰

【清】字穉凡,号卓庵,婺源人。道光十二年(1832)举人。曾讲学四方,有经师之称,潜心程朱理学。先后与修嘉庆、道光年间偏修的《婺源县志》。著有《群经析疑》《诗书合璧》《卓庵策略》《二酉山房试帖》《深柳轩诗存》《月樵诗稿》等。工书法,得力于二王,而兼颜鲁公之沉穆。

《上饶历代书画集》

王崧

【清】字伟期,义宁州(今修水)人。《同治南昌府志》称其工书画。晚年家贫,终隐于画,醉笔狂挥,得米芾之意。以书画称名乡里。

《同治南昌府志》《中国美术家大辞典》

王暶

【清】字遂初,号桐华老人,婺源人。性好绘事,每出游见山水佳胜处流连忘返,即一木一石,位置天然,亦玩赏久之始去。后居金陵,馆族兄香田观察家垂三十年,遍览观察所藏唐宋名迹,艺遂大进,摹王石谷尤能似之,所绘山水清瘦枯逸,冷致闲情,亦如其为人。

《上饶历代书画集》

王铉同

【清】江西安福人。以画名。《光绪吉安府志》载,有官命作画《风云雷雨电图》,人皆不能。王氏画一人执盖避墙壁间,目昏瞑,以手塞耳,作战栗状,五者一时咸备,人皆叹服。

《光绪吉安府志》《中国美术家大辞典》

王瑶芬（1800—1883）

【清】字云蓝,婺源人。清著名女诗人、书画家。两淮盐运使王凤生女,严廷钰室,严永华母。工诗,善书画,所绘花鸟皆清逸绝俗。著有《写韵楼诗钞》。

《上饶历代书画集》

王野

【清】一作埜,字草臣。赣县（今赣州）人。能诗,善水墨松梅,于翎毛鸡鹰尤擅名。

《同治赣县志》《中国美术家人名辞典》《中国历代画家人名辞典》《中国近现代书画家辞典》

王友端（？—1860）

【清】字汝仁,一字月川,婺源人。道光二十七年（1847）进士,官至浙江布政使。咸丰十年（1860）太平军进浙江,友端言于巡抚罗遵殿曰:"皖边军弱,湖州空虚,请速备广德。"遵殿至事急始遣军,已无及。太平军遂长驱至城下,友端复请列堑涌金、清波两门为掎角,亦不用其言。太平军以穴道攻城,友端悬金三千募死士缒击,遇雨,火器不燃而败。临死,自书"浙江布政使王友端"八字于衿上,清廷追赠骑都尉世职,谥"贞介"。工书法,宗宋人而登晋唐之室。

《上饶历代书画集》

王有年
【清】字砚田，一字惟岁，金溪人。以进士仕为司理。作山水饶有趣味，笔墨极有风韵。

《国朝画征续录》《图绘宝鉴续录》《画传编韵》《中国美术家人名辞典》《中国近现代书画家辞典》《中国历代画家人名辞典》

王友亮（1742—1797）
【清】字景南，号葑亭，又号东田，婺源人。乾隆四十六年（1781）进士，授礼部精膳司主事，累官至太仆寺少卿，通政司副使，诰授中宪大夫，例晋中议大夫。其文章淹雅，持论纯正，以诗名海内者三十年，诗格与袁枚相近。诗与祭酒吴锡麒、法式善齐名，一时风雅之士咸归之。著有《双佩斋诗文集》《金陵杂咏》等。亦工于书，端庄严整，时人珍之。

《上饶历代书画集》

王雨峰
【清】婺源人。以丹青著名。

《道光婺源县志》《中国美术家人名辞典》《中国近现代书画家辞典》

王云凤
【清】字梧冈，萍乡人。乾隆三十五年（1770）举人。性喜游览，偶有所遇，必发为诗。兼画山水，得王维家法。著《安愚诗草》。

《清画家诗史》《中国美术家人名辞典》《中国历代画家人名辞典》

王自吉
【清】婺源人。王起龙之子。以画名家。

《道光婺源县志》《中国美术家人名辞典》《中国近现代书画家辞典》

魏鹤年

【清】字松岩，号龙津散人。安义人，工画山水。名列当时"南昌山水八大家"之一，与熊腾等结"无声诗社"。1914年《西湖十景》《万寿图》入选国际巴拿马赛会。

《江西地区书画家简述》《中国历代画家人名辞典》

魏书

【清】字石床。宁都人。工于诗词，又擅书画，真、草、隶、篆皆运笔如神，画山水、竹木、鸟兽，栩栩如生。为"江西画派"的开宗人罗牧之师。

《江西通志》《中国美术家人名辞典》《中国近现代书画家辞典》《中国历代画家人名辞典》

魏禧（1624—1680）

【清】字叔子，又字冰叔，一作凝叔，号裕斋，世称勺庭先生，宁都人。与兄祥，弟礼，时称"宁都三魏"。明亡不仕，康熙中举博学鸿词，辞归隐翠微峰，为"易堂九子"之首。著书，兴至间亦作画，唯不易得，故世罕知。

《中国历代书画篆刻家字号索引》《中国美术家人名辞典》

魏元旷（1856—1935）

【清】原名焕章，号潜园，号逸叟，南昌县人。工书。光绪二十一年（1895）己未进士。历任刑部主事，民政部署高等审判厅推事。其诗源出杜甫，沉郁苍凉，多蕴涵因易代而忧闷之情。潜心著述，曾任《南昌县志》总纂，此书与胡思敬《盐乘》并称近代江西两部名志。编纂《西山志》6卷。著有《潜园全集》，内有《蕉鹿诗话》《潜园诗集》《蕉鹿随笔》等。

《江西地区书画家简述》

文廷式（1856—1904）

【清】字道希，号芸阁，晚号纯常子，萍乡人。光绪十六年（1890）榜眼，官至侍讲学士，受德宗知遇，屡有奏陈，戊戌政变后出亡日本。吟啸适情，间作山水。著有《老子校语》。

《清画家诗史》《中国美术家人名辞典》《中国历代画家人名辞典》

吴迪谟

【清】字言可，南城人。县学生员。《同治南城县志》称其善画龙，云气苍润，悬之壁间，飒然有风雨欲来之势。间画魁星，凛然生动，为世所珍重。

《同治南城县志》《中国美术家大辞典》

吴浩

【清】字孟深，玉山人。乾隆时举人，官知县。学书于梁同书，尤喜作画。

《江西通志》《中国美术家人名辞典》

吴宏（1615—1680）

【清】一作弘，字远度，金溪人。家住江宁（今江苏南京），为"金陵八家"之一。山水入能品，于纵横放逸中，见步伐整齐之法。墨竹飞舞绝俗，其画自辟一径，不肯寄人篱下。尝自言曾策蹇驴过大梁之墟，访信陵公子、侯嬴、朱亥之遗迹，归而若有得焉。周亮工亦以其渡黄河、游雪苑归而笔墨一变，纵横森秀，尽诸家之长，而运以己意。康熙十八年（1679）尝作山水册。

《国朝画征录》《读书录》《桐阴论画》《安雅堂集》《江宁志》《历代画史汇传附录》《中国美术家人名辞典》《中国历代画家人名辞典》

吴坤修（1816—1872）

【清】字子厚，号竹庄，新建人。家素贫，"未冠，囊笔走四方"。道光二十七年（1847）捐从九品官，勤于政事。参与指挥镇压太平军、捻军战事，因功耀升至安徽布政使，病卒于任，清廷赠内阁学士衔。坤修治军以严厉著称，行伍肃然有纪律。吴坤修善抚《书谱》。著有《三耻斋诗集》10卷、《皖江同声集》10卷、《兵法汇编》。刻印有《半亩园丛书》30种行世，编《大清律例根源》124卷。

《江西省人物传》《江西古代名人》《二知轩集》《中国美术家人名辞典》《清史稿》《中国吴氏通书》《江西地方文献索引（下册）》

吴理

【清】玉山人，《同治玉山县志》称其工画牡丹，尤擅梅竹，著有《百梅诗》。

《同治玉山县志》《中国美术家大辞典》

吴麟（1691—1772）

【清】字栗园，一作栗原，一字尧圃，安徽歙县籍，家住江西景德镇。其家有景德镇古窑，产秘色器，与唐、熊、年三窑并称，谓之"吴窑"。山水学黄公望。而以疏散简淡为生，其用墨干湿相参不见痕迹，盖得熟中熟法。惟长于小幅，若大幅则病其脆弱，亦不多见也。生平有古君子风。老客扬州汪贻士家。

《扬州画舫录》《墨香居画识》《阿聪笔记》《中国美术家人名辞典》

吴锜（1869—?）

【清】字楝臣，号剑秋，一号锡五。宜黄人。光绪十六年（1890）中进士。历任工部主事、驻俄参赞。因在云南涉外仇杀案、江西民众和教会诉讼案等案件据理力争、处事谙练而享有盛名。他于公余手录各国国情及国际公法条例，集成巨册，同事皆惊服其勤勉精细和恪尽职守。辛亥革命后，以清室遗民闲居而终。与李瑞清、曾熙交最笃，游处最久。其书专仿褚遂良、李邕，而于李邕习之尤勤。有《霎岳楼笔谈》《书林藻鉴》。

《霎岳楼笔谈》《书林藻鉴》《中国美术家人名辞典》《中国近现代书画家辞典》

吴嵩梁（1766—1834）

【清】字子山，号兰雪，东乡人。嘉庆五年（1800）举人，以内阁中书官贵州黔西知州。蒋士铨弟子，有"诗佛"之誉。工诗，书学苏、米。画从汪梅鼎学写兰，出笔秀逸。妻蒋徽，女萱，并善画。著有《香山馆全集》。

《墨林今话》《清朝书人辑略》《欧钵罗室书画过目考》《清朝书画家笔录》《中国美术家人名辞典》《中国历代画家人名辞典》

吴庭芝（1855—1917）

【清】字重卿，号先梅，湖口人。自幼天资聪颖，13岁就能诗善对，后入白鹿洞书院攻读。光绪十九年（1893）中举，光绪二十二年（1896）考中二甲第六名进士，选翰林院庶吉士，光绪二十四年（1898）散馆授职编修、国使馆协修。他曾多次拜见帝师翁同龢，深受其器重，翁亲题"怀葛乐志"赠予他。受翁同龢的影响，积极参与康有为等人的维新变法运动。1898年，奉命东渡日本，考察明治维新。1904年任广平府（今兰考县附近）知府。工书法，在京任职期间，以书法闻名于朝，赴日考察期间，求墨者甚多，日本至今仍留有他的墨迹。国内散存他的手迹尤多。

《江西省文化艺术志》

吴文津

【清】南昌人，工山水，有生疏荒率之意。

《历代画史汇传补编》《中国美术家人名辞典》《中国近现代书画家辞典》《中国历代画家人名辞典》

吴文澜

【清】号学山，南昌人，原为在籍候选知府，咸丰三年（1853）在南昌办理团练，五年入曾国藩幕，在江西饷盐总局任职，十年入湖南东征局任事。善书。

《同治南昌府志》

吴萱

【清】女，东乡人。吴嵩梁女。善画兰。

《耕砚田斋笔记》《中国美术家人名辞典》《中国近现代书画家辞典》

吴煊

【清】号退庵，雍正、乾隆间人，南城人。工山水。著有《菜香书屋诗草》。

《墨林今话》《中国美术家人名辞典》《中国历代画家人名辞典》

吴媛

【清】女，字素云，新城（今黎川）人。兰雪女弟。工诗，善画花鸟，尝写《杏花双燕》送兄北上，并题句。

《清画家诗史》《中国美术家人名辞典》《中国近现代书画家辞典》《中国历代画家人名辞典》

吴芸华

【清】女，字小茶，号石溪渔女，东乡人。黔西知州吴嵩梁之女，德化诸生陈世庆之妻。善墨兰。著有《养花轩诗钞》。

《清画家诗史》《中国美术家人名辞典》《中国近现代书画家辞典》

吴照（1755—1811）

【清】字照南，号白广，晚年自号白翁，南城人。乾隆五十四年

（1789）拔贡，官至大庾教谕，旋弃官遍游东南山水，常与公卿名士等饮酒题诗作画。通六书，画竹得金错刀法，兼善山水、人物，亦能画兰。意气豪宕，嗜饮，罗聘尝为绘《石湖课耕图》《联吟饭牛图》。

《墨香居画识》《墨林今话》《怀旧集》《清画家诗史》《中国美术家人名辞典》《中国历代画家人名辞典》

吴之章（1661—1738）

【清】字松若，号槎叟，寻乌县长宁人。《光绪长宁县志》称其善画，人共珍之。

《光绪长宁县志》《中国美术家大辞典》

吴卓

【清】字剑仙。崇仁人。善画。著有《画品》。

《荷塘诗钞》《中国历代画家人名辞典》

夏朝麟

【清】字玉书，南城人。《同治南城县志》称其工于书法，学王羲之，神与笔副。尝游粤东，士大夫致币求书者盈户外。为巡抚杨永斌、尚书甘汝来所赏识。

《同治南城县志》《中国美术家大辞典》

夏之勋

【清】字铭旃，号芳原，南昌人。性恬静，酷嗜金石文字，藏弆碑版、书画、彝鼎甚多。善篆、隶书及设色花卉，饶有逸致。

《墨林今话》《中国美术家人名辞典》《中国近现代书画家辞典》《中国历代画家人名辞典》

项绅

【清】 字道存，又字漪南，浮梁（今景德镇）人。善山水，仿元人秋林，萧疏简淡，格似奚冈、方薰手笔。

《墨林今话》《清代画史》《萍综开记》《中国美术家人名辞典》《中国近现代书画家辞典》《中国历代画家人名辞典》

萧浚兰（1822—1873）

【清】 字芗泉，江西人。道光甲辰科进士，屡官于蜀。工诗善画，笔法师二王，蜀中遗墨甚多。

《益州书画录补遗》《中国美术家人名辞典》《中国近现代书画家辞典》

谢本万

【清】 字方子。赣县（今赣州）人。诸生。工画，有雅趣。年仅三十卒。

《赣州府志》《中国历代画家人名辞典》

辛拭南

【清】 字梅初，江西人。官少尹。画山水，善运渴笔，纯用干擦，叠嶂层峦，具烟霏雾结之致。

《寒松阁谈艺琐录》《中国美术家人名辞典》《中国近现代书画家辞典》《中国历代画家人名辞典》《清代画史》

兴彻

【清】 僧，号犀照，俗姓刘，江西人。江右甲族。襁褓中，即不茹荤，喜趺坐。剃度江州能仁寺为僧，游沪，驻锡铎庵。工诗善书，书法瘦削清峭。闲写梅竹，清劲有古致。毛祥麟《对山书屋墨余录》云其笔力过人。诗有《晶溪集》。

《海上墨林》《中国美术家人名辞典》《中国近现代书画家辞典》《中国历代画家人名辞典》

熊常錞（？—1840）

【清】字象于，号椒实。铅山人。嘉庆十四年（1809）进士，改庶吉士，散馆，授编修。历任国史馆纂修，云南乡试正考官，广西学政，陕西榆林、西安、山西蒲州、太原等府知府，直隶、浙江按察使，广东布政使等职。熊常錞待人诚恳，自奉节俭，常以"视人事如己事，视忙时如闲时"为座右铭。任广西学政时，力戒浮华，士风为之一变。在陕西任职时，疏渠筑堤，开垦肥田千亩，发展农业生产。任太原知府时，遇当地发洪，又领导居民引水下泄，后又加固堤坝，以除水患，百姓称之为"熊公堤"。任广东布政使时，助林则徐查禁鸦片。工书画。

《江西地区书画家简述》《中国历代画家人名辞典》《中国美术家人名辞典》《上饶人物》

熊琛华

【清】字石生，高安人，熊如澍三子，屡应童子试，不售。性简率。道光十一年（1831）曾任印江县令。历任武英殿供事，议叙府经历官、湖北蕲州州判、南河候补州同军功保奏通判。丁母忧，遂归。《同治高安县志》称其"自幼于书画不学而能，由行楷进之章草、篆隶，由花草旁及飞走山水，皆有古法"。善刻石，"初学刻石，久之无问牙玉、竹木、铜锡皆运刃如飞。黔楚人多传之者"。

《同治高安县志》《中国美术家大辞典》《印江前史拾遗》《印江县志》

熊高福

【清】字兼五，宁州（今修水）人。贡生。家有活水园别墅，喜与名士觞咏其中。乾隆八年（1743）歉收，邻里多乏食，熊高福买粟二千余石以平息米价，州牧十分看重他。善画。有《雪研诗钞》传世。

《清画家诗史》《中国美术家人名辞典》《中国近现代书画家辞典》《中国历代画家人名辞典》《赣文化通典·书画卷》

熊晖

【清】字曦南，号晓谷，一作晴谷，宜黄人。父熊岐梧，工画人物，晖少颖悟，乃变家法，为山水。初馆于董邦达（1699—1769），后受聘于弘昈、永瑢。擅画人物，更擅长山水画，其画集唐、宋、元、明诸大家绘画之长，别出心裁，独创风格，落笔潇洒，不受拘束。胸中富有丘壑，长条巨幅，运笔如风，尤善于摹古。仿王蒙笔意可乱真。《光绪江西通志》载其"入都，客庄亲王邸，得纵观古人名本，所诣愈深"，后乾隆二十六年（1761）作《凤岗春晓图》题者甚多，"观者至坐卧其间不能去"。

《江西通志》《读画辑略》《中国美术家人名辞典》《中国历代画家人名辞典》《赣文化通典·书画卷》

熊枚（1734—1808）

【清】字存甫，号谦山，铅山人。清名臣。乾隆三十六年（1771）进士，累官至直隶总督、刑部、工部、兵部尚书、都察院左都御史。工书法，楷书得颜真卿《多宝塔碑》笔意。

《上饶历代书画集》

熊璞

【清】字山民，号完夫，晚号虚谷进士，宜黄人。嘉庆二十二年（1817）丁丑科进士。工山水，能诗，著有《素园诗抄》，纂《宜黄县志》。画学倪瓒，诗好王维，淡穆高朗。著有《素缘诗钞》。

《中国美术家大辞典》《江西省人物志》《江西通志》

熊岐梧

【清】字凤宜。宜黄人。精于绘画，擅画人物。

《画家知希录》《江西通志》《中国美术家人名辞典》《中国近现代书画家辞典》《中国历代画家人名辞典》

熊为霖

【清】字浣青，号鹤，新建人。乾隆进士，工书，笔力老练。

《江西地区书画家简述》

熊一潇（1638—1706）

【清】字蔚怀，又字汉若，南昌人。先世为丰城笔岗村人，后迁南昌东坛。祖父熊维宽，廪贡生，四中副榜。父熊冯，明崇祯十五年（1642）举人。一潇5岁丧父，16岁入学。在宗伯李闻园别墅读书，才学大进。康熙三年（1664）中进士，改庶吉士。为官颇有政声。三十五年（1696），转大理寺卿，升工部尚书。致仕之日，康熙御赐"怡情泉石"匾额。一潇在京任官时，发现在江西戍守的清军回京时，多将江西女子带去，遂每每将其赎出，交由江西漕船带回家乡，为此而被救人的家人供奉祭祀。在他推动下，南昌创建"豫章书院"。擅长画竹枝，风、晴、雨、露之态，各得其情。

《中国美术家大辞典》《读画辑略》《中国美术家人名辞典》《中国历代画家人名辞典》《江西省人物志》

熊元文

【清】字姬源，南昌人。县学生，以例贡试棘闱，不售。《同治南昌府志》载其"工书法，江以南士夫皆礼致之。善棋弈，兴致辄呼纸笔，挥毫疾书，神妙独绝"，后其"从父士伯令西陵赞襄政务，时人称之"。

《同治南昌府志》《中国美术家大辞典》

熊之垣

【清】字楚香，自号江湖载酒人，南昌人。工诗文，以修内廷书得官。尝从表兄吴之辅学绘事，兼工山水、梅、石、兰、竹，书法董其昌。长期流寓秦淮，往来金陵、扬州间。

《清画家诗史》《画传编韵》《墨香居画识》《中国美术家人名辞典》

《中国近现代书画家辞典》《中国历代画家人名辞典》

秀松
【清】僧，本名、籍贯均不详。住江西南昌祇园庵，擅长绘画，有名于当地。

《画家知希录》《中国历代画家人名辞典》《中国书法大辞典》《中华书法篆刻大辞典》

徐德启
【清】字筠畦，徐萼子，咸丰年间（1851—1861）龙南人。徐珂《清稗类钞》载其"工书法，清丽妍媚，通近松雪，有时几可混真"。

《清稗类钞》《赣文化通典·书画卷》《中国美术家人名辞典》

徐德一
【清】余干人。工书画。《同治饶州府志》载其"肆力书画，尤工画马。然不妄交游，心所不乐者，虽重值够之，靳弗予"，善武艺，尤擅双刀，"传其刀舞时，观者群以墨撒之，不能著云"。

《江西通志》《中国美术家人名辞典》《中国历代画家人名辞典》《同治饶州府志》

徐萼
【清】字幼珊，清咸丰年间（1851—1861）龙南人。徐恩庄之弟。清徐珂《清稗类钞》云："幼珊磋尹尊工琴，善镌刻，于书法尤致力，行草宗王、赵。萼子筠畦司马德启亦工书，楷书清丽妍媚，逼近松雪，有时几可混真焉。"

《清稗类钞》《赣文化通典·书画卷》

徐恩庄

【清】字柳臣，号孟舒，晚号游初老人，龙南人。道光二年（1822）中进士，为翰林院庶吉士，授职检讨，历任户部福建司主事、功臣馆提调、国史馆纂修。官至山东主考，安徽、山东按察使等。清徐珂《清稗类钞》云："道光时，欧底赵面之字，风靡一时，翰苑中人争相摹习，龙南徐柳臣廉访恩庄尤为此中能手，馆选后，留都供职，与何子贞辈游，学益进。盖廉访之书法，不仅拘于欧底赵面，其初以善写柳帖名，通籍后，又参以右军、襄阳各体，而独具匠心，运之以神，久之，遂自成一家，京都人士目为'徐派'。湘乡曾文正倾倒不置，至欲其子惠敏公纪泽专习徐派。时连平颜氏、新建勒、梅、夏诸氏，或绾清要，或掌封折，亦争相仿效，各以徐派书法教子弟，于是柳臣之书乃大著于时，人得一谦，争宝贵之。"

《清稗类钞》《赣文化通典·书画卷》

徐芳（1617—1690）

【清】字仲光，号拙庵，别号愚山子，赣县（今赣州）人，一说南城人，一说梅林人。崇祯十三年（1640）中进士，授山西泽州知州，以亲丧归。唐王立，封验司，升翰林院编修。其文舒徐条达，有吐纳百川之势，著有《悬榻编》。善诗、画，尤工琴，著有《声希谱》。

《同治赣县志》《中国美术家人名辞典》《中国近现代书画家辞典》

徐芳梅

【清】赣县（今赣州）人。《同治赣州府志》称其善诗画，尤工琴。

《同治赣州府志》《中国美术家大辞典》

徐煌

【清】字苇斯，南昌人。博学工书法。性好施。常置二舟于乐社塘，以利济暑，辄出款周其邻里。手临黄庭坚道德二经刻石行世。入罗牧组织的"东湖诗画会"。

《南昌县志》《赣文化通典·书画卷》

徐甲
【清】字印东,南昌人。《南昌县志》载其"一经相传七叶,少承家学,天资聪敏,善诗文,兼工书画"。

《南昌县志》《中国美术家人名辞典》《中国近现代书画家辞典》《中国历代画家人名辞典》

徐敬
【清】字信轩,江西人。官浙江嘉兴知府。工画竹。

《寒松阁谈艺琐录》《中国美术家人名辞典》《中国近现代书画家辞典》《中国历代画家人名辞典》

徐谦（1776—1864）
【清】字益卿,号白舫,广丰人。嘉庆十六年（1811）进士,改翰林院庶吉士,散馆授吏部文选司主事,二十二年（1817）补授考功司,充会试对读官。为官以公慎廉明著称于世,授朝议大夫。道光二十四年（1844）丁忧归里,闲时吟诗寄兴,颇多著述。曾主讲白鹿洞、鹅湖、兴鲁、昌黎、紫阳、丰溪诸书院,培育后学,激上进。晚年致志于命理之学。著有《悟雪楼诗存》《孝经讲义》《灵山遗爱录》《桂宫梯》《物犹如此》《恐惧修省录》《一卷冰雪》等60余种。工书法,行楷书端庄稳健,清雅绝俗。

《上饶历代书画集》

徐蓉
【清】女。建昌县（今永修）水夫文三郎之妻。《池北偶谈》载"三郎尝随米侍讲汉雯居南昌。蓉善画,尝作两素扇,一画梅,一画兰竹,又书唐人绝句二首。年才二十三"。

《池北偶谈》《中国美术家人名辞典》《赣文化通典·书画卷》

徐骧

【清】字梦南，号兰生，高安人。嘉庆七年（1802）进士，改翰林院庶吉士，出为广西容县、临桂知县。工书画，书法宗颜鲁公，画近于元人，颇清逸。

《上饶历代书画集》

许权

【清】女。字宜媖，德化（今属九江）人，一说河北井陉（今正定）人。许震皇女，湖口进士崔谟妻。自幼聪慧，七岁能诗，著有《问花楼集》。《清画家诗史》载其"工刺绣，尤善白描法"。

《清画家诗史》《中国美术家人名辞典》《中国近现代书画家辞典》《赣文化通典·书画卷》

许振祎（1827—1899）

【清】字仙屏，奉新人。咸丰三年（1853）由拔贡生捐内阁中书衔。四年，曾国藩督师南昌，水师被困于鄱阳湖，曾的幕僚四散，唯振祎跟随，"常一夕治官书八十通"，深得曾国藩信任。同治二年（1863）中进士，改翰林院庶吉士，散馆授翰林院编修、国史馆协修。历任河南按察使、江宁布政使、广东巡抚。卒后，由江苏巡抚和河南巡抚疏请并得清廷批准，附祀江苏、河南两省曾国藩专祠，其政绩送国史馆立传。谥"文敏"。善行楷书，笔致秀挺，得祁文端、曾文正两家法。有《玉芝园集古法帖》。性好聚书，每至一地，多访求宋元明清善本，所得十万余卷。于家筑玉芝园，中有万卷楼，藏书其中。著有《督河奏疏》10卷，为治理黄河重要文献。其诗料酌唐宋、调剂文质之间，华而不靡，真而不俗。有《诒烨集》5卷、《侍香集》《度岭草》各1卷。

《江西省人物传》《江西古代名人》《安康历代名人录》《木叶魇法书

记》《中国美术家人名辞典》《中国古今名人大辞典》《中国历代人名辞典（增订本）》《奉新县教育志》《中国历代藏书家辞典》《江西地方文献索引》

晏善澄（1740—1802）

【清】字准吾，号秋渠，一号薇东，上高人。幼秉异姿，博通经史。乾隆三十六年（1771）举人，乾隆四十三年（1778）戊戌科进士，官湖北崇阳知县，并于当地筑堤堰，创书院，深受士民爱慕，由此调任孝感任知县。孝感西有湖滨平野，每至清明节，士女于此踏青，游观多日。晏善澄厌恶男女无别的作风，遂作《后湖曲》讽刺，后此种风气渐平。后以军功擢升荆州知府，未赴，告病归里。归里后于辛义中团（今堆峰）建述园书院，晏氏工诗文、书画，并著于时，时人称"三绝"。曾纂《上高县志》，所著有《归田》《学易》《感秋词》《述园文稿》《诗稿》，现有《述园遗稿》行世。

《江西通志》《中国美术家人名辞典》《中国历代画家人名辞典》《江西省人物志》

杨补（1598—1667）

【清】字无补，又字白补，号古农。临江（今樟树）人。生于苏州，为长洲布衣。少好读书，为人孝谨，重然诺。甲申（1644）明亡后隐邓尉山。工诗，文震孟、姚希孟负天下重望，皆以诗文推许之，呼为小友，于是名重一时。善山水，落笔似黄子久。有吴镇、黄公望遗意。好游虞山，揽取其烟峦雨岫以丰富笔墨，时以遗民处士称之，与杨文骢友善，秀淡洁朗，笔致相近。尝画小景，大不盈掌，自题云："永嘉郭外山川，点点皆倪、黄粉本也。"故王阮亭有一绝云"布衣曾说杨无补，笔墨风流有一时，留得永嘉遗迹在，残山剩水也堪思"。现存画作有《怀古图册》《山春乐静图》《仙人图》《焦墨山水》《溪山渔隐》《雪江萧寒图》《春江送别图》《梅石》，南京博物馆还藏有《虎丘新录图》。补著有《怀古堂诗选》《游黄山记》等。

《明画录》《栎园读画录》《图绘宝鉴续纂》《读画录》《桐阴论画》《长洲县志》《中国美术家人名辞典》《中国历代画家人名辞典》

杨来谷

【清】号玩山，安义人。《同治安义县志》称其书法秀润，尤工小楷。著作有《玩山笔录》《来谷诗存》《地经约旨》。

《同治安义县志》《中国美术家大辞典》《南康府志》

杨锡绂（1701—1769）

【清】字方来，号兰畹，清江（今樟树）人。父杨英玉，县学生，讲学乡里。杨锡绂幼时即端重若成人，稍长，致力于学，尤好读宋儒书，务求所学有稗实用。雍正五年（1727）进士，始任吏部主事，后迁郎中，考选贵州道御史。雍正十年（1732）授广东肇罗道。乾隆元年（1736）署广西布政使，六年（1741）擢升为广西巡抚，后历迁礼部侍郎、湖南巡抚、左都御史、礼部尚书、署山东巡抚等。二十二年（1757）任漕运总督。二十八年（1763）加封太子太保。三十三年（1769）十二月卒于任，赐祭葬，谥"勤悫"。杨锡绂工诗，书法亦工。殁后，人刻其书以行世。辑有《漕运全书》，另著有《四知堂文集》《四礼从宜》《节妇传》及《官箴说》等。

《湖海诗传小传》《中国美术家人名辞典》《江西省志·人物志》《江西古代名人》《清史》《贵州通志》《中国书法篆刻大辞典》

杨以睿

【清】字惟明，瑞金人，诸生。幼颖悟。吟咏自寄，恣情山水，以风韵胜。嗜学善诗、书、画、篆刻，人称"四绝"。著有《晤雪堂诗集》，其诗又与杨长世、杨兆凤等人诗作共收于《杨氏五家文钞》。

《江西通志》《中国美术家人名辞典》《中国近现代书画家辞典》《中国历代画家人名辞典》《清史史料学》《宁都直隶州志》《中国书法篆刻大辞典》

杨兆敬

【清】字汝应，宁都人，善书画，尤精篆籀。篆刻印章，遒劲苍古。《瑞金县志》载"长汀黎愧曾携其印谱，示大梁周亮工。亮工谓可方何雪渔氏。今印章流传，宝如拱璧。汝应遗法，得者惟邑诸生杨长榜"。《道光宁都直隶州志》也称其所刻印章遒劲苍古，人谓可比皖派篆刻家何震。

《道光宁都直隶州志》《中国美术家大辞典》《赣南客家艺术》《瑞金县志》

杨增荦（1860—1933）

【清】字云谷，一作昀谷，号瀹南，一号曼陀，又号僧若，再号滋阳山人。新建人。光绪二十四年（1898）进士，历任刑部主事，热河理刑司员，四川候补知府，广东署法院参事。民国初年（1912），为国史馆协修，交通部推事。逝于津沽。平生谨饬自守，潜心于学，晚年沉潜佛典。工书法，善诗文，兼精武术。其诗早年学王维之高秀、白居易之平易、苏东坡之旷逸、黄山谷之老健。风骨峻深，秀外腴中，具隽永疏秀之气韵。其早年在京师即有诗名，与叶恭绰，赵熙诸人相唱和，有《杨昀谷遗诗》八卷、《浮云集》一卷、《先君延真公诗补遗》一卷等。

《中国历代书法家人名大辞典》《中国近现代书画家辞典》《中华诗词文库》《江西省志·人物志》《江西地方文献索引》

杨重雅（？—1879）

【清】原名元白，字庆伯，德兴张村乡小梅坞人。道光二十一年（1841）进士，授职翰林院庶吉士，改任散馆检讨，充任武英殿总纂；咸丰二年（1852），总纂《宣宗实录》。同治十一年（1872）主持修纂《德兴县志》和《德兴金石志》等地方志书。光绪三年（1877），升授广西巡抚。光绪五年（1879）十一月病逝。著有《管斑集》等书，今四川、甘肃、宁夏等地遗有其墨迹。

《中国历史大辞典 清史卷（下）》《云南史料丛刊（第7卷）》

叶琛

【清】字廷献，德兴人。以文学官府教授。精绘事，《同治德兴县志》称其擅长绘画，尤工翎毛，缙绅宝之。

《同治德兴县志》《中国美术家大辞典》

叶济英

【清】号枚生，修水人，工行书。

《江西地区书画家简述》

殷奇

【清】字云生，石城人。《读画辑略》载其"善人物、山水，笔气文秀，烘染设色，俱法北宗笔法"。

《读画辑略》《中国美术家人名辞典》《中国近现代书画家辞典》

游旭

【清】字穉生，安徽绩溪人，寓居婺源。工画山水、人物、花卉、鸟虫，种种奇绝。《婺源县志》载其"兼善秦汉篆刻，并能诗，虽幅短残笔，人争宝之"。

《婺源县志》《绩溪画人传》《广印人传》《中国美术家人名辞典》《中国历代画家人名辞典》《中国书法篆刻大辞典》

于节

【清】字怀虚，进贤人。官吏部主事，以诗文著名。善鉴定，富收藏。亦善书画，山水、竹石、花鸟俱佳。

《洁斋随笔》《中国历代画家人名辞典》

余昌佳

【清】字竹修，号士瑞，婺源人。精书画，德清俞曲园（1821—1906）

称其墨兰为逸品。卒年三十三。

《婺源县志》《中国历代画家人名辞典》《徽州人物志》《安徽画家汇编》《安徽历代书画篆刻家小传》

余飞鸿

【清】上饶人。《同治上饶县志》称其工书画,每一落笔,秀韵天成。四方踵门恳求无虚日,获遗墨者珍若拱璧。还曾捐钱重建武庙。

《同治上饶县志》《中国美术家大辞典》

余怀瑾

【清】字伯瑜,婺源人。工诗词,善绘事。卒年七十。

《婺源县志》《中国历代画家人名辞典》《安徽画家汇编》《徽州人物志》

余家鼎

【清】字子彝,号学林,婺源人。《婺源县志》载其"工诗词书画"。卒年七十。

《婺源县志》《中国历代画家人名辞典》《上饶历代书画集》

余监

【清】字涵辉,号镜湖,婺源人。乡试解元,同治七年(1868)进士,改翰林院庶吉士,散馆授编修。工书法,出入于唐宋人之间,略参北碑,尤雄浑。

《上饶历代书画集》

余懋功

【清】号敏斋,南城人。道光丙申廪生。《同治南城县志》称其工绘画,尤长于人物。所作人画像,形神逼肖。

《同治南城县志》《中国美术家大辞典》

余维枢（1613—1667）

【清】字中台，号慎旃，婺源人。余懋衡孙，崇祯四年（1631）入县学，旋补廪膳生，顺治九年（1652）岁贡，以廷试第三名，授北直隶永年知县，康熙二年（1663）补山西临县知县，有惠政，三年行取授兵部职方司督捕主事，六年卒于官。工诗，亦善书，略参颜鲁公而有己意。著有《从祀诸儒系议》《泮宫理乐合集》等。

《上饶历代书画集》

余文璧

【清】号蕴夫，武宁人。清考廉，书怀素草书。

《江西地区书画家简述》

余元勋

【清】字晓庄，上饶人。生员，安贫力学，尤工书法。《同治上饶县志》称其"遇名人法帖，心摹手追，废寝忘食。嗜饮酒，兴酣落笔，酒气拂拂，如舞鹤行天，惊鸿戏海。论者谓其行楷有赵孟頫之长，间临米书，逼真南宫。已用笔洒脱名噪都邑"。

《同治上饶县志》《中国美术家大辞典》

俞崂

【清】字巨山，信丰人。精绘事。善画山、水、树、石，宗法李咸熙、韦偃、倪瓒诸家。向他求画的人很多，甚至成群而至。俞崂性情开朗，曾游览于吴、楚、闽、粤等地山水名胜。对山水风光美好之处，兴致勃勃，吟啸自若。俞崂之弟俞临，亦工书法，且终身不娶。

《中国美术家大辞典》《赣南客家艺术》《中国美术家人名辞典》《信丰县志》《赣州府志》

俞珽（？—1756）

【清】初名培廷，字君仪，号笏斋，婺源人。侨姑苏。清彭蕴璨《历代画史汇传》载其"善指头画，可颉颃高其佩。印学步趋何震。肆力六书古文。手镌圣谕十六条印谱于世"。卒年五十余。

《飞鸿堂印人传》《广印人传》《中国美术家人名辞典》《中国历代画家人名辞典》《历代画史汇传》

俞文诏

【清】字麟士，号抑翁，婺源龙腾人。为人聪颖博洽。据《婺源县志》所载，俞文诏"援例捐郎中，分刑部，选授四川嘉定府知府"。到蜀后，深受总督琦善看重，并在当地励精图治。不仅抚压蛮夷，重修九峰书院，还设立义学、小学。后历任叙州府、夔州知府，补成都府知府，署成绵、龙茂道办通省盐茶道，署理按察使司、四川文武乡试监试官，授中宪大夫累授通奉大夫。后34岁时，"杜门养亲，屡诏不起"。善诗、画，有《江亭话别图》，还曾于上巳日就东坡祠以诗课士，作《凌云课诗图》。著有《史论择存》36卷、《蛰庐遗集》2卷。年六十卒。

《清画家诗史》《中国美术家人名辞典》《中国近现代书画家辞典》《徽州文学概论》《婺源县志》

俞镒

【清】一作俞鉴，字琢荆，号云亭。广丰人，诸生。《广丰县志》载其"善歌曲，喜钓鱼，尤长于画。补弟子员后，游赣、吉、袁、临、浙、广。"以画名，"山川、人物、花草、翎毛各臻其妙，得之者珍若宝玉。虽一画十金，不肯售于人"。年五十八而终。

《江西通志》《中国美术家人名辞典》《中国近现代书画家辞典》《中国历代画家人名辞典》《广丰县志》

俞鹍

【清】字崔舟,婺源人。考授州同知。工指书,银钩铁画,苍古见奇。卿公学士竞相珍赏,其雅度清标有萧然霞外之致。

《中国美术家大辞典》《重修婺源县志》

喻存素

【清】字寿雪,南昌人。幼端伟。嘉庆辛酉(1801)优贡,选授都昌县学训导,未就。据《同治南昌府志》载,其人"事亲最孝,于兄弟,称笃爱"其轩曰"补耘",颜其堂曰"种松"。工书,善画。"其为文力追先正,痛诋近日脑满肥肠之习。书法宗颜、柳,驰誉一时。绘事亦出入东坡、与可之室。当时得其片楮,辄珍袭之。"年四十九卒,有七子,后以子秉授贵赠文林郎,晋赠朝议大夫。

《同治南昌府志》《中国美术家人名辞典》《中国近现代书画家辞典》《中国历代画家人名辞典》《画家知稀录》

喻宗仑

【清】字东白,号桐乡,清嘉庆年间(1796—1820)新城(今黎川)人。优贡生,候选知县。《东白小象记》载其"七龄能诗,十三能擘窠书。尤精小楷,兼善八分"。

《东白小象记》《中国美术家人名辞典》《中国近现代书画家辞典》《百家姓宗祠对联》《中国书法大辞典》《中华书法篆刻大辞典》

喻雨田

【清】号莘农,南昌人。工书,画山水。

《江西地区书画家简述》

袁国栋

【清】乐安东隅人,清乾隆年间(1736—1795)在世。自幼聪慧好学,常采集花、草、虫、鸟进行观察，模其形态，练习绘画本领。22岁时，被取为"画秀才"。25岁赴京考画，乾隆以"古井万丈深"为题令考生作画，众考生苦思冥索，多难表达其意。袁国栋以一人两手支撑井圈上，俯首下望，瞠目吐舌，状极惊骇表示古井之深。乾隆以其立意高超，录为第一名，时称"画状元"。精绘事，擅画花鸟、草虫，俱称绝迹。时人购得之，如获珍宝。他所作之画别具风格，所画花鸟虫草，栩栩如生，山水风景秀丽清新，颇有乡土气息。现存手迹为数极少，乐安县博物馆藏有《隔河两双舟》《春放汉乐水阁亭》《日落晚洲舟不归》《高峰远岸无人声》四幅绢裱山水画。

《中国美术家大辞典》《抚州人物》

臧应选

【清】南昌人，明末皇太子御先生。清兵入关后，于康熙二十至二十七年（1681—1688）任景德镇御窑督理官，管厂务，制器甚佳，故人以"臧窑"呼之。后因受满族官员迫害隐居窑湾，住南大街南哨门里。早年以经营粮食、盐业为主，后来在江西会馆经营药材发财。他与江西帮药商联合集资建江西会馆，因此是窑湾江西会馆的创始人，又是窑湾圩主。他所督造的"臧窑"所烧瓷器诸色兼备，以蛇皮青、鳝鱼黄、积翠、黄斑点四种尤佳。浅红、浅绿、浅紫、吹红、吹青亦可。后之"唐窑"多仿其色。其五色、青花及描金、洋彩，皆精妙入神。

《古瓷考略》《中国美术家人名辞典》《运河畔上窑湾人》《辞海·美术卷》《中国美术大辞典》《中国文化辞典》

曾异三

【清】金溪人。善画芦雁，师赖安田，有《百雁图》，极工妙。

《墨香居画识》《中国美术家人名辞典》《中国近现代书画家辞典》《中国古代画家辞典》

曾燠（1760—1831）

【清】字庶蕃，号宝谷，晚号西溪渔隐。南城人。清代中叶著名诗人、骈文名家、书画家和典籍选刻家，被誉为清代八大家之一。自幼聪颖过人，随父宦游到北京，曹宿见其诗文秀美，"多折行辈与论文"，遂有少年才俊之名。乾隆四十六年（1781）进士，选为庶吉士，授户部主事。后入值军机处，任都察院右副都御史等职。五十七年（1792）被任命为钦差大臣，出使江南一带，升两淮盐运史。嘉庆十二年（1807）升湖南按察使。十五年（1810）迁升广东布政使。嘉庆二十年（1815）至二十四年（1819）任贵州巡抚，辟题襟馆于邸上，与宾从诗赋为乐。著有《赏雨茅屋诗集》，编纂《江西诗征》《江右八家诗》8卷等。精鉴别，工诗文，其诗清转华妙，文擅六朝、初唐之胜。善书法，宗二王，参孙过庭笔意，尤擅行书，笔势遒劲，峻拔秀逸，有名于时。擅画，嘉庆十九年（1814）尝作《骑牛图》。

《三秋阁书画录》《中国美术家人名辞典》《中国历代画家人名辞典》《湖海诗传》《海陆丰诗词选征》《书法大百科》

曾子侬

【清】字惟俦，上犹人，清代监生。工文好古，博学多才，善草书。《光绪南安府志补正》称其"落笔如印泥画沙，极挥洒之乐"。

《中国美术家大辞典》《赣南客家艺术》《光绪南安府志补正》

查培继（1615—1692）

【清】字勉斋，浙江海宁人。祖籍婺源，查氏先祖元末为避兵乱流寓浙江海宁，遂为海宁人。顺治九年（1652）进士，由给事中出为江西按察副史，分巡饶南九道，驻鄱阳。为政有政声，尤以兴学校，敦教化为首务，创办希贤书院，并为之记。工书法，出入于东坡山谷之间。

《上饶历代书画集》

查稚圭

【清】谱名美珂，字柴圭，婺源人。世居凤山之寒溪，号寒溪生，又号凤麓山人。幼颖异，嗜艺术，善书、画，尤工篆刻。子忠厚、忠尧，皆有父风。

《广印人传》《中国美术家人名辞典》《中国近现代书画家辞典》《中华书法篆刻大辞典》

查振旗

【清】字云槎。星子（今庐山市）人，诸生，生活于康熙年间。冯金伯《国朝画识》称他："善诗文，作书以三指提笔，悬肘如意，故大小楷皆有法度。"亦工山水。曾画《匡庐图》扇页赠冯金伯。

《啸虹笔记》《墨香居画识》《国朝画识》《中国美术家人名辞典》《中国近现代书画家辞典》《中华书法篆刻大辞典》

詹明章（1628—1720）

【清】字莪士，号履园，又号兼山，漳州府海澄人，后徙居江西建昌（今永修）。《海澄县志》载其"少负异敏，读书过目成诵"。明亡时虽未成年，而终身以遗民自居。早年或居江西，或居京师。魏裔介为漳州知府时，筑景云楼为其住所。后作兼山楼以居，学者称兼山先生。晚主闽正谊书院，老就漳葺五经书院居之。精于河洛之学，著述甚富。善行书，入晋人之室。论书法尤精绝。崇尚理学，终身力学，著书不倦。哀辑魏裔介的作品集有《兼济堂文集》，著有《易义》《河洛解》等。

《海澄县志》《中国美术家人名辞典》《学人游幕与清代学术》《百家姓名祖先》《漳州府志》《碑传集》

詹天宠

【清】字居锡，婺源人。《婺源县志》载其"性敏，靖绘事，尤善花卉。书法尝仿朱晦翁，见者惊叹。作虚白纵横曲折，任意挥成，有钟、王情态。阴阳、星纬、术数之书，无不精晓"。

《婺源县志》《中国美术家人名辞典》《中国历代画家人名辞典》《朱子学关涉人物辑》《历代画史汇传》

詹天佑（1861—1919）

【清】字眷诚，号达朝，婺源人。中国近代铁路工程专家，被誉为"中国铁路之父""中国近代工程之父"。同治十二年（1873）留学美国，光绪四年（1878）考入耶鲁大学土木工程系，主修铁路工程专业。主持修建中国自主设计并建造的第一条铁路"京张铁路"，创设"竖井开凿法"和"人"字形线路，震惊中外。在筹划修建沪嘉、洛潼、津芦、锦州、萍醴、新易、潮汕、粤汉等铁路中，成绩斐然。著有《铁路名词表》《京张铁路工程纪略》等。亦工书法，楷书尤端庄雄浑，今北京清华园火车站额即为其手书。

《上饶历代书画集》

詹养沉

【清】字无几，号心渊，婺源人。清文学家、书法家。顺治十六年（1659）进士，改翰林院庶吉士，散馆授检讨。康熙二年（1663）典顺天乡试，因考题事落职，旋归乡里，以诗文书法自娱。草书尤名于当世，与詹景凤齐名。著有《北游草》《绯紫山房文集》等，主纂康熙八年（1669）《婺源县志》。

《上饶历代书画集》

詹应甲

【清】字鳞飞，号湘亭，婺源人。戏曲家。乾隆四十五年（1780）高宗南巡献赋，五十三年（1788）举人，历任湖北天门、应城、汉川、恩施知县。所至皆有惠政，民怀其德，立碑以纪之。人称其"居官极持气节，故在三十年迄无所遇"。应甲能诗亦工散曲，擅书法。著有《中秋闸》《中望月》《双调新水令》等套曲,以及《赐绮堂集》《施州乐府》等。

《上饶历代书画集》

詹曰正

【清】玉山人。工牡丹。

《中国美术家大辞典》

张赓飏(1846—?)

【清】字翰卿,鄱阳人。同治七年(1868)进士,官湖北候补道,厦门同知,光绪二十六年(1900)擢云南昭通知府。工书,行书得东坡笔意而入二王之室,颇为世人所重。

《上饶历代书画集》

张固

【清】字柳塘,泰和人。《泰和县志》载其"以善画竹名,不失梅花道人(吴镇)宗派"。

《泰和县志》《中国历代画家人名辞典》

张金鏴

【清】上饶人。山水、人物、花鸟皆擅,所作皆家乡山水,笔墨近元人,后专意于黄慎之法,苍莽华滋,不入俗套,书法亦颇具一格,常有奇绝处。著名于广信间,片楮只字,乡人争而宝之。

《上饶历代书画集》

张景渠(?—1873)

【清】字翼伯,上饶人。道光十二年(1832)举人,十五年(1835)会试挑取誊录。羁留京师近20年,咸丰三年(1853)由国史馆议叙知县,栋发江苏,历任无锡、吴县知县,升同知、知府、道员,后调浙江署宁绍台道。率领清军会同华尔所率"常胜军"与太平军作战，因克复松江府城，功加盐运使衔，赏戴花翎，并受同治帝召见。著有《烬余诗草》4卷，诗风苍郁秀逸。亦工书法，行书尤佳。

《上饶历代书画集》

张履春（1853—1932）

【清】字宜仲，南丰人。光绪二十四年（1898）戊戌科进士，选庶吉士，散馆授翰林院编修，官至湖北武昌府、安陆府、施南府知府等，民国初期曾任湖北荆南道道尹、江汉道道尹。书法见称于时，绘画也颇有造诣。

《中国美术家大辞典》《江西省人物志》

张琼英（1767—1825）

【清】字衍宾，号鹤舫。永丰人。从小有"神童"之称，14岁补弟子员，年未二十中举，任瑞金县教谕。嘉庆六年（1801）中进士，知安徽天长县。两年后改任饶州府。为官20余年，清正廉明，家产仅40余亩薄田，生活清贫。即便如此，他常关心百姓疾苦，接济贫民，深得百姓爱戴。注重教育，培养不少学生，郭仪霄、徐湘潭均出自其门下。善书画，墨迹在当时被视为珍宝。后卒于任，赠资政大夫。琼英为乾、嘉之际的重要诗人之一，各体兼善，尤工五言。著有《采馨堂诗集》《白水诗集》《研悦斋制艺》《三籁草堂试体诗》《笃雅堂古文》等。

《清代诗文集汇编》《江西古代名人》《江西省人物志》

张深

【清】字士渊，弋阳人，《同治弋阳县志》称其"善真、草、篆、隶，好写梅竹"。

《同治弋阳县志》《中国美术家大辞典》

张宿

【清】字月鹿，德兴人。《江西通志》载其"乾隆（1736—1795）时举人，官永新教谕。工书、画"。

《江西通志》《中国美术家人名辞典》《中国历代画家人名辞典》《赣文化通典·书画卷》

张旭章

【清】号喜亭，广丰人。《乾隆广丰县志》称其"工诗善画，凡画必缀以诗，深得王维笔意"。其画《猎神图》威严逼肖。又有《五老观太极》《魁星踢斗》等图，尤为著名。

《乾隆广丰县志》《中国美术家大辞典》《中国美术家辞典》

张浔

【清】字数可（又作素舸）。南昌人。拔贡。擅长诗文，亦工书。喜写佛经，有《金刚经》《心经》数十册传世。著有《春晖堂诗文钞》。

《江西历代人物辞典》

张于栻

【清】南昌人。《南昌县志》载其"工画，仿王叔明（蒙）笔意。从莆田上官周学，往来闽、浙间"，其题画诗云"一曲武陵深几许，青山白石何磷磷。秋高天际孤帆出，云树依依最可人"。

《南昌县志》《中国美术家人名辞典》《中国历代画家人名辞典》

张柱（1848—1922）

【清】字邸尘，又署底澂、亦颠、亦镇、铁朩、号镜雪子，上饶人。张景渠孙。同治十二年（1873）拔贡，历官内阁中书、观察浙江。著有《酿春阁诗草》8卷，《酿春阁诗续草》6卷。信江书院之青云别墅、问月亭、小蓬莱、一杯亭、亦乐堂等处楹联均为其所撰。宣统三年（1911）创办上饶县私立翼伯小学堂。工书法，行书出入于黄山谷而追法晋唐。

《上饶历代书画集》

赵世骏（1861—1927）

【清】字声伯，号山木，南丰人。陈宝琛弟子。清光绪十一年（1885）拔贡，官内阁中书，擅长书法，工寸楷，亦善画花卉。初学钟繇、王羲之，晚学褚遂良、米芾，所书几可乱真。尤善寸楷。后因近视不能悬腕作书，乃钟情于金石碑帖鉴赏，居北京琉璃厂北柳巷南丰会馆数十年，书肆所印古碑帖能得其评鉴者为时人所重，四方求书碑铭者络绎不绝，声名远播。

《清代画史补录》《工余谈艺》《中国美术家人名辞典》《中国历代画家人名辞典》《赣文化通典·书画卷》

赵维熙（？—1917）

【清】又名惟熙，字芝山，一字芝珊。南丰人。光绪十五年（1889）进士，入翰林院。辛亥革命后，任甘肃省都督，参政院参政。工书，能画，偶作小品设色竹石，颇饶雅逸之趣。

《韬养斋笔记》《中国美术家人名辞典》《中国近现代书画家辞典》《中国历代画家人名辞典》

赵之谦（1829—1884）

【清】初字益甫，号冷君；后改字㧑叔，号悲庵、梅庵、无闷等。会稽（今浙江绍兴）人。咸丰九年（1859）举人，后以知县分发江西，44岁时任《江西通志》总编，出为鄱阳、奉新、南城知县。卒于任上。在鄱阳任上正值鄱阳水患，之谦奔走救灾，竭尽全力。擅刑名，曾至广信府会审，清除积案，颇得士民爱戴。赵之谦是清代著名书画家、篆刻家。

在绘画上,他是"海上画派"的先驱人物,其以书、印入画所开创的"金石画风",对近代写意花卉的发展产生了巨大的影响;在书法上,他是清代碑学理论最有力的实践者,其魏碑体书风的形成,使得碑派技法体系进一步趋向完善,从而成为有清一代第一位在正、行、篆、隶诸体上真正全面学碑的典范;在篆刻上,他在前人的基础上广为取法,融会贯通,以"印外求印"的手段创造性地继承了邓石如以来"印从书出"的创作模式,开辟了一个前所未有的新境界,赵之谦的篆刻成就巨大,对后世影响深远。近代的吴昌硕、齐白石等画家都从他处受惠良多。与吴昌硕、厉良玉并称"新浙派篆刻"的三位代表人物,与任伯年、吴昌硕并称"清末三大画家"。

《中国美术家人名辞典》《上饶历代书画集》

郑秉恬(1783—1840)

【清】字性和,号云壑,上高人。道光二年(1822)榜眼,改翰林院庶吉士,散馆授编修,出为山西五寨、平遥、曲沃知县。钱中丞聘主讲鹅湖书院。工书,善画,著有《郑太史云壑诗集》。

《上饶历代书画集》

郑士谟

【清】字则文,自号沙潭散人,上饶人。《光绪江西通志》载其"少颖异,博淹群籍,通春秋、杜门著述,或为书、画以自娱。同县徐遂有学行,隐迹著书,士林并重之"。著有《白眉故事》。

《光绪江西通志》《中国美术家人名辞典》《中国近现代书画家辞典》《中国历代画家人名辞典》

郑运扔

【清】字吉占。河北瑶坊人,后徙至江西上高。太学生。喜读史传,不慕科名。《同治重修上高县志》载其"尤工画山水。兴酣时，吮毫落墨，便觉骨削神清，态浓意远"。好客，"豪侠之士多过访之，与族太史秉恬交最善。每酒阑茶罢，评论画家三品。或对弈角胜，聊休夜吟。邑中学画者咸师事之，一时推为雅人"。

《瑞州府志》《中国历代画家人名辞典》《同治重修上高县志》

钟绍棠

【清】号南国，赣州长洛乡人。诸生。生性聪慧。《同治赣县志》载其"工诗草、篆刻，精琴理，能自成声谱。善画大小狮。自题句云：兽之猛，惟白泽。铜作头颅，铁作额。双双写出真骨格，愿伊尽搏魔与贼。"年未四十卒。

《广印人传》《同治赣县志》《画家知希录》《中国美术家人名辞典》《中国近现代书画家辞典》《中国历代画家人名辞典》《同治赣州府志》

周承尧

【清】号松孙。鄱阳人。善书画，学其祖周家钧，工画山水。

《中国历代画家人名辞典》《中国美术家人名辞典》

周峻

【清】字云峰，号怀玉山人，玉山人。清代画家。寓居吴门。善绘兰竹，师蒋予检，出入于郑思肖、徐渭之间。间作山水，亦万竿修竹。张之万抚吴时，考试画学，拔为第一。

《上饶历代书画集》

周家钧

【清】字松亭，鄱阳人。诗、书、画无一不精，每作一画，必有题咏，意境高雅。画工山水，胸中自有丘壑，布局有极目千里之势。

《上饶历代书画集》

周昆

【清】书画家、篆刻家。号草窗子,南昌人。《同治南昌府志》称其工篆隶书刻,画花石铜鱼诸古器,曲肖其形。

《同治南昌府志》《中国美术家大辞典》

周亮工(1612—1672)

【清】字元亮,又有陶庵、减斋、缄斋、适园、栎园等别号。金溪人。曾寄居河南祥符(今开封)。明崇祯十三年(1640)中进士。初任山东潍县(今潍坊)知县,迁浙江道监察御史。入清后,任盐法道、兵备道、布政使、左副都御史、户部右侍郎等职。后屡被劾论死,遇赦,仅免死罪,发配戍边。康熙元年(1662)诏赦再起,补山东青州海防道,调江南督粮道,复遭劾听审,遇赦得释,不久去世。《清史列传》将其列入《贰臣传》。周亮工善古文词,秉承"秦汉风骨";为诗贵在己出,不肯蹈袭前人一字。诗词文章声高气满,学者都称其为"栋下先生"。由于与前明遗老多所交游,入清后,仕途又起落无常,故文多抑郁之气。自认为因文章才望招忌恨,使仕途艰辛,一气之下焚烧著述百余卷。康熙八年(1669),自编文集300余篇。又嗜好绘画、书法、篆刻,爱收藏、善鉴赏,其文中多有序跋。著有《赖古堂全集》24卷、《书影》10卷、《读画录》4卷、《字触》6卷、《闽小纪》4卷、《同书》4卷、《印人传》3卷等。《四库全书》将其《印人传》《书影》等书进行"抽毁"。

《清史》《江西诗征》《渔洋山人感旧集》《江西古代名人》《江西省人物志》

周圻

【清】字百安。抚州人。擅画,有跋胡元润画,自述学画30年。

《玉几山房画外录》《中国历代画家人名辞典》《念楼学短》

周松
【清】字公木，丰城清溪人。《同治丰城县志》称其"工书，家多古本，摹拟辄肖。仿董华亭（其昌）尤得神髓"。
《同治丰城县志》《中国美术家大辞典》

朱瀚（？—1857）
【清】原名时序，字柳堂，号寅安，高安人。大学士朱轼五世孙，世袭骑都尉，曾在军中任都司、游击、参将、沅州协（治今湖南芷江）副将等职。咸丰元年（1851）带兵入广西，与太平军作战。次年在长沙与太平军进行了长沙之战。因功升署长沙协副总兵，调署永州镇总兵。朱瀚自幼励志好学，工诗，9岁落笔有奇句。戎马一生，不废吟咏，诗风豪雄清拔，劲迈苍古。时人称为儒将诗人。有《小沧溟馆初集》6卷、《小沧溟馆二集》9卷、《小沧溟馆三集》13卷。工画墨梅，颇似金农。道光十五年（1835）作《梅花图》，现藏故宫博物院。
《历代画史汇传补录》《宋元明清书画家年表》《中国近现代书画家辞典》《中国历代画家人名辞典》

朱景岐
【清】号西斋，江西知县。《海盐画史》载其"善画花卉"。
《清代画史补录》《中国美术家人名辞典》《中国近现代书画家辞典》《中国历代画家人名辞典》《海盐画史》

朱禄衔
【清】字子冰，南康人，由副贡中道光十七年（1837）举人。《光绪南安府志补正》称其精书法。工吟咏，喜欢以诗纪其事，著有《寓虔草》《咏史诗钞》《种杏山房诗集》《周易经史汇参》等。

《光绪南安府志补正》《中国美术家大辞典》《南康县志》《赣南客家艺术》

朱容重

【清】一作重容,字子庄,号冰壶,明宗室,朱元璋第十七子宁献王朱权封藩在南昌的十世孙,南昌人。其常属书画作品的款印有"朱容重""朱容重字子庄""柤石居士""子庄""柤石容重"。《南昌县志》载其"朱仪渧,更名容重,字子庄,奉国中尉,国变后混迹尘世。能诗,工书画,善画兰竹小景,居蓼洲,四方之士游豫章者,不得其笔墨以为阙,造请无虚日。年七十九卒"。

《中国美术家大辞典》《赣文化通典·书画卷》《八大山人研究》《国朝画征录》《中国美术家人名辞典》《中国历代画家人名辞典》

朱珊

【清】字玉树,号镜湖,高安古塘人。康熙二十一年(1682)壬戌科进士,授翰林院庶吉士,归德知府。《江西通志》载其"工书、画"。

《江西通志》《中国美术家人名辞典》《同治高安县志》

朱韶

【清】字仲韶,南昌人。《图绘宝鉴续纂》载其"善画山水"。

《图绘宝鉴续纂》《中国美术家人名辞典》《中国近现代书画家辞典》《中国历代画家人名辞典》

朱轼(1665—1736)

【清】字若瞻,号可亭,高安人。康熙三十二年(1693)中乡试第一,次年中进士,授翰林院庶吉士,越六年,改授湖北潜江知县,有德政。后升刑部主事,历迁本部员外郎、郎中。雍正帝即位后,命朱轼参与王公大臣会议,迁吏部尚书,加太子太保,入直上书房。充总裁官,修《圣祖实录》。充顺天乡试正考官，以"公慎校阅"著称。后又充会试正考官、《明史》总裁。雍正三年（1725）九月，拜文华殿大学士，兼吏部尚书，命偕同怡亲王前往直隶省查勘水利营田。乾隆元年（1736）二月，充会试正考官及《世宗实录》总裁。九月病重期间，乾隆帝亲临府邸探视，次日病逝。乾隆车驾亲临哭奠，并辍朝一日。赠太傅，入祀贤良祠，谥"文端"。订正《大戴礼》《吕氏四礼翼》《温公家范》《颜氏家训》《历代名臣名儒循吏传》《辂车杂录》《广惠编》诸书。还著有《周易传义合订》12卷、《史传三编》56卷、《仪礼节要》20卷、《春秋钞》10卷、《孝经》1卷，还有《周易注解》《周礼注解》《春秋详解》《仪礼节略》。工于书法。著有《朱文端公集》。

《中国美术家大辞典》《江西省人物志》

朱颐

【清】字说侣，自号渔庄，上犹人。县学生员。《光绪南安府志补正》称其工云林墨法，每于林岚最胜处徜徉其中，赋诗作画，萧然高寄。

《中国美术家大辞典》《光绪南安府志补正》

朱益藩（1861—1937）

【清】字艾卿，号定园，萍乡莲花人。清光绪庚寅（1890）翰林，官至湖南正主考，陕西学政，上书房师傅，考试留学生阅卷大臣。曾任京师大学堂（北京大学）第三任校长、著名书法家。中年兼师李北海、米襄阳等。朱益藩入值南书房时即以擅长书法闻名，经常承代御笔书写匾额、春牌、福、寿字等。其工书法，雄浑苍劲。民国后，订润卖字，京、津一带，时见所书楹联。亦精医学。

《中国近现代书画家辞典》《筠邑文库》《中国近现代高等教育人物辞典》《中国书法大辞典》

朱振本

【清】字备万，号春坞，高安古塘人。道光十一年（1831）辛卯科举人，以书画著称。《同治高安县志》载其"工墨竹。磊落拔俗，潇洒出尘。尝游吴、越、楚、豫、燕、粤、齐、鲁，至辄有声，然非其人不画。上高茂才晏家瑞纂入国朝《书画名家考略续编》书。出入大小欧文，顷刻数纸，不假锤炼，自然精工。年五十七卒。以聊云同辈并推书画妙。斯人竟以孝廉终"。

《江西通志》《中国美术家人名辞典》《中国近现代书画家辞典》《中国历代画家人名辞典》《中国美术家大辞典》《同治高安县志》

左莲青

【清】江西人，工山水。是近代中国画大家黄秋园、傅抱石之师。

《中国历代画家人名辞典》

近现代

敖佩芬（1870—1957）

【近现代】名芗，又名钺，字佩芬，号向生，斋名进修斋、求安斋。祖籍江西，世居天津。敖佩芬幼从梅韵生读书，少长习画，能继梅先生衣钵。所作墨竹、金鱼，无不逼似梅韵生。庚申（1920）以后，其师所作金鱼皆为敖佩芬代笔。兼善花卉，工书。八十后尚能书蝇头小楷。

《中国近现代书画家辞典》《天津绘画三百年》《中国美术家大辞典》《中国美术家人名辞典》《赣文化通典·书画卷》

毕伯涛（1886—1961）

【近现代】名达，字伯涛，号黄山樵子，祖籍安徽歙县，寄居江西鄱阳。1899年，毕伯涛14岁，考取清末秀才。早年拜鄱阳画家张云山为师，以金石、诗、书、画称著于世。到景德镇后专攻粉彩陶瓷绘画，擅长翎毛、花卉，以用笔工细、设色雅静著称。毕伯涛的画风受清代新罗山人的影响很大，取其精华，融会贯通，作品含有浓郁的生活气息。身为文人的毕伯涛，平生研究金石、书画，造诣颇深，对瓷艺与画艺相得益彰的"珠山八友"流派的形成，做出令人瞩目的贡献，成为"珠山八友"初创时期的八位成员之一。为中华人民共和国成立后景德镇制瓷艺术的繁荣昌盛做出了贡献，2011年景德镇市追认其为中国陶瓷美术大师。传为毕伯涛的传人的还有毕德芳、李景春等。其子毕渊明（1907—1991），安徽歙县人。岳父王大凡。专攻粉彩走兽，并形成独特风格。工金石、诗歌及书画。尤善画虎，素有"毕老虎"之誉。

《赣文化通典·书画卷》《珠山八友》《民国瓷鉴赏》《瓷艺丹青》《历代工艺名家》《中国陶瓷艺术家作品珍赏》

白采（1894—1926）

【近现代】原名童国华，字汉章，高安茜塘深港童家村人。白采天资聪颖，少年时即能诗善画，1911年毕业于筠北小学，此后刻苦自修十年，细心研习书画。他读书之所曰"绝俗楼"，旧题小照云："遣兴不忘丝竹肉，矜奇偏爱画诗书。"1915年春至1918年秋，先后三次外出游玩，到过南昌、武汉、上海、南京等地，一路上游历名川大山，遍访名胜古迹，常驻山村寺庙，所到之处，多有题咏。1918年秋至1922年春，在高安倡办同学会，帮助有困难的同学，购买《史记》等图书在高安进修书院开办图书室。1923年考入上海美术专门学校，在美专读书时，经常把上海出版的《国民时报》副刊《觉悟》以及当时党的刊物《向导》寄给高安女子小学。1923年美专毕业，曾留在上海音乐会，东方艺术专门学校，还兼任报社的编辑。白采专攻西洋画，又长于文学，自1921年在《东方杂志》发表小说《乞食》之后，先后在《创造周报》《小说月报》《文学周刊》等报刊上发表小说14篇。著有《绝俗楼我辈语》《绝俗楼诗》。

《江西省文化艺术志》

蔡公时（1881—1928）

【近现代】别号虎痴、公痴、痴公，九江人。清贡生。1902年，蔡公时被迫离乡，到广州求学，无以糊口，凭着自幼练就的一手工整的魏碑书法，于客栈前当众书写出售，得到孙中山的赏识，并资助其赴日本留学，并加入中国同盟会。辛亥革命时，与李烈钧等起义，被任命为江西军政府交通司司长、九江保商局局长。1913年7月，李烈钧在湖口起兵"讨袁"，他赴赣省商讨大计，奉命赴粤求援。起义失败后再往日本，学于东京帝国大学政治经济科。1916年在北平创办北平民国大学。次年孙中山在广州召开非常国会，就任大元帅，为护法运动做准备，他被任为大元帅府参议。

1924年冬，随孙中山北上与段祺瑞政府谈判。孙中山逝世后，留在北平治理丧事。1928年春，北伐军进兵山东，蔡公时任国民革命军总司令部战地政务委员兼外交处主任。当时日本政府借口保护山东侨民，出兵济南，不断挑起事端。北伐军第四十军被迫自卫还击，与日军发生武力冲突。1928年5月3日，日军突然包围外交公署，将蔡公时与署员多人捆绑。蔡公时据理力争，厉声抗议，被日军残忍杀害，其余署员16人均惨遭杀害，是为"五三惨案"。在书法方面，尤工隶书，其隶书往往能融行草笔意于其中。

《中国近现代书画家辞典》《江西省人物传》《民国名人传》《中国书法家大辞典》《山东重要历史人物》《中国古今名人大辞典》《九江人物志稿》

蔡公湛（1882—1953）

【近现代】名可权，号公湛，别号权盦。新建人。晚清秀才，曾与夏敬观等捐资赞助江西心远学堂。早年曾访陈宝箴、陈三立父子，执弟子礼，后与熊季廉等创设乐群学堂。光绪三十三年（1907）任民政部营缮司主事，后历任江西省自治筹办处参议、财政厅秘书，北洋政府交通部秘书、参事，津浦铁路局课员、课长、秘书，北京公路局秘书等职。为稊园诗社成员，书画家，时与叶恭绰、陈衡恪诸人相往还。1951年12月被聘任为中央文史研究馆馆员。1953年病故，终年72岁。蔡公湛精于古玉鉴藏，著有《辨玉小识》《或存斋获古录》《阴符经初解》《墨子浅说》等。所著《道德经玄赞》曾获得著名诗人陈三立赞赏。其诗集《或存草》10卷，刊于1947年。

《中央文史研究馆馆员传略》《中国现代诗选》《赣文化通典·书画卷》《新建县历史人物选》《艺史芳尘》

蔡敬襄（1877—1952）

【近现代】字蔚挺，新建人。少入上海龙门师范学校。毕业后回到南昌，参加易知社（后改名共进会）。为便于革命活动，易知社于光绪三十一年（1905）创办女子学堂，各科教员由社员义务兼任。学校费用由学监虞维煦（时为陆军测绘学校教官、易知社社员）个人支付，名为义务女校。蔡敬襄热心收藏并喜好研究江西文献图书。在义务女校建立蔚挺图书馆，收藏多种文物、书刊。所收藏的江西方志、金石碑帖共有千余种，尤以城砖收集著称。在陈季修协助下，指导义务女校学生从事摹拓，编成《江西南昌城砖图志》一书。被人赞誉为"功在文化"和"砖王"。惜《南昌城砖图志》成书后，陈季修仅拓数份，今已散失殆尽，唯英国伦敦图书馆尚存精装孤本。

《江西省人物传》《中国历代藏书家辞典》《中国历史文化名城》

谌亚逵（1903—1990）

【近现代】笔名谌徐，南昌人。17岁赴北京学习美术。曾师从陈师曾、姚茫父等名师，1923年毕业于国立北京美术专科学校（今中央美术学院前身）师范系，1925年与同窗王之英、邱石冥、姚茫父（姚华）等六人创办了"北京京华美术专科学校"，谌亚逵出任教授。1930年与同窗学友吴作人等赴欧洲留学深造，1933年学成归来，历任上海美术专科学校、国民党中央训练团、中央政治学校教员、教授。中华人民共和国成立后，谌亚逵历任东北工学院、沈阳鲁迅艺术学院、西安冶金建筑学院教授。

陈定可（1916—1989）

【近现代】名在鼎，字定可。号寒漪、铁庵、铁翁。祖籍江西新城（今黎川）人，《民国江西通志》所载陈门"乾嘉道年间，一门七进士，九乡榜，为邑之冠"。陈定可博学多才，精书法，受教于其父陈病树、长沙许桢立，为人品质清正，勤奋好学，不喜张扬，终身醉心于艺事，诗、书、印皆有较高造诣。中华人民共和国成立后为上海市文史馆馆员，富收藏，善鉴定，赵朴初对其评价甚高。著有《寒漪馆印谱》刊行。

陈度（1871—1947）

【近现代】字古逸，又作古愚。晚年以字行，号琴禅居士，云南泸西人。祖籍江西临川（今属抚州）。其祖父瀛波，以制笔为业，携眷到云南。父亲奏堂，擅长书法，师法二王，笔力遒劲无俗韵。陈度少入莲湖吟社，习诗古文词。及长亦习制笔业，吸取宣城诸葛氏制笔之法，所制益精，尤以善制橡笔卓著。"凡工擘窠大字者，皆曰非陈先生笔，无能为役也。"光绪二十年（1894）举人。掌教普洱宏远书院。纂《普洱府志》52卷。二十五年（1899），进行书院改革，将书院试办为译算学堂。又入昆明经正书院深造，尝与硕彦角逐文坛。于光绪三十年（1904）中进士。先在吏部文选司任职，旋调云南财政监理官，任造币厂厂长。光绪末年，在滇提倡办新学，禁鸦片，兴农桑，革缠足。对改变社会风气做过努力。奉公廉洁，长于外交。旋辞官参与编纂《续云南通志长编》。是晚清云南四才子之一。辛亥革命后，任银行监察，一度代理外交司长；后又在滇越、滇缅铁路的筹措时，与美法官员交涉中，大义凛然，发扬民族自尊精神，杜衅端而固主权，国人交口称赞。护国运动爆发，毅然投入反袁斗争，任云南军政府第一曹参事，后荣获四等嘉禾勋章。颇有政声。与陈荣昌、袁嘉谷交谊甚笃，3人均饱学之士，称"滇中三杰"。书法师苏轼，擅长小楷、行草，作品以写经为多，兼擅篆书、隶书。隶书以《石门颂》为宗。自创一格，滇中、滇南广留墨迹。篆书深得石鼓文及泰山石刻真味，著名的昆明《护国门碑记》篆额即其手笔。兼擅篆刻、雕刻，篆刻有两周铭文及两汉瓦当、封泥之味。三清阁、太华寺等处亦有他书写的摩崖诗刻。画则落笔写意，近似徐渭、朱耷，最善于指画，为云南指画一代宗匠。门人孙乐为其选编《琴禅居士书画集》传世。其著有《泡影集》10卷、《泡影集续集》2卷，另有《诗画集》《袁树五传》《过月人语》《湖月集》《古滇人图志》《陈古逸先生书画集》等著作。陈度晚年潜心佛学，思居净土，于是远离嚣尘闹市，避居昆明西山华亭寺海会塔院。并与禅师虚云，居士张学智、金在熔等组织"净业社"，创办《净园丛刊》。生前即在象山之簏建藏青塔，自撰塔铭"能了其幻"。家人遵其遗命，殓以僧服，葬入塔内，享年77岁。

《中国美术家大辞典》《云南辞典》《中国书院辞典》《云南省红河哈尼

族彝族自治州文化艺术志》

陈方（1897—1962）

【近现代】字芷町，号荒斋，又号大荒斋主。石城人。父陈善吾是清末秀才，以教书谋生。陈方自幼聪颖，随父熟读四书五经及诗文古词，12岁时以优异成绩考取江西省立模范中学，毕业后回乡任教于高级小学。后辞职至北京、上海谋求发展。35岁时，由时任南昌行营秘书长杨永泰推荐，至蒋介石身边工作。后任蒋介石侍从室秘书，十大秘书之一，十三个高级幕僚之一。去台湾后任"台湾当局""总统府"国策顾问。1962年在台湾去世。陈方自幼酷爱书画，后至京沪时获睹宋元明清各名家书画，眼界大开。因从政公务繁忙，书画有所荒废。抗日战争后期，自感性情难以久居官场，故于公务之暇，专习墨竹，所作墨竹，张大千论为"当代第一"。并与郑曼青、彭醇士等人交游。赴台后与马寿华、陶芸楼、郑曼青、张谷年、刘延涛、高逸鸿组织七人画会，时常举办书画展及同人雅集，并出版有《芷町竹谱》和《芷町书画选》。

《中国历代书法家人名大辞典》《江西省人物传》《大千三十》

陈方恪（1891—1966）

【近现代】字彦通，修水人，陈三立之子。幼人入家塾随王伯沆读经史，后入上海震旦学院。毕业后任中华书局杂志部主任。未久，辞职赴北京，供职盐务署、财政部等处。后回江西，先后为全省田亩丈量局局长，景德镇税务局局长，督军署秘书长兼二套口统税局局长。曾以家藏在苏州护龙街开设含光阁书店，然有出无进，书尽店闭。旋往无锡、上海任教，授课引经据典，随兴发挥，一度出任上海某大学教务长。中华人民共和国成立后，出任南京市政协委员，后任江苏省政协委员。时在南京图书馆工作，奔走于街头和藏书世家，为图书馆成批购进古旧书，颇多善本。1959年调《江海学刊》编辑部审读文史稿件。1962年获得三级教授待遇，辞去《江海学刊》职务，在南京图书馆挂职。陈方恪才学出众，擅长目录学，熟稔晚清文坛掌故，书法酷似翁方纲。工诗，尤擅长填词，不少诗词发表在《青鹤》杂志上。汪辟疆《近代诗派与地域》评其为"隽语瑰词，情韵不匮"。晚年编集《婴弟楼谈荟》《鸾坡草堂诗词》等，稿存南京图书馆。

《江西省人物传》《现代中国诗词经典·词卷》《二十世纪中华词选（上）》《近代江西诗话》

陈赣一（1892—1953）

【近现代】字藻青，号颍川生，新城（今黎川）人。出身世家，曾创办《青鹤》杂志，著有《睇向斋秘录》《睇向斋谈往》《新语林》等。兼擅诗书画。

《曾国藩逸事汇编》

陈衡恪（1876—1923）

【近现代】乳名师曾，后以为字，署名觯庵，号槐堂，别署陈朽、朽道人，晚年得安阳出土唐志石颜其斋，又称唐石簃、安阳石室，因敬慕吴昌硕（别号"苍石"）又称染苍室。江西义宁州（今修水）人，1876年生于湖南省凤凰县，陈三立长子。祖陈宝箴湖南巡抚；父三立号伯严，又号散原，清进士，著名诗人。其弟陈寅恪是历史学家。光绪七年（1881）夏，游杭州西湖观荷花盛开，以手指在轿板上摹绘，归家后即索笔砚，开始学画，时年仅6岁。7岁能作擘窠书，间作丹青与短章断句，祖父陈宝箴惊喜之余，以其书画夸示于亲朋。光绪十六年（1890），以父、祖关系在长沙与书画家胡沁园相识，以书画请教。二十年（1894），随祖父至湖北，曾从周大烈学文学，从范仲霖学汉隶、魏碑及楷书，尤致力于六朝碑碣，小楷精湛者亦从魏碑中运化而出，又从岳丈范肯堂学行书。他刻苦好学，在老师点拨下，艺事日进。次年为范彦殊（妻兄）作绢本纨扇《桃花竹笋图》，设色鲜丽，技艺工细，初见绘画才能。戊戌变法失败后，其祖、父同被革职。是年，考入南京江南陆师学堂附设矿路学堂，与鲁迅为同学，结下友情。光绪二十八年（1902）四月，入日本弘文学院博物科。

虽攻科学，其心仍在艺事，后考入东京师范。1906年，在东京结识李叔同，两人一见如故，始终保持友谊。宣统元年（1909）毕业归国，任教于江苏南通师范学校，拜画家吴昌硕为师。不久，应张邀任湖南第一师范教员。1913年秋，陈衡恪聘任为北洋政府教育部编纂处编审员。次年，与鲁迅等筹办全国儿童艺术展览，6月参与选送装潢儿童艺术展览会的作品参加巴拿马万国博览会。1915年2月，国立北京高等师范学校开办三年制手工图画科，陈衡恪被聘为国画教师，兼任北京女子师范及女子高等师范博物教员。期间，其作品《北京风俗图》展现北京百姓的生活面貌，体现了陈师曾现实主义创作精神，技巧上采用了西方的艺术手法，又有着传统笔墨的形式美，这种形式影响了以后许多画家如丰子恺等的创作，具有承前启后作用。1917年，齐白石闻陈衡恪之名，携《借山图》卷请其鉴定，其后齐白石衰年变法，更得其相劝而成就之。年底为齐作大幅"山水"立轴，此为陈衡恪名作。1918年2月，北京大学画法研究会成立，受蔡元培邀任中国画导师，常与徐悲鸿、贺履之、胡佩衡等画家共同砥砺画学。4月，国立北京美术专门学校聘请其为中国画教授。不久在北京美术学校讲授《中国绘画史》，后由其门生俞剑华、苏吉亨根据其讲义整理为两个版本，乃近代研究中国绘画史开山之作。1920年5月，北京成立中国画学研究会，陈衡恪为主要成员。先后在《绘学杂志》上发表《清代山水画之派别》《清代花卉之派别》《对普通教授图画科意见》《绘画源于实用说》4篇专论，在《东方杂志》发表《中国人物画之变迁》一文，出版16页《陈朽画册》一集。1922年5月发表《文人画之价值》一文影响最大，文中主张对中国文人画全盘考察、正确评价，提出文人画要素为第一人品，第二学问，第三才情，第四思想。陈师曾在"五四"新文化运动中，能站在中国文化的制高点，用两种眼光看问题，他没有近代人第一次看西方时的自卑心理，也不狂妄自大、目空一切，而是以平常心看西方，以谦虚自强精神学西方。他认为中西绘画没有谁高谁低、谁优谁劣，"未可轩轾"，只是"系统殊异，取法不同"。在艺术功能上都是为了唤起人们的美感，培养人们高尚的情操，提高健康愉悦的精神和道德。他看到了当时中国画坛上的流弊,"彼土艺术日新月异,而吾国则沉滞不前"。因此,他提出,中国画要进步、创新"宜以本国之画为主体,舍我之短,采人之长"。1922年3月,携齐白石等人作品去日本参加"中日联合绘画展览会",日方拍摄了陈衡恪与齐白石作品和生活电影,在东京艺术院放映,齐白石自此而始轰动中外。法国艺术家还精选两人佳作参加巴黎艺术展览会。1923年8月7日,陈衡恪奔继母俞明诗之丧往南京,因体衰兼雨淋,患重感冒去世,后葬于杭州九溪牌坊山,年仅四十八。陈衡恪擅长诗书,精篆刻。其诗承陈三立之训,又受岳父范肯堂先生之诗学影响,但形貌不似其父。每画必题,长篇短句,清新俊逸,与画互相映发,其余诗作多借物托意。书法则篆、籀、隶、魏、真、行诸体无不工,笔力苍劲,风神秀逸,独具一格。中年以后日趋苍老刚健,矩法森严,喜用狼毫秃颖,坚实沉着,于古朴之中饶有秀气。篆刻早期受蒋仁、黄易、奚冈等西泠诸家影响,上溯秦汉、融会赵之谦,师承吴昌硕,诗书画印熔于一炉。又熟谙六书,对石鼓文、金文、陶文均有涉猎,风格苍劲透逸、古拙浑厚,尝著《摹印浅说》一篇,简明概括。画山水陈衡恪受石田(沈周)、石天(沈颢)、石涛(道济)、石谿(髡残)、蓝瑛(石头陀)等影响,对他们所取得成就推崇备至,刻"五石斋"以纪之。不使一笔入四王,故生辣坚强,钩多皴少,尤不耐渲染,瘦骨嶙峋,笔笔有力。花卉,则综合陈淳、徐渭、华岩、李鱓,参以吴昌硕,挺拔俊逸,不取怪能,以习博物,故形能逼真。偶作人物,亦时写生,所作京华风俗图,有金农、罗聘遗意。平生唯不善作翎毛,故常与王梦白(云)合作。性行纯笃,喜奖掖后进,齐白石得其助甚多。他认为新美术"宜以本国画为主体,舍我之短,秉人之长""融会中西""画吾自画"。他为文人画辩护,强调绘画的民族性和继承性、时代性,并用民族绘画的主体性去对抗"全盘西化"和一切贬低否定中国传统绘画的论调。由于陈师曾的国学基础深厚渊博,所以他能熔书画篆刻于一炉。梁启超称他是"现代美术界具有艺术天才、高尚人格、不朽价值的第一人"。陈师曾极重艺术教育,王雪涛、王子云、李苦禅、刘开渠、俞剑华、苏吉亨、高希舜等均为其授课门生。遗作有《槐堂诗钞》《陈师曾先生遗墨》(共

10集)《染仓室印存》《陈师曾印存》《中国绘画史》《中国文人画之研究》《陈师曾先生遗诗》《不朽录》。鲁迅与郑振铎合编的《北平笺谱》也收有其作品。

《榆园画志》《中国美术家人名辞典》《中国历代书法家人名大辞典》《中国近现代书画家辞典》《赣文化通典·书画卷》《江西省人物传》

陈静吾（1912—1997）

【近现代】号武夷樵客，山东郯城人。中华人民共和国成立初期寓居铅山，以樵牧行医为生。一生淡泊名利，闲暇之余吟诗作赋，修国学、研书法，创作了大量脍炙人口的诗词，大多朴素自然，感情真挚生动，为现代田园诗中的佳作。书法博采众长，信手拈来，自成一格，出入于八大、板桥之间。

《上饶历代书画集》

陈寅恪（1890—1969）

【近现代】字鹤寿，修水人，生于湖南长沙，陈三立之子。中国现代集历史学家、古典文学研究家、语言学家、诗人于一身的百年难见的人物，先后任职任教于清华大学、西南联大、广西大学、燕京大学、中山大学等。光绪三十年（1904），与次兄隆恪同考取官费留日，就读东京巢鸭弘文学院高中，后因病归国调养。三十三年（1907）考入上海复旦大学。宣统元年（1909）毕业，赴欧洲留学，考入德国柏林大学；三年（1911），考入瑞士苏黎世大学。1913年，入法国巴黎大学。次年秋，江西省教育司副司长符九铭电召其回南昌，批阅留德学生考卷，许补留学官费。1925年，清华学校开办国学研究院，在国内首创导师制，经吴宓、梁启超推荐，成为该院继王国维、赵元任、梁启超之后的第四位导师，1926年7月到校任职。1931年，被清华大学历史系与中文系同时聘请为教授，是清华唯一的合聘教授。开设课程主要有魏晋南北朝和隋唐五代专题研究。在历史系开课有唐代西北史料、魏晋南北朝专题研究、隋唐五代史专题研究等；在中文系讲授佛经文学、禅宗文学、《世说新语》研究、元白诗研究等课。每种课程都以新的资料来印证旧闻，或于习见史籍中提出新见，因其身出名门，而又学识过人，在清华任教时被称作"公子中的公子，教授中之教授"。1937年日军侵占北平，他于11月初携全家离开清华园南下，到长沙清华临时大学任教。1939年春，英国牛津大学聘其为该校汉学教授，并授予其英国皇家学会研究员职称。暑期赴香港，拟携家赴英，时值第二次世界大战爆发，未能成行。9月再返西南联大任教。1940年暑假再赴港，待机赴英，受聘任香港大学客座教授，讲授韦庄《秦妇吟》，并作"武则天与佛教"学术讲演。1941年底，太平洋战争爆发后，日军占领香港，他在家闲居半年。日军军部得知其是知名学者，又懂日语，便欲拉拢，曾许以40万元要其主办东方文化学院，遭陈拒绝。后日军又送来大米，也被拒门外。1942年5月，装扮为塾馆先生携家逃出，任教于广西大学。其间曾至粤北坪石中山大学临时校址作"清谈与误国"和"五胡问题及其他"两次学术演讲。1943年秋任教于成都燕京大学。其间先后完成《隋唐制度渊源略论稿》《唐代政治史述论稿》。两书所论精辟，史识卓越，尤其后一部书，士林推重，被誉为唐史研究的划时代名著。1945年秋，英国皇家学会约其赴英治疗目疾，手术后并未奏效，至1946年春，双目失明。遂辞去牛津旧约，取道北美归国。是年秋，回清华大学任教，在寓所客厅为学生授课，陈庆华等3人为助教，助其查阅资料与整理文稿。抗战胜利后，通货膨胀，货币贬值，所得薪水竟不能维持一家温饱。1949年，国民党政府派傅斯年等先后劝他去台湾，被拒绝。后到岭南大学任教。10月，广州解放，仍留岭大，将多年来研究元白诗的成果整理出《元白诗笺证稿》一书，1950年刊行。此书对唐著名诗人元稹与白居易两人诗作比较研究其异同，以此为线索，探究整个文体的演化及其渊源，既引史证诗又从诗看史。1951年，辞去中文系教授职，由夫人亲自担任助手，在历史系授课。1952年9月，岭大并入中山大学，转入中大历史系，由黄萱任助教。1953年秋，撰写《论再生缘》，稿成后自出资油印若干册。次年1月，中国科学院院长郭沫若致函他去京，尔后，拟调他任中国科学院历史研究所第二所所长职，辞谢不就。1956年春，陈毅曾来看望他，谈及学术问题。以后，中共中南局第一书记陶铸以及周扬、胡乔木等领导人曾多次前往探视，嘱派三名护士照料其生活。1964年，完成70万言巨著《柳如是别传》。此书是在双目失明情况下，靠助手念材料，然后构思、口述，由助手记录整理而成，学术界实属罕见。1965年，在助手黄萱协助下撰述《寒柳堂记梦稿》，这是一部自撰年谱性文稿。"文革"开始后，文稿被抄走。1969年10月7日晨5时半去世。陈寅恪虽不以书法闻名，但他写的行草书，笔势自然流利，行气酣畅，以侧取妍，字里行间显现出名士风度。

《赣文化通典·书画卷》《江西省人物传》

程惠信

【近现代】字景川，号竹山。工书善画，书精行草，画善文竹，山水亦疏秀。

《中国近现代书画家辞典》

程门雪（1902—1972）

【近现代】又名振辉，小名荣福，字九如，有壶公、蒲石山房、书种庐、晚学轩、补读斋诸号。婺源县下溪村（古称溪源或龙溪）人，诗书世家，幼随晚清宿儒吴国昌（婺源太白人，字伟模）学习四书五经及诸子百家，十五六岁时名医汪莲石有名于上海，即受业为弟子。时汪已老，遂以程氏介入同为其弟子的孟河名医丁甘仁门下，就读于丁氏初创的上海中医专门学校，1921年，程氏以优异的成绩成为该校首届毕业生。程氏于1926年起，任上海中医专门学校《金匮》教授，次年，丁甘仁故世，程遂任教务长，兼沪南广益中医院医务主任。1954年，任上海市第十一人民医院中医主任。1957年，转任新成立的上海中医学院院长兼上海市卫生局中医顾问、上海市中医学会主任委员、全国防治血吸虫病研究委员会副主任委员、中国医学科学技术委员会委员。1972年9月，在上海逝世。程门雪为丁氏医学传人之一，研《伤寒论》和热病学说。著有《藏心方》《女科三种》《伤寒六种》《叶天士医案评按》《论医杂著》《诊法抉要》《温热二种》《程门雪医案》《金匮篇解》。晚年书法融各家之长，其所书脉方，世人多什袭珍藏。后由其高足何时希辑《程门雪诗书画集》。国画大师王个簃称其"不以诗名，而境界高雅，时手鲜有其匹"。

《中国近现代书画家辞典》《江西省人物传》《海派中医流派传略图鉴》

程其勉（1931—1993）

【近现代】鄱阳人。自幼酷爱绘画，20世纪50年代始先后任景德镇文化站美术辅导员，江西省美术工作室美术创作员，江西画报社美术编辑和江西省群众艺术馆艺术室副主任等职。1959年曾入中央美术学院华东分院学习，1960年至1961年任北京人民大会堂江西厅美术创作组组长。擅山水，所作用笔精练泼辣，苍劲雄厚，意境深远。作品曾多次入选全国美术作品展览，并被选送日本、尼泊尔和中国香港等地展出，或在《中国画》《人民日报》《江西画报》等报刊发表，并为博物馆、纪念馆收藏。主要作品有《满山红》《山村新居多》《井冈春色》《井冈茶》《村口》等。为中国美术家协会会员，中国美术家协会江西分会常务理事兼副秘书长，江西省文联委员，江西省中国画研究会副会长，二级美术师。

《中国美术家大辞典》《中国当代国画家辞典》

程维道（1920—1988）

【近现代】字翼民，号达庵，别署葵园、蓊山人。乐平人。1948年毕业于国立中正大学。曾在中正大学、南昌大学工作，1953年起任教于江西师范学院。中国书法家协会会员。幼时从师汪汝梅，又在其外祖父汪守和家饱览所藏珍墨法书。初临颜楷，后习"二王"。擅行、草，工楷书。作品参加1983年中日书法交流展，1984年中新书法交流展和全国第一、二届书法篆刻展。

《中国美术家大辞典》

程意亭（1897—1948）

【近现代】原名程体孚，又名程甫，别号泪山山民，艺名翥山樵子，斋名佩古，"珠山八友"之一，乐平人。从小酷爱绘画，常到裱画店凝视名家作品，边看边提笔在纸上学。16岁入江西省甲种工业窑业学校饰瓷科，师从名家潘匋宇。毕业后，到九江瓷器店画瓷、绘像，后赴景德镇作瓷器彩绘时，拜画家程瑶笙为师，改学花鸟画。从此技艺大进，中年遂成一家，为"景德镇八大名家"之一。曾在九江"普芳居"瓷店绘瓷。1920年至景德镇开业。抗战时期，瓷业销路大减，返乐平，以卖画维持生活。在画展中，所展100多张中堂，全是花鸟，而奇思巧构，每张章法并不雷同，所绘之画吸收传统，加以广益多师，并和观察、写生结合，以工笔和写意统一起来。所画花卉、翎毛，笔法苍劲，以朴质淳厚取胜；画芦雁用笔勾勒，苍劲有力。残存芦穗，令人想见霜浓露重。他对国画和瓷画颜料的制作也有深厚的研究，表现在画面上色彩富丽高雅，格调豪放而柔美，构图丰满，实中有虚，浓淡分明，显出幽深之境界。他也善于吸取国外名画家作品优点，加以发挥，而不背弃传统形式。1940年前后，任浮梁陶瓷职业学校教员。

《中国美术家大辞典》《赣文化通典·书画卷》《江西省人物传》《珠山八友及其传人》

邓碧珊（1874—1930）

【近现代】字辟寰，号铁肩子，堂号晴窗读书楼。余干人，前清秀才。1909年，邓碧珊在老家教私塾。1911年后到饶州（今鄱阳县）陶业学堂任教，并尝试陶瓷绘画。1913年到景德镇，初始以字画为业，也常替人代写瓷字。邓碧珊早期主要画山水，后绘瓷板肖像。乃瓷制肖像画创始人，景德镇的瓷像画家张洛山等均出其门下。邓碧珊绘制的名人瓷像参加全国工艺品展览，荣获一等奖。大约40岁后，专事粉彩鱼藻，自成一家。邓碧珊文学艺术修养颇深，诗书画俱佳，在当时的陶瓷美术界属颇有才学者，深得景德镇绘瓷艺人的敬重。1928年，邓碧珊加入由王琦发起的"月圆会"，系"珠山八友"最早的成员，时年54岁。邓碧珊早年受过良好的教育，不仅饱读诗书，有着扎实的文学功底，而且工于书法，尤以篆书为佳。加上他对唐诗宋词、古人书画耳熟能详，因此，其画作自是出手不凡。邓碧珊的传世作品多为粉彩鱼藻图，偶见墨彩风景画。他早期的瓷板肖像画和山水画难觅。从现存的《竹林图》墨彩瓷板画和《三苏故宅》墨彩瓷板画来看，显然受西画影响。它的透视及光影关系与传统中国画的山水迥然不同，更像一幅黑白风景照片。从中也可以看出邓碧珊有着很强的造型能力，掌握了西方绘画的透视原理、光影关系与体积感。

《景德镇陶瓷史稿》《中国美术家人名辞典》《珠山八友及其传人》《赣文化通典·书画卷》《珠山八友》《瓷艺丹青》

狄葆贤（1872—1941）

【近现代】字楚青，号平子，斋名平等阁，江苏溧阳人。幼随父狄学耕，生长于江西进贤、南丰，后居沪。擅诗文、书、画。家富收藏，精鉴别。戊戌政变，亡命日本。清光绪二十六年（1900）回国，参加唐才常组织的自立军，事败复走日本。1904年前后返回上海，集资从事新闻业，创办《时报》，任经理，宣传保皇立宪。光绪三十四年（1908）任江苏谘议局议员。宣统三年（1911）在北京发刊京津版《时报》，又办《民报》，并任有正书局经理。影印各种书、画、碑、帖，在传播艺术方面贡献颇大。曾藏元王蒙《青卞隐居图》。偶作山水，书法源自晋人。后专研佛学。有《平等阁笔记》《平等阁诗话》《清代画史补录》等。

《枫园画友录》《姜丹书稿》《中国美术家人名辞典》《赣文化通典·书画卷》

杜平（1908—1999）

【近现代】原名杜豪，万载人。中国共产党党员、无产阶级革命家、中国人民解放军军事指挥员和政治工作领导者、中国人民解放军高级将领。1929年参加农民运动。1930年4月参加中国工农红军，同年6月加入中国共产党。先后担任红三十军政治部主任、政治委员、八路军团政治委员、联防军政治部秘书长,东北野战军兵团政治部主任,先后参加中央苏区历次反"围剿"和长征,率部参加三下江南、辽沈、平津、衡宝等战役战斗。中华人民共和国成立后任四野第十三兵团政治部主任。后历任志愿军政治部主任,沈阳军区副政治委员等职。他长期从事军队政治工作,尤其在抗美援朝战争中,具体负责志愿军五次战役及防御作战的政治工作,亲历战俘遣返问题谈判、签署朝鲜停战协定等过程,建树颇多。1955年被授予中将军衔,荣获二级八一勋章,一级独立自由勋章,一级解放勋章。之后历任南京军区政委兼江苏省委书记,中国共产党第七届、第八届代表以及第九届、第十届中央委员,第十一届候补中央委员,第十二届、第十三届中央顾问委员会委员。1988年被授予中国人民解放军一级红星功勋荣誉章。杜平博学多才,晚年爱好诗词、摄影、书法,书法作品多次参加全国和全军展览,被誉为"将军书法家"。他生前还担任中国书法家协会名誉理事、金陵老年大学名誉校长、江苏省诗词学会名誉会长等职。

《中国美术家大辞典》《名人书黄山》《中国人民解放军高级将领传》

范庆云(1890—1963)

【近现代】字德春,号老三。祖籍江西丰城。民间雕刻艺术家,人称"雕菩萨的匠人"。祖父范涌财,一生以民间油漆、绘画为业。父亲范声远,号芸萱,多才多艺,有文有本,早年专心课读,后弃儒业而专好雕塑、绘画。同治十年(1871)携眷至松湖镇开设"范振华号",以雕刻经营工艺品谋生。由于家学熏陶,父兄亲授,范庆云雕塑基本功非常扎实,更兼天资聪颖,经不断琢磨研究,发明"脱沙泥塑法",用以塑造人像,技艺超越父兄。范庆云不仅善于泥塑、彩雕和木雕,而且对民间绘画和装饰图案也很有研究,擅长把雕塑、绘画和图案融为一体,形成一种特有的风格。尤其擅长木雕人像。他还应请为古今中外人士塑像,如文天祥、孙中山、江西当时的军政大员蔡成勋、李纯、方本仁、吴金彪、湖南省主席何键、美国大总统罗斯福等,其中有的被选送国外展览,均获好评,名扬中外。范庆云的艺术成就，得到社会各界的充分肯定和高度评价。1931年4月，徐悲鸿经傅抱石介绍得识范庆云，对之赞不绝口，特请为他雕一尊水牛。1951年，他创作的木雕《许真君降孽龙治水图》，获江西省首届美展一等奖。他先后当选为江西省第一、二、三届人民代表大会代表，省政协委员，被吸收为中国美术家协会会员，并担任中国美协江西分会副主席。

《新建县历史人物选》

方向（1921—？）

【近现代】字奕志，遂川人。毕业于江西立风艺术专科学校。1949年去台湾地区，任台湾艺术专科学校、中国文化大学美术系教授。著有《方向木刻选集》《论中国人物画》。

《中国美术家大辞典》

傅抱石（1904—1965）

【近现代】原名长生，字瑞麟，号抱石斋主人。我国著名画家，"新山水画"代表画家。南昌市人，祖籍新余县。其父因身患肺病，不能种田，与妻徐氏流落到南昌，以补伞谋生。清宣统三年（1911）入私塾附读，两年后，迫于生计当过瓷器店学徒与修伞匠。1917年，入江西省第一师范附小读书，改名傅瑞麟。因常被同学邀至澄秋馆看画像，产生兴趣，又因家邻近南昌文化中心，出入书画篆刻店，耳濡目染，自学刻印绘画。高小毕业，当过教师，后被保送到江西省第一师范艺术科就学。时张季仁天宝斋兼营篆刻生意，常请他为其治印，渐有名气。三年级时，篆刻得王简厂亲授（王时主江西省立各校国文讲席，精于刻印），又经王介绍，在黄少陵处得见黄父黄牧甫篆刻集，眼界大开。此后留心收集研究历代印谱和印集。师范毕业后，留校任附小教员，不久被聘为南昌市第一中学艺术科教员，开始美术创作和研究工作。1925年，靠租借书店图书从事著述，费时7个月，完成第一部专著《国画源流述概》。1926年又著《摹印学》，7章10余万言，被认为是第一部系统完整的篆刻史。潜心临摹历代名家真迹，借鉴前人笔墨技法，后服膺石涛。其时作品有《策杖携琴》《松林水阁》《竹下骑驴》《松崖对饮》等。1931年，所著《中国绘画变迁史》出版。1933年，傅抱石赴日留学，入日本帝国美术学校研究科，受业于山口蓬春、川琦小虎、林巢居，同时师事金原省吾博士，研究东洋画论、东洋美术史、东洋美学等。1934年5月，在郭沫若等人鼓励和帮助下，在东京银座一展厅举办个人画展，郭沫若为其题诗并主持开幕式，展出《渊明沽酒图》《瞿塘图》等170余件。其间著有《中国绘画理论》，译著有金源省吾《唐宋之绘画理论》《唐宋之绘画》等。1935年7月归国，经徐悲鸿推荐至南京国立中央大学艺术系任教，讲授美术史、画论等课。1939年夏，应郭沫若邀，赶赴四川任政治部三厅秘书，过往于株洲、衡阳、桂林等地，创作《屈原》《屈子行吟图》。1940年8月政治部被国民党政府改组，回到设在重庆的中央大学艺术系任教。先后在渝、滇、黔等地举行个展，其代表作《大涤草堂图》《万竿烟雪》《潇潇暮雨图》《风雨同舟》《初夏之雾》，笔墨淋漓，意境高远。作于1945年6月的《潇潇暮雨图》，以乱柴、乱麻为主，钩擦、揉点，泼墨烘染，使雨中山水朦朦胧胧，如雾如烟，臻纯青之境，其笔法誉为"抱石皴"。尤擅画风雨、飞瀑巨流，飘逸飞动，独具朦胧迷离之美。他的人物画受顾恺之、陈老莲的影响较大，但又能蜕变运用，自成一格。他笔下的人物形象大多以古代文学名著为创作题材，用笔洗练，注重气韵，达到了出神入化的效果。人物以形求神，刻意表现人物的内在气质，虽乱头粗服，却矜持恬静。傅抱石先生人物画的线条极为凝练，勾勒中强调速度、压力和面积三要素的变化，不同于传统画谱的画法。他还把山水画的技法融合到自己的人物画之中，一改清代以来的人物画画风，显示出独特的个性。在篆刻上，对求新求变的赵之谦十分倾倒。所作白文"抱石之印""抱石大利"等，风格古朴浓厚，自称"印痴"。1936年6月作《关于印人黄牧甫》。1940年著《中国篆刻史述略》，将中国篆刻历史的发展分为萌芽、古典、沉滞、昌盛四个时期。1946年10月随校迁回南京，仍执教于中央大学艺术系，并于1947年至1949年，连续在南京、上海、南昌等地举办个展。中华人民共和国成立后，历任南京师范学院美术系教授、中国美术家协会副主席、江苏省国画院院长等职。由于长期对真山水的体察，画意深邃，章法新颖，善用泼墨、渲染等法，把水、墨、彩融合一体，达到淋漓荟蔚、气势磅礴的效果。在传统技法的基础上，推陈出新，独树一帜，对新时期的山水画起了继往开来的作用。1950年开始以毛泽东诗词为题材进行创作，《七律·长征》《沁园春·雪》《清平乐·六盘山》等诗、词意画分别问世。1953年与1955年，《抢渡大渡河》《湘君》入选全国第一届画展与第二届全国美展，1954年出版《中国的人物画和山水画》一书。1957年5月，到罗马尼亚、捷克斯洛伐克两国访问，作画50余幅，后结集由江苏文艺出版社出版。其时所著《山水人物技法》问世。1958年7月，《中国的绘画》出版发行，12月，《傅抱石画集》出版，画集收入1942年至1957年所作《兰亭图》《丽人行》《暮韵》等40幅。1959年6月应湖南人民出版社之邀，前往长沙、韶山，完成《韶山全图》《毛主席故居》组画创作任务。7月至9月，在北京与关山月合作，为人民大会堂绘制巨幅国画《江山如此多娇》。运用中国传统画中把四季山水集于一图的妙谛，表现出祖国广阔河山的壮美，毛泽东亲为题句，齐燕铭制巨印钤于其上。1960年3月《中国古代山水画史的研究》出版。他对石涛研究用力最勤，先后著《苦瓜和尚年表》《石涛年谱稿》《石涛丛考》《大涤子题画诗跋校补》《石涛再考》《石涛画论之研究》《石涛生卒考》《石涛上人年谱》。傅抱石作为江苏国画院院长，在1960年9月率领"江苏国画工作团"进行23000里的旅行写生，并由此推动新山水画在20世纪中期的发展，把50年代初开始的以写生带动传统国画推陈出新的运动推向一个高潮。1965年9月，他为上海虹桥国际机场作画，国庆前夕乘机回南京，29日晨，突发脑出血而逝。曾任南京文联委员、中国美术家协会副主席、江苏美协主席、江苏国画院院长、西泠印社副社长。是第三、四届全国政协委员。

《中国美术家人名辞典》《中国历代书法家人名大辞典》《中国近现代书画家辞典》《赣文化通典·书画卷》《江西省人物传》

傅周海（1938—1998）

【近现代】浙江萧山人。出身于书香门第，少好书画，得马一浮先生悉心教导，临摹真迹，悟入微际。不独以书法擅名，且工绘画、工艺、精鉴赏。1958年修业于浙江美术学院，师从著名山水画大师陆俨少先生，对传统笔墨潜心研习，自有卓识。是中国书法家协会会员、中国工艺美术学会理事、中国美术家协会会员，江西省书法家协会副主席，中国书画收藏家协会学术委员。书法取法钟繇、杨凝式、黄道周，用笔浓淡相间，凝练古朴。曾任一至五届全国中青年书展评委，颇有声誉。作品参加全国性与国际性展览，中国画《秋韵》曾获日本第十八届水墨画展大奖，传略载入《中国当代国画辞典》《中国美术年鉴》《中国当代书法家辞典》等。作品入选全国第一、二、三届书法展览，全国第二、二届中青年书法展览，中国/日本书法交流展，中国/新加坡书法交流展等，被诸多博物馆、纪念馆收藏或碑刻，被收入多种书法作品专集。亦擅中国画、工艺美术。

《中国当代书法家图鉴辞典》

甘登信（1914—1999）

【近现代】奉新人。民革成员。1934年考入杭州艺专。就读一年后考入南京中央大学艺术系。在徐悲鸿、张书旂门下学习中国画，主学花鸟。1937年抗战爆发，该校迁至重庆，于1941年在渝首办个展。同年毕业于该校。画风为现实主义写实风格。作品先后在《江西文史》《百花洲》等刊物上发表，作品为内地及港台地区、美国、日本等地友人收藏，并被中央和地方数十个文史馆收藏。1985年聘为江西省文史馆馆员。

《江西省文史研究馆书画作品选》

葛第春（1879—1952）

【近现代】武宁县罗溪镇人。光绪二十八年（1902）恩科举人。赴京会试不第而归。1913年代表武宁县当选江西省议会议员。善书画，为"无声诗社"成员。抗战时期迁避各处，曾至香港等地。1942年被聘为武宁师范文史教员。

《近代江西藏书三十家》

龚槐陂（1895—1987）

【近现代】自号"槐陂村人"。奉新县赤岸乡徐家村槐陂头人。他自幼饱受山乡自然美景之熏陶，嗜爱写生，醉心丹青，好诗歌。以《芥子园画谱》《唐诗三百首》启蒙，却不拘束善能创新。儿时才华初露，乡人誉为"槐陂艺童"，后亦自署"槐陂村人"为艺名。他1922年在南昌二中毕业后考入上海美专，专攻国画，受业于刘海粟、潘天寿、吴昌硕等艺术大师，备受器重。毕业后返回江西，多年辗转于赣中南北各校（赣州、高安等）教授美术，间或巡回画展。生平专志艺教美育，培养后学，桃李满赣；撰诗绘画，作品累累。1952年，获全国国画展二等奖。其花鸟、山水自然质朴，尤以善画荷花、白菜、墨竹著称。中华人民共和国成立前在广州、南昌等地多次举办个人画展。自20年代起，个人画展达20次之多。厦门大学余謇教授纪念室、中国科学院吴有训院长纪念室、浙江美术学院潘天寿教授纪念室、杭州西泠印社吴昌硕社长纪念室等均有他绘赠诗画。1979年后，曾任奉新县政协委员、县美协名誉主席、宜春地区美协常委。

《奉新之最》

龚秋声

【近现代】号秋声主人，南昌人。工山水、金石。

《墨林挹秀录》《中国美术家人名辞典》《中国近现代书画家辞典》

何许人（1882—1940）

【近现代】原名处，字德达，安徽南陵人，清末民国时期瓷绘艺人。以陶渊明《五柳先生传》中"先生不知何许人也"句，更名为何许人。他少年时至景德镇学青花，后改学粉彩。民国初年（1912），应詹元广、詹元斌兄弟之聘，赴北京绘仿古瓷，得见故宫所藏历代名画及名瓷，技法大进。他又善微书，能于径寸印盒上书《出师表》《赤壁赋》。后专攻粉彩雪景。中年后往来于景德镇与九江间，并在九江开设瓷店，自画自销。他的传世作品不多，雪景图画笔墨精湛，弥足珍贵。作品如粉彩瓷板《踏雪访友》。"珠山八友"之一。

《中国陶瓷字典》《景德镇陶瓷史稿》《中国美术家人名辞典》《赣文化通典·书画卷》《珠山八友及其传人》

洪畿（1887—1951）

【近现代】原名畿，字庶安，一字丽生，婺源人，寄居上海。曾发起创办停云书画会，于右任即是书画会成员之一，后又于1923年同于右任、马企周、谭泽闿、孙星阁等组织艺苑画社。工画，尤善花卉，勾勒写生，渲染赋色，出入恽寿平、沈铨，而尤近程瑶笙。妻陈楠，字觉先，号三湘女子。工书法，颇文雅。

《榆园画友录》《中国美术家人名辞典》《中国近现代书画家辞典》《中国现代艺术家像传》《艺史芳尘》

洪青（1913—1979）

【近现代】又名政新，婺源人。洪家自古书香门第、家境殷实，洪青的父亲是我国早期的铁路桥梁专家，毕业于唐山路矿学堂，与我国著名桥梁专家茅以升是同窗好友，后在苏杭一带工作。洪青自小深受父亲影响，对科学技术比较感兴趣，加之其爱好美术，自然选择了建筑作为自己的专业。1928年，洪青远赴欧洲求学，首先来到比利时布鲁塞尔圣律克艺术学院装饰美术科学习。1930年转入法国国立装饰美术学校建筑科深造。洪青在校期间大部分功课成绩均十分优秀，为以后的建筑实践打下了坚实的基础。1932年洪青学成后回到上海开始了自己的建筑生涯。由于当时上海的大工程基本上被大的外资事务所垄断，这段时间洪青的事业并不十分如意，只能在一些小的事务所工作并兼任上海美术专科学校老师。1951年洪青响应组织的号召来到了西安进行创业，加入了当时的西北建筑公司（后并入了西北设计公司)。这一时期他设计了人民大厦、市委礼堂这两座比较著名的建筑。前者是一个中西合璧、装饰艺术风格建筑，是当时西北地区标准最高、设施最全、规模最大的宾馆；后者是一个中国古典复兴的建筑。这一时期洪青还参与了钟楼、鼓楼、大小雁塔的修复工程。其后洪青还完成了人民剧院的设计，把中国传统的装饰纹样与欧洲巴洛克的山花进行了完美的拼接，使人既感受中国传统建筑的古意，又体验到西方文化殿堂的庄重，是中西合璧的一个典范。他还与董大酉合作设计了陕西建工总局大楼。1958—1960年期间，洪青的建筑设计生涯步入了高峰，创作出了一系列风格类型多样的建筑作品，比较典型的有：钟楼邮政大楼、陕西宾馆、华清宫九龙汤等。他创作的许多建筑，经过50年风雨，仍是西安的地标性建筑，成为一个时代的记录。1960—1979年，这一时期洪青因为身体的原因以及一系列政治运动的冲击，其问世建筑作品不多，可考证的仅是参与了毛主席纪念堂的方案设计。

《中国美术家大辞典》《建筑中国六十年·人物卷》《美术辞林·建筑艺术卷》

胡定元（1925—1999）

【近现代】字汉谋，号石湖。南城人。1941年，考入桂林美术专科学校。抗日年代曾任南城中学美术语文教师，中华人民共和国成立后的40年一直在文艺单位任创作干部。抗日年代参加闽赣各地展出的两幅作品《鸟巢传统图》和《烽火流民图》以其独特的构思和笔墨，触人心灵，催人泪下。当时的《华光报》《捷报》皆有评价。50年代创作《打虎》被选送全国美展，其他作品百余件被报刊发表和收藏。他以"自立门户自开山，鼻子不许别人牵，东流西派都不入，心海银河远扬帆"为信条，不为传统笔墨所囿，将现代意识和西洋绘画技巧结合在一起，并为每幅画配诗一首，妙趣横生，形成了独特风格。1995年10月，他在中国美术馆成功地举办了个人画展，71幅风格各异的山水、人物作品得到有关专家肯定。画作被中国画研究院和中国美术馆收藏。

《艺苑神游》《抚州人物》

胡华国

【近现代】鄱阳人，上海美专毕业，复师从汪声远，工画山水花卉，俱臻上乘。曾任南昌师范学校教务主任，诱掖后进殊多，与李士襄、张远游、黄光学称近代江西艺术界中坚人物。

《中国近现代书画家辞典》《民国书画家汇传》《鄱阳文史资料》

胡先骕（1894—1968）

【近现代】字步曾，号忏盦，新建人。植物学家、教育家、中国近代植物分类学的奠基人。1909年考入京师大学堂预科，1912年，为江西省首批赴美留学生之一，入加利福尼亚大学和哈佛大学，获农学士、植物学硕士学位。1918年，在南京高等师范学堂任农业专修科教授，后在东南大学任植物系主任兼植物学教授。其时为学衡派代表人物之一，与胡适辩论新文学运动之得失。1922年，中国科学社成立生物学研究所，任植物部主任。1922年，与梅光迪、吴宓等共同发起创办《学衡》杂志。次年，再度赴美深造，在哈佛大学攻读植物分类学，获博士学位，博士论文题目是《中国植物志属》。1934年在第二届中国植物学年会上，当选为首任会长。是年，出面和江西农业院合作创办庐山森林植物园。1940年10月，国立中正大学在泰和创办，出任首任校长。1942年，学生基于爱国之心，发起组织战地服务团，奔赴抗战第一线。他支持学生爱国行动，以学校名义拨款万元作为战地服务团活动经费，自己捐赠3万元，自任名誉团长，4年后离任。1941年，中国植物工作者在四川万县磨刀溪发现一种罕见的树。1948年，与郑万钧联合发表《水杉新科及生存之水杉新种》一文，将发现的植物命名为水杉，公之于世，一时轰动，引起各国同行重视，纷纷修正自己著作。中华人民共和国成立后，胡先骕任中国科学院研究员，北京大学、北京师范大学教授。先后翻译不少英、俄文书籍，介绍了苏联米丘林学说，重新以白话文翻译了赫胥黎《天演论》，以代替严复的古文译本。

他工诗词，诗文皆妙，钱钟书在为其《忏庵诗稿》所作跋中誉其"挽弓力大，琢玉功深"。其书法作品有章草痕迹，结体疏朗，笔画绵密，富有诗情画意，颇具个人特色。台湾中正大学校友会1992年编印《胡先骕先生诗集》，1995年由江西高教出版社出版《胡先骕文存》，2023年5月江西人民出版社出版19卷《胡先骕全集》。

《江西省人物传》《世说人语》《民国思想文丛：学衡派》《中国近现代书法家辞典》《新建县历史人物选》

胡献雅（1902—1996）

【近现代】字正民，南昌人，1925年毕业于上海美术专科学校，全国美术协会成立发起人之一，并为第一届理事。曾在上海、南京、桂林、庐山、南昌、泰和等地举办个人书画展，获好评。《牡丹》和《山水》1932年入选加拿大世界博览会并获金字奖状。抗日战争期间，1942年，在江西泰和县（省会）创办"立风艺术馆"，常举办美术展览，后又创办"立风艺术专科学校"，任校长、教授。还聘请梁邦楚、康庄等名画家任教授，当时学生约有100多人，三年制毕业，学校办学正规，学习风气浓厚，培养了不少美术专业人才，有的至今在海外或在国内，均成为享有盛誉的画家。在抗战期间，创作了不少书画作品，如《难民图》等，还曾题诗赋词，真实地描绘了人民群众国难家破的苦难生活图景，表达了他忧国忧民的爱国主义情怀，受到各界人士好评与欢迎。1943年，被聘为国立中正大学美术名誉教授。中华人民共和国成立后，江西省文联为其举办个人书画展，并举办讲座，多次邀请主讲国画的继承与创新。20世纪50年代末，奉调景德镇陶瓷学院美术系担任中国画教授。曾任中国文联、中国美术家协会理事，江西省文联顾问，中国美术家协会江西分会名誉主席，江西书画院名誉院长，江西文史馆名誉馆长，景德镇书画院名誉院长，江西教育学院名誉教授，八大山人研究会副会长，江西诗词学会顾问，庐山画院名誉院长等职。其画追崇八大山人削尽元繁，返璞归真的艺术格调，且师古不囿古，创新出窠臼，甚至借鉴西洋画技法；其书法取法怀素，上追二王，参合黄慎体势，中锋用笔，笔力苍劲老辣，治篆隶真草于一炉，矫健犹如蛟龙，形成拙朴纵放风格；其诗词，熟唐诗宋词，学渊明易安，力求意境深远。1960 年，创作《千船万舶送公粮》，入选全国美展，受赞誉。同年，为北京人民大会堂江西厅创作《松鹰》《墨荷》(亦名《荷花翠鸟》)两幅大型国画，三套大型书画屏风。他还创作了诸多瓷画作品，以花鸟、瓜果、山水为主。1961 年，他被授予陶瓷美术家称号。1988 年 10 月，经文化部批准，在日本古都奈良举办了胡献雅父子画展，日本朋友尊称他是"继八大山人、石涛、吴昌硕后中国画坛的巨匠。"1989 年又应北京人民大会堂邀请，为国庆四十周年创作书画 2 幅。他在国内外举办个人画展 20 多次。中国美术馆、中国文史馆、中国军事博物馆、人民大会堂、毛主席纪念堂等收藏有他的书画作品数十幅。70 多年的从艺生涯，胡献雅潜心艺术创造，热心教育事业，诲人不倦，桃李满天下，为美术事业作出了巨大贡献。

《中国美术家人名辞典》《中国近现代书画家辞典》《中国近现代高等教育人物辞典》《中国当代国画家辞典》《江西抗战文化史料汇编》《景德镇陶瓷艺术名人录》《景德镇国画选》《瓷都艺星》

胡湘（1929—1985）

【近现代】字一民，自号小磊园丁，新建人。探花胡家玉后人。幼承庭训，性好文学，能诗文，尤善绘画，亦好书法。从邑人王梅笙为师，研读古文诗词、绘画，并研究货币。又奉招学庵为师，学画人物山水。尝为邑人王氏新风楼，绘作《白云》《董垅》课读二图册页，颇精妙可喜。著有《磊园诗文画稿》藏于家。

《新建文献五种》

胡颜标

【近现代】民国时期景德镇绘瓷艺人，以仿乾隆古月轩瓷著名，自画自填，颇能乱真。

《景德镇陶瓷史稿》《中国美术家人名辞典》

黄鸿图（1880—1940）

【近现代】谱名至明，字咸和，又字道尔，号樨棠，退居乡间又号菜根居士。临川（今属抚州）人。光绪己酉（1909）科拔贡。1902年任南昌学堂教习，1910年任职陆军部、邮传部。他从小随同乡李瑞清学习书法，毫无二致。其书以甲骨金文为佳，劲节瘦硬，古气盎然。行楷秀逸宽博有黄山谷遗意。著有《樨棠论书杂著》《菜根居士诗集》等。曾在汉口和南京举办书展，名噪一时，与李瑞清、曾熙、李健齐名。

《民国书法史》《赣文化通典·书画卷》《临川文史资料》

黄亮（1903—1987）

【近现代】字北奇，号本翁，安义县长埠镇人。幼受庭训，20岁曾从近现代大家曾熙学习书法，由是广涉北碑，视野大开，字势渐雄，骨力益增。黄亮还十分重视字外功夫，早年曾向王梦白学画，向杨增荦学诗。曾任中国书法家协会湖北省分会副主席、武汉市文史研究馆馆员等职务。

《中国近现代书画家辞典》

黄起凤（1889—1941）

【近现代】字晓汀，晚号鹤床。上饶人。父云亭，能书画。幼从父习画，童年即能对花写生。早年旅居上海，毕业于上海龙门师范学校。及壮，游学浙江，师事曾熙，曾短暂执教上海美专。工山水，初学"四王"，潜心作浅绛山水，迹近石涛，笔墨俊逸。晚年病足养疴海上，仍作画不辍。传世作品甚多。

《枫园画友录》《中国美术家人名辞典》《中国近现代书画家辞典》《赣文化通典·书画卷》《信州文史》《艺史芳尘》

黄秋园（1914—1979）

【近现代】字明琦，号大觉子、半个僧、清风老人、退叟，南昌人。7岁摹学《芥子园画谱》，考入南昌剑声中学，后因家贫辍学，进裱画店学徒，得览古今名作，刻苦临写，尤喜王蒙、石溪、石涛诸家。12岁，拜江西名画家左莲青为师，学习书画及诗词艺术，随左莲青遍涉庐山、三清山、武夷山写生。后在南昌一家裱画店当学徒，练就临摹可以乱真的功夫，对石涛画临摹尤多。1937年考入江西裕民银行作文书。1939年，日军进犯南昌。随江西裕民银行先后迁至泰和、宁都、吉安、赣州等地，以传统绘画的艺术形式宣传抗日救亡运动。1943年，先后在武汉、长沙、济南、赣州等地为抗日举办画展义卖，创作《风雨归舟图》，表达人民在深重灾难中的思想感情。画展期间，其作品被抢购一空。舆论评其画如"孩童嚼蔗，渐入佳境"。抗战胜利后，随江西裕民银行返南昌，任银行物资调拨处主任。因不愿做官，任职4个月后便辞职改做文书档案工作。1946年，创作界画《阿房宫》，以古典题材形式讽刺现实，将固有的民族形式及民间喜闻乐见的素材，与现实生活结合，改变以往春夏秋冬渔樵耕读的画面形式。1948年，傅抱石在南昌举行画展。他观后对后学者提出应慎重用水用色，避免在宣纸上画西洋水彩。傅推重其艺术见解，对友人说"江西有几支笔，黄秋园就是一支"。1949年，留在江西人民银行工作。业余时间坚持从事国画创作，逐渐形成独特的艺术风格。中华人民共和国成立之初，相继创作一批以文天祥、屈原等历史名人为题材的国画，完成《春山图》《山泉高远》《秋山行旅》等大型山水画创作。从构图、色彩、笔墨、气韵诸方面都有别于古人作品之形貌，画面浓密朴茂，生机郁勃。1961年，倡议成立八大山人研究会，创办"南昌书画之家"，并当选南昌国画研究会会长。同年，在文化宫为市内美术爱好者讲授中国画传统技法，听课者达500余人。次年，赴南京、上海国画院进行艺术采风，随后上井冈山进行艺术写生。创作《井冈山图》《井冈朱砂冲》，开始编写《中国画传统技法》一书。1970年退休后，投入师古人、师造化的变法创新中，主要有《江山雪霁图》《秋山幽居图》《匡庐胜境》《井冈山图》《香炉峰》《梦游庐山图卷》《秋山隐居图卷》《焦墨山水——观瀑图》《剑阁寻胜》《丽人行》《汉宫图》等300余幅。其画作既承传统，又重观照生活。其山水画吸收石涛之清新豪迈、石溪之苍莽华滋、龚贤之葱郁浑厚、王蒙之繁密古茂。在章法布局上以茂密取胜，以气势夺人。代表作《江山雪霁图》以独特的造型和山石皴法，表现江南大雪后冰冻起凌的景致。他利用盆景石纹以小见大的原理，运用裹锋而略带棱角的笔法，描绘有变化的椭圆形山石，独创出前无古人的皴法"溶岩皴"（又称骷髅皴、鬼脸皴）以表现雪景，表现了万壑千山、林木屋宇在雪后的冬日里寒林孤秀、物态严凝的独特景象，笔致洒脱，意境幽深。山水画大师李可染高度评价："含英咀华，自成家法，苍苍茫茫，烟云满纸，望之气象万千，扑入眉宇。二石、山樵（即石涛、石溪、王蒙）在世，亦必叹服。"其花鸟画在青藤、八大山人之间，笔致洗练，设色古雅，得高古秀逸之气。书法洒脱流畅，行草书行笔喜用中锋，间参简牍书意，受明清书人之影响较深。其诗朴实自然，情真意切。界画不同于"二李"（唐代李思训父子），也有别于"二袁"（清代袁江、袁耀）风格，被称为"尤为精绝，并世莫筹"。生前艺途困顿，但孤介不媚时俗。远离名利，不求闻达，居陋室而不减其志。直至去世后其艺术造诣方为世人所知所重。1986年在中国美术馆举办了黄秋园遗作展，引起强烈反响。其后，被追认为中国美术家协会会员，中央美术学院名誉教授，中国画研究院名誉院委。1987年中共江西省委宣传部、江西省文化厅决定批准在南昌建立"黄秋园纪念馆"。

《中国近现代书画家辞典》《赣文化通典·书画卷》《江西省人物传》

黄树涛（1870—1930）

【近现代】字梓北，一字子白，别号得一子，又号得一老人，得一居士，原籍浮梁，幼随祖父赴湖南，乃寄籍长沙。爱好丹青、篆刻、金石诸艺事，尤精绘画，宗黄公望法，得其浑朴之气，因自署小痴，亦署小痴道人。在湖南省内各中等学校为图画教员达30余年，桃李遍三湘。

《徐鑫龄稿》《中国美术家人名辞典》《中国近现代书画家辞典》

江定和（1933—1988）

【近现代】别名大河、双木，赣州人。中国美术家协会会员、中国版画家协会会员。1950年在解放军部队从事美术宣传和创作。1960年在黑龙江文艺干部学校学习美术。擅长版画。曾在赣州地区群众艺术馆工作，为赣南的美术事业做出了贡献。作品有《采山果》《苏区模范乡》《独龙宝》等。

《中国美术家大辞典》

江家琯

【近代】字痂梅，婺源人。江峰青子。曾任宝山、上海两县县长、浙江省公路局局长、交通部公路总局主任秘书。主修《民国上海县志》，撰有《旧游杂忆》《痂梅杂稿》等，辑有《苦炎蒸室印存》《东南揽胜》等。工书，取法东坡而兼及北碑用笔。亦精鉴赏，富收藏。

《上饶历代书画集》

江亢虎（1883—1954）

【近代】原名绍铨，字康瓠，号洪水、亢庐，弋阳人。近代著名政客、中国社会党创始人、无政府主义者。他曾蒙孙中山先生赏识，却又卖身投靠日本侵略者，任汪伪国民政府考试院院长，1945年被国民党军统局逮捕，以汉奸罪判处无期徒刑，1954年病死狱中。著有《洪水集》《中国近代元首印象记》《中国社会改革》等。工书法，得北碑法度，骨力开张。

《上饶历代书画集》

江谦（1876—1942）

【近现代】字易园，道号阳复子，婺源人，近现代著名教育家，中国近代教育事业的先驱。1902年户部右侍郎李昭炜保举经济特科。1909年任安徽省谘议局议员。次年，选充资政院议员。1912年，任安徽省议会副议长。1902年，张謇在南通创办我国第一所师范学校——通州师范，邀请江谦任教，并委以重任，先是担任监理，1914年担任校长；同年，江谦被任命为江苏省教育司司长。1914年8月，江苏省民政长韩国钧委任江谦在前两江师范学堂基础上，勘察校舍，筹办南京高等师范学校。1919年辞职。1920年与蔡元培等联衔向教育部陈情筹备国立大学，获准。抗战后居通州海滨，后寓居沪上。工书法。

《江西省志人物志》《南京教育史》《安徽历史名人词典》《民国人物小传》

蒋彝（1903—1977）

【近现代】原名仁全，字仲雅，又作重哑，笔名哑行者。九江人。其父蒋和庵原是九江税契房职员，擅长丹青，尤工花鸟人物，后以画瓷盘为业。受父亲影响，蒋彝少时即对绘画艺术颇感兴趣，15岁时便开始帮人画罗汉观音。1916年就读于江西省立第三中学（今九江第一中学）。1922年，蒋彝考入国立东南大学化工系。1925年在上海《东方杂志》发表处女作《海南岛》。1926年，在江西九江光华中学教书。1928年，经熊式辉举荐，获任安徽省芜湖县县长。1929年，转任安徽当涂县县长。1930年，绘画作品在九江庐山黄龙寺展出，随后就任九江县县长，其间与其文友彭晓山、孙默千、黄雪桥等人合组匡社，每月一聚，论诗作画。1933年去英国伦敦留学。1934年，熊式一编译英语剧《王宝钏》上演，徐悲鸿为剧本封面与扉页创作两幅插图，蒋彝为其画了12幅线描插图，因此逐渐与徐悲鸿建立了深厚友谊。同年11月，应中国使馆邀请，创作《黄州翠竹》《西湖堤柳》《庐山古松》三幅画，参加在伦敦举办的世界树木画展。1935年，协助刘海粟布置中国现代美术展览，并受其邀请创作数幅画。同年，写作出版《中国绘画》，并应邀在中国艺术展期间做了"中国书法与绘画的原理和技法"系列讲座。1936年，在伦敦举办个人首次画展《现代中国绘画扇面展》。同年，考取东方学院博士，师从庄士敦。1937年，哑行者系列第一本《哑行者：一个中国画家在湖区》出版。同年11月，所绘画的英国景物画在卡尔曼画廊展出。1938年11月，《伦敦画记》出版。1939年，创作的水墨画《鸟与兽》出版。同年 5 月，玛丽王后参观其画展，并购买一册《鸟与兽》。年底，《战时画记》出版。1943 年，参加艺术家援华展并作演讲。1944 年，《牛津画记》出版。1948 年，《爱丁堡画记》出版。1953 年，《都柏林画记》在英国、美国分别出版。1956 年《巴黎画记》出版。1959 年，绘制哈佛校园春夏秋冬四幅中国画。同年，《波士顿画记》出版。1963 年，创作《鱼乐图》。1964 年，《三藩市画记》出版并成为畅销书。1972 年，在香港大会堂举办《蒋彝书画个人展》。同年，《日本画记》出版。1973 年，在堪培拉撰写《忆悲鸿》，纪念四十年老朋友徐悲鸿。1977 年，在纽约中国总领事馆参与周恩来逝世一年纪念活动。同年回国，受到邓小平接见。十月逝世，骨灰葬于庐山脚下马迴岭公墓。

《中国近现代书画家辞典》《文化翻译与文化传播：蒋彝研究》

雷震（1914—1990）

【近现代】笔名绿野，临川（今属抚州）人。1920—1926 年在临川县城上小学。1927 年小学毕业后至南昌读中学，1930 年考入江西省第一职业学校艺术科。1933 年考入杭州国立艺专预科。1936 年预科毕业后复考入该校图案系本科，师从林风眠、雷圭元、潘天寿、吴大羽、杜劳、雪洛夫斯基等，系统学习建筑装饰、工艺美术、商业美术、工笔花鸟及美术理论。1938 年 1 月参加杭州国立艺专"抗敌宣传队"。同年冬，随艺专本部辗转迁徙至沅陵、贵阳、昆明及贵县安江村等地。1939 年毕业，留校任杭州国立艺专图案系助教。1940 年 9 月辞助教职务参加教育部艺术文物考察团，任采集组长，主要从事图案绘图和文字工作。1941 年底，周思铭离团后兼任总务干事、总务组长等职。1941 年与王子云、梁启杰等人赴洛阳、南阳等地考察。1942 年 5 月与王子云、邹道龙一起赴敦煌临摹壁画，备受艰辛。为中国最早进入敦煌进行艺术文物考察、具有政府行为的考察者。1946 年在重庆举办个人《西北艺术展览》，受到美术界及新闻媒体的关注。1949 年后历任江西省文化局社会文化科副科长、科长，江西省文化艺术学校副校长、江西省文化艺术学院教务处处长兼美术系主任、江西省美协副主席、中国舞台美术协会江西分会会长等职。擅长装饰绘画和工笔花鸟画。作品有《圭峰写生长卷》《南岳劲松》《毛主席叶坪故居》等。著述有《敦煌千佛洞壁画及其历史沿革》《江西古典戏剧脸谱选集》《大足石刻》《中国花鸟画技法辑要》等。

《中国美术家大辞典》《进贤风物》

黎勉亭

【近现代】新建人。清末民国景德镇刻瓷像艺人。少时随其父黎瑞学习绘画，后主攻瓷画。成名后以瓷板画创作为主，兼长山水、花卉、人物。在烧成之瓷上，擅用钢钻、钢锥或钢刀，刻画各种画面，形象逼真。民国四年（1915）袁世凯召其赴京，为英王乔治刻像，六个月完成，神形逼肖，毫发皆似。

《景德镇陶瓷史稿》《中国美术家人名辞典》《景德镇市瓷业志》

李澄

【近现代】字靖澜，临川（今属南昌进贤）人。工山水，善书法。1923年冬，为画家孔子瑜《幽斋清品图》题跋。1925年，为绩溪旺川曹氏宗祠题赠贺联。1936年，为福建泉州实业家肖碧川护甲楼门楣镌书"碧霞洲"牌匾。是民国时江西著名书画家。

《中国美术家大辞典》

李旦（1919—1998）

【近现代】原名李朝暾，南昌人。擅长美术史论、中国画。1937年毕业于江西省立高级工业职业学校实用艺术科，1937年考入国立杭州艺专绘画系。历任江西省文联美术组组长、省工艺美术社副社长、八大山人纪念馆馆长、江西美协第一届副主席。论著有《写意画派大师八大山人》《八大山人丛考及牛石慧考》。作品有《八一南昌起义》等。

《中国美术家大辞典》

李健（1882—1956）

【近现代】字仲乾，号鹤然居士，别署雀道人、雀庐，临川（今属南昌进贤）人。著名书画家李瑞清之侄。清末拔贡，毕业于南京两江师范学堂图画手工科。后投身教育事业，曾执教于湖南长沙大路师范、上海大学国文系、上海美术专科学校等。一度游南洋，担任槟榔屿师范校长。喜书法，真、草、篆、籀皆擅长。画则花卉山水，均得古逸简穆之气，更善治印。谦和纯正，蔼然长者。中华人民共和国成立后，受聘进入上海中国画院任画师。著有《中国书法史》《书法通论》《金石篆刻研究》等。

《美术年鉴》《姜丹画稿》《中国美术家人名辞典》《中国历代书法家人名大辞典》《中国近现代书画家辞典》《艺史芳尘》

李烈钧（1882—1946）

【近现代】字侠如，号侠黄，九江市武宁县罗溪坪源村人。国民革命军陆军二级上将。光绪二十七年（1901），李烈钧以身材魁梧、性格爽直，被武宁彭县令录取选送江西武备学堂，成为吴介璋得意门生，后又以学术两科兼优于光绪三十年（1904）由学堂选送北京应试。合格后由北京练兵处选赴日本学习陆军，先入士官十二联队实习一年，再入日本陆军士官学校炮科第六期学习一年。在日留学期间，他与黄兴等共同组织了以反对西方帝国主义侵略为宗旨的"攘白团"。光绪三十三年（1907），经张断、王侃介绍加入同盟会。宣统元年（1909）春到昆明任云南讲武堂教官兼兵备提调，不久接任陆军小学总办（校长）。辛亥革命后担任安徽都督。1912年3月就任江西都督。1913年5月与湖南都督谭延闿、广东都督胡汉民、安徽都督柏文蔚通电，反对袁世凯。1914年11月侨寓新加坡，参加欧事研究会。1917年8月被任命为大元帅府参谋总长。后在国民政府中辗转任职。1946年2月20日，因高血压、心肌梗死在重庆逝世，终年64岁。其平生能文善诗，尤擅书法，庐山仙人洞所题"常乐我净"，石松之石上所题"纵览云飞"均是其手笔。

《中国近现代书画家辞典》《李烈钧集》《中国近现代史》

李山东

【近现代】景德镇塑瓷艺人，游长子弟子，善塑大像及捏像，传其师之衣钵。

《景德镇陶瓷史稿》《中国美术家人名辞典》

李盛春（1903—1986）

【近现代】别名三连。1933年曾在南昌市陶瓷试验所工作，1952年加入陶瓷工艺社，从事"苏联展览瓷与建国展览瓷"的创作。1954年进入景德镇市工艺美术社，1956年到轻工业部陶瓷研究所工作。1959年由景德镇市人民政府授予"陶瓷美术家"称号。擅长古彩花鸟，其五彩作品偏重写实的风格，笔法娴熟，苍润华美，代表作《荷花》。与段茂发先生、欧阳光先生号称"古彩三杰"。

《景德镇陶瓷史稿》《中国美术家人名辞典》

李士襄（1912—？）

【近现代】字威侯，南昌人。上海美专毕业，师从汪声远。工书，善画山水。抗战胜利后，曾与胡华国创办艺术师范，自任校长。中华人民共和国成立前夕，去台湾，任"国大代表"，并先后在多所学校任教。著有《三民主义精义》《国父政治思想研究》等书。

《中国近现代书画家辞典》《中国美术家人名辞典补遗一编》

李真（1918—1999）

【近现代】永新人。1930年加入中国共产主义青年团。1932年参加中国工农红军。1933年加入中国共产党。土地革命战争时期，任红六军团卫生部医务科政治指导员，参加了长征。抗日战争时期，任八路军一二〇师三五九旅七一七团医生、七一八团主治医生，冀中军区特务团卫生队队长、冀中人民自卫军卫生部政治委员、冀中军区警备旅卫生部部长兼政治委员、晋察冀军区第三军分区卫生部部长。解放战争时期，任冀察军区卫生部副政治委员、政治委员，察哈尔军区察南军分区政治部主任，华北野战军第三纵队九旅政治部主任，第十九兵团六十三军一八八师政治委员。1955年被授予少将军衔。1985年按大军区正职离休。曾为中国书法家协会第二届理事，中国老年基金会理事，中国扇子学会名誉会长，中国老年书画研究会第一届常务副会长，并代理过会长。著有《老年人学书法》《烽火岁月》，出版了《李真诗词选集》《李真诗稿》《李真书法选集》《李真书法作品集》等。

《中国美术家大辞典》《美术辞林书法艺术卷》

李之衡

【近现代】原籍广东，清末民初景德镇绘瓷艺人。与吴霭生相同，从事色釉研究，尤其在祭红釉方面，是清末民初最突出的。

《景德镇陶瓷史稿》《中国美术家人名辞典》《江西省陶瓷工业志》

梁邦楚（1913—1996）

【近现代】南昌人。其父梁敬斋为鉴赏家，精于书画。梁邦楚深受影响，自幼便喜爱绘画。1926年开始学画练字，15岁考入江西省省立高中艺术科，求学期间，得到傅抱石亲授。1931年考入南京国立中央大学艺术系，师从吕凤子、张书旂等，画艺日进。1932年，随吕凤子至泰山写生。1935年毕业，获教育学学士学位。1936年受聘于教育部医学教育委员会从事美术工作。1937年，作品《夕阳山水》入选教育部"第二次全国美术展览会"。1939年，任教于国立十三中，其间举办个人画展。1943年，在江西省泰和县受聘立风艺术专科学校，教授国画。1946年，在南昌举办第二次个人画展，1948年，在景德镇举办第三次个人画展。1957年，由文化部艺术司调入中央工艺美术学院，任陶瓷美术系国画教师。1958年，编写教材《中国花鸟水墨技术要点》。1961年，调河北艺术师范学院任教。1962年，调回南昌，任教于江西文学艺术学校。1963年，傅抱石来江西考察，与之出席中国美术家协会江西分会欢迎座谈会。1966年，以"黑画家"罪名被劳动改造，其间坚持写生。1980年当选省美协副主席。同年，在南昌中苏友好馆举办个人画展，展出作品67件。1981年，在庐山圆佛殿举办个人画展，出版《梁邦楚画展》作品集，后与夫人赴成都出席"南昌、成都两市国画联展"。1985年，出席在南京举行的"傅抱石逝世二十周年纪念活动"暨纪念馆开馆仪式；参加"吕凤子诞辰一百周年纪念活动"。同年，被聘为中国书法函授大学江西分校教授；被聘为中国美协江西分会顾问。并当选八大山人研究会副会长。1988年，受聘为江西省中国画研究会顾问；应邀为毛主席纪念堂作画；应邀为刘少奇主席夫人王光美女士作画；应邀为奥运金牌获得者许艳梅作《一鸣惊人——雄鸡》。1991年在我国台湾地区出版画册《梁邦楚作品集》。1992年作品《远瞩——松鹰图》，荣获全国美术作品展金奖。同年参加在我国台湾地区百人名家书画大展，其作品入选《高雄市立图书馆藏画集》。1995年作品《鄱湖之滨》入选《中国当代著名花鸟画家作品展览》，由文化部颁发优秀奖。1996年4月3日因病医治无效，在江西南昌逝世，享年83岁。

《中国近现代书画家辞典》《艺为人生：1928—1949年国立中央大学美术专业学生文献集》

梁书（1907—1998）

【近现代】字凯世，号惕生，万安人。1929年入上海美术专科学校国画系，师从刘海粟、黄宾虹、潘天寿、张大千等。1932年毕业后以优异成绩留校。1934年被聘为国画系教授。同年，加入潘天寿主持的"白社"画会。后参加何香凝等主办的"中德美术展览""中日美术展览"创作组，作品《庐山枫叶》《庐山飞瀑》分别被选往柏林、日本展出。1936年与人合伙在河南开封创办"文艺社""美术公司"。1937年，任河南省女子中学美术教师。1938年参加郭沫若组织的抗日战地服务团，创作《百松图》《洛阳之晨》。1939年任万安中学美术教师。同年与傅抱石举办国画作品联展。1944年，在赣州举行个人画展。1951年调到万安县文化馆，创办群众美术学习班。1959年作品《井冈山全图》《大茅山春天》参加全国美展，并先后在苏联、匈牙利、罗马尼亚等国展出。梁书曾多次在赣州、南昌、杭州、上海等地举办个人画展。生前为中国美术家协会会员、江西省美术家协会顾问、江西画院顾问、江西中国画研究院顾问、日中艺苑顾问、万安政协副主席。1998年8月逝世,享年94岁。

《中国现代美术家人名大辞典》《中国当代美术家人名录》《当代书画篆刻大辞典》《中国当代艺术界名人录》《中国当代国画家辞典》

刘太希（1898—1989）

【近现代】晚号错公,信丰人。1919年入北京大学文科,就读期间深受著名学者林琴南、梁启超的教益。北京大学毕业后,返回赣州,曾任江西省第四中学校长。1926年3月,江西省都督邓如琢为笼络赣人,委任其为星子县县长,请求辞任但未获准。1927年,北伐军攻克江西时,才获免县长职。此后又在不同时期被委任过江西省南康县县长和福建东山县县长。1937年投入抗日活动,被授予少将参议衔,实为国防部秘书。抗战期间,亲笔撰写大量诗词激励抗日将士,熊式辉、陈方等都是刘太希的诗友。1950年,赴香港,始与画家张大千相结交。1952年应新加坡南洋大学聘请为国学教授,讲授《诗经》《史记》,执教6年。后应聘为台北政治大学教授,主讲古韵文,开设《诗经》《左传》《文心雕龙》《春秋三传》《先秦诸子学术》《楚辞》等课程。1987年,被台湾文艺作家协会选为资深优良文艺工作者。

《美术辞林（书法艺术卷）》《江西省志侨联志》

刘雨岑（1904—1969）

【近现代】原名玉成,别号巧翁、澹湖鱼。安徽太平（今黄山市）人,世居江西鄱阳县。1923年毕业于江西陶业学校,后至景德镇从事陶瓷艺术创作活动。擅长粉彩花鸟,并首倡"水点桃花技法",即不用洗染法,而用含染料水笔点出,因之更加活泼自然,后逐渐形成一种新流派。曾于瓷城中自由组合"月圆会",着意研究提高陶瓷装饰艺术。是"珠山八友"

之一。曾历任艺术研究室副主任、景德镇陶瓷美术工作者协会主席、江西省美协副主席。作品有《红叶秋虫》《鸟鸣图》《花鸟》等。

《景德镇陶瓷史稿》《中国美术家人名辞典》《民国瓷》《珠山八友及其传人》

刘雨叔（1919—1987）

【近现代】原名刘文卿，笔名瞿叟。原籍江苏省邗江区，迁居江西宁都。受其父影响，一生酷爱书画与戏剧艺术，早年就读于上海美术专门学校，专攻国画，尤长于花卉、山水、翎毛，人物亦画得栩栩如生。成为赣南地区闻名遐迩的国画家。曾任宁都分区人民京剧团副团长，宁都分区文学艺术工作者联合会筹备委员会委员兼宁都人民教育馆馆员，宁都分区群众剧艺工作团总导演。1941年前后在赣州参加了两次书画义展，把展销所得全部献作抗日经费。与当代江西名画家黄秋园交往甚笃，画风亦受其影响。1945年前后，在宁师任教时，组织了"西浒画社"，在全校掀起了国画热。为宁都县培养了一批中青年国画人才，并协助县文化馆开办了工艺美术部，使宁都县的工艺美术事业得到重视与发展。

《江西省文化艺术志》

柳子谷（1901—1986）

【近现代】名习斌，号怀玉山人，堂号双翔阁，上饶玉山人。自幼喜欢绘画，常临摹其父收藏的《芥子园》《醉墨轩》等画谱。10岁为村人画《四季图》。1924年入上海美专从师刘海粟、黄宾虹等学习。1926年毕业后随军参加北伐，在国民革命军第六政治部任宣传员，其间创作《雪中从军图》。后任南京美专国画系教授，与徐悲鸿、张书旗三人被称为画坛的"金陵三杰"。后与柳亚子、于右任、何香凝、蔡元培等组织"诗书画研究会"。1940—1944年迁居湖南洪江，任赣才中学校长。其间，举办个人画展两次。1945年春为躲避战乱，迁居重庆。1946年与徐悲鸿重聚重庆。1946—1947年在南京，任国民党中央党部专员，但经常作画会友。1947年参加"现代美术习作展览会"。1948年在南京文化会堂出席第十届美术节纪念大会。1949年举家迁居杭州，并举办个人画展，这是其自中华人民共和国成立后举办的第一次，也是他一生中最后一次个人画展。1950年，经马寅初推荐，由杭州转东北任教，任中学教师。1956年被调赴沈阳师范学院美术系任教。1957—1959年，与满键合作《抗美援朝战争画卷》。1959年应林业部之邀赴北京作画，在京与傅抱石、关山月等名家相聚。同年转辽宁大学美术系任教，并整理出《书法函授教材》《子谷画竹》《子谷画八哥》等教学课稿。1960年被调入辽阳鞍山师范学院，创作了7.5米长卷《山村新貌》。1962年转调至山东艺术学院，迁居济南。同年应中国美术家协会山东分会的邀请，与全国著名的30多位画家，赴青岛参加研究国画创作的活动，其间与王雪涛合作《草丛中的雏鸡》，与郭味蕖合作《白绶带与竹》。1981年应邀担任安徽皖南画院名誉院长。1986年1月病逝于山东济南。

《中国近现代书画家辞典》《咏叹与孤独——画家柳子谷传》《江西省志人物志》

龙榆生（1902—1966）

【近现代】本名龙沐勋，字榆生，别号忍寒居士、风雨龙吟室主、荒鸡警梦室主等，万载人。幼时在父亲的指导下，熟读《史记》前传、《文选》等文史名著，并学会了诗词骈文。1921年，由堂兄沐光介绍，前往武昌高等师范学校师从黄侃学习声韵、文字及词章之学。1923年，出任上海神州女校国文教员，因不会上海话，后被辞退。同年，经黄侃推荐，转至武昌中华大学附中任教，后辞职。1924年起任教厦门集美中学，期间曾拜闽派诗人陈衍（石遗）为师，并到厦门大学拜见过鲁迅。1928年，担任上海暨南大学国文系讲师兼国立音乐院诗词课。期间，龙榆生得以拜谒夏敬观，并进而结识了朱祖谋、陈三立、胡适等。1929年，开始在暨大教学。1931年，朱祖谋去世，卒前以遗稿和校词朱墨双砚相授，并由夏敬观画了《上彊村授砚图》，后相继有吴湖帆、徐悲鸿、方君璧、蒋慧为等人为其绘《受砚图》。1932年开始担任上海暨南大学中文系主任。1933年兼任复旦大学教席，同年4月其主编的《词学季刊》创刊。1935年辞去暨南大学的教职，转而任教于广州中山大学。1936年任教于上海国立音乐专科学校及苏州章氏国学讲习所。1940年被汪精卫伪国民政府任命为立法院立法委员，并兼任汪精卫家庭教师。1945年，被囚禁于南京老虎桥监狱，后被转移到苏州狮子口监狱看守所。1946年，被判处有期徒刑12年。1948年，保释出狱。1949年任上海商务印书馆编审部馆外编审；受陈毅接见，后任上海市文物管理委员会编纂。1950年秋改任文管会研究员。1951年调任上海市博物馆编纂、研究员。1952年由陈毅安排至上海博物馆任资料室主任。1956年2月，在陈毅的安排下，龙榆生特邀列席政协第二届全国委员会第二次会议；8月，辞去上海博物馆任资料室主任职务，转任上海音乐学院民乐系教授。1962年，为上海戏剧学院戏曲创作研究班授课。1966年，因心肌梗死去世。其词学成就最高，与夏承焘、唐圭璋并称，是20世纪最负盛名的词学大师之一。编著有《风雨龙吟室词》《唐宋名家词选》《近三百年名家词选》等。又工书，晚年间作小幅山水，寥寥数笔，虽不甚工，但别有天趣，所作不多，知者亦少。

《中国韵文史》《中国近现代书画家辞典》《词学书札萃编》

卢是（1918—1992）

【近现代】初名卢善群，后改名为卢潘、卢是等，寻乌人。幼随父亲识字、诵诗、临帖。1925年，入寻乌吉潭小学。后受父熏陶，始习绘画，学习国画等。1932年，入广东省平远县第二中学读书。1934年，中学毕业后在家乡小学当美术教师，曾拜师学习照相并兼习书画。1936年，考入杭州国立艺专西画系，同时兼学中国画，师从林风眠、吕凤子、潘天寿、王子云等。1938年，参加杭州国立艺专"抗敌宣传队"。1940年，入由北平艺专与杭州艺专合组的重庆国立艺专。1942年，经雷震介绍参加教育部艺术文物考察团，任绘画、摄影等工作。同年，赴敦煌临摹壁画，与中央研究院向达及张大千等人朝夕相处，交往甚密。1943临摹敦煌壁画及各种写生数百余幅，并拍摄大量照片资料。同年于重庆沙坪坝参加艺术文物考察团汇报展览。1944年至1945年在重庆璧山正则艺专任讲师。1946年，在重庆中苏文化协会举办《卢濬西北画展》。1950年起陆续在苏南文化教育学院、江苏师范学院、南京师范学院任教。1958年，经傅抱石介绍参加中国美术家协会。1961年，在南京师范学院举办《卢是作品观摩会》。1986年至1988年先后在江苏美术馆、江苏盐城工人文化宫、福建泉州青少年宫等地举办《卢是书画展》。作品有《兄妹开荒》《黑衣女子》《孤灯伴读》等等。

《中国美术家大辞典》《西安美术馆——卢是艺术年谱》

吕行（1921—1995）

【近现代】原名吕逢奇，吕行为笔名，遂川人。早年考入胡献雅在泰和创办的立风艺术专科学校，学习绘画理论与基本功。曾任遂川中学美术教师、县美术馆美术干部、县政协委员、常委等。一生从事山水画创作，于大自然中汲取绘画灵感，作品《黄山烟云》《泰山日出》《庐山飞瀑》等备受画界推崇。先后两次应邀参加北京人民大会堂江西厅壁画的设计和绘制。

《遂川文史》

毛鹭（1878—1936）

【近代】字文鸣，上饶人。自幼随父就读，勤习欧阳询《九成宫碑》。光绪三十年中举，后新学兴起，鹭毅然放弃仕途，负笈北上，入京师大学堂师范科，攻读博物学。毕业后以教书为业，曾任广信中学堂学监，鹅湖师范国文科主任，教授国文、生物学。民国十三年（1924）任上饶县教育局局长。平生雅善书画，其画以山水为主，楷书深得欧体精髓，行书模范二王，用笔精妙。

《上饶历代书画集》

欧阳公衡（1888—1952）

【近现代】又名衡,新建人。通经史,工诗画,善书法,每作画必自题诗于其上,与并世名家熊腾、傅抱石相切磋。居南昌。民国十四年（1925）,时任新建县县长王鸿寿谓邑人程道存、唐棣曰:"新建县财产无人管理,致多被侵扯鲸吞,且有湮灭契据事情,请为进行整理绘制图册以垂久永。"道存以公衡精通绘画请其从事编绘《新建县地方财产局业产图》凡城镇农村房屋田亩莫不进行丈量测绘,数月竣事,由"慈灿轩"石印行世。著有《欧阳公衡画册》。

《新建县历史人物选》

欧阳渐（1871—1943）

【近现代】初字镜湖,又字镜芙,后改竟无,宜黄人。近代著名佛学居士,毕生钻研佛学。20岁时,入豫章经训书院读书。后受桂伯华影响开始钻研佛学。光绪二十九年（1903）,选为拔贡,后任广昌教谕。1912年,与李证刚发起成立"中国佛学会"。1918年,筹办"支那内学院"。1921年7月17日,在章太炎、陈三立、沈曾植资助下,支那内学院在南京公园路正式开办。梁启超、吕澂、汤用彤、王恩洋、黄忏华、熊十力等人皆尝游学于其门。他主持内学院在南京刻经110部,1015卷;入川后,又刻成30部,50余卷。曾提出"佛教既非宗教亦非哲学"的观点,认为佛教是包罗人生各门原理的独特体系。1924年,泰戈尔访华时曾赞扬道:"印度丧失二千年之国宝,不意于中国觅得。"此外,精于书法,并于"书论"有创见。主张字以分篆为充量,"必量充而艺始绝"。对历代书法作品评价中肯,认为"晋书以疏冷胜,唐宋失之谨严",尤其强调,学古人书亦当学古人之为人。欧阳渐擅长篆隶,源出于六朝造像,参以写经笔意,若稚若拙,气象淳古。所留题平山堂、大悲楼阁匾额等,至今仍饮誉不衰。晚年自编所存著作为《竟无内外学》。

《民国书法史》《江西省人物传》《赣文化通典·书画卷》《中国近现代高等教育人物辞典》《中国书法家大辞典·第2卷》《中国近现代书法家辞

典》《中国文化辞典》《中国佛教人物大辞典》

潘钦

【近现代】字敬斋，婺源人。海派画家，山水、花鸟、人物皆擅长。南宗北派随手写来，尤工于青绿，设色艳丽而不俗。求画者颇多，也为日本人所喜欢。亦工书法，熔北碑南帖于一炉。

《中国美术家大辞典》《海派书画文献汇编》《民国书画家汇传》

潘陶宇（1887—1926）

【近现代】字鼎钧，号詹湖外史，画室名"古欢斋"，鄱阳人。1911年任江西省立甲种工业学校国画教师。擅长花鸟画，作画清淡雅丽，花鸟、人物均重神韵。"珠山八友"中的刘雨岑、程意亭、汪野亭均受过其教导。

《景德镇陶瓷史稿》《中国美术家人名辞典》《中国历代画家人名辞典》

潘庸秉（1900—1961）

【近现代】鄱阳人。14岁考入江西省第二甲种工业学校，学习陶瓷美术。1917年毕业后，在江西陶瓷职业学校任教。1925年曾在北京任绘瓷教师。1959年获"陶瓷美术家"称号。除擅长花鸟、山水外，亦精于器型设计和釉上釉下装饰、构图等工艺。作品先后参加过全国美展和芝加哥美展。1953年任景德镇市美术工作者协会主席，1954年任陶瓷研究所副所长，中国美术家协会理事，美协江西分会副主席，景德镇市科协副主席，《陶瓷美术》杂志主编。

《江西省文化艺术志》

彭醇士（1896—1976）

【近现代】字素庵，号素翁，谱名康祺，易名粹中，因慕戴醇士而改名醇士，并以行。高安人。1920年，毕业于中国大学商科，受知于桐城派大师姚永概，得其教。曾任正志中学国学教师。后任哈尔滨畜牧局秘书、局长。1923年，弃官回赣。后被熊纯如聘为省立第二中学国学教师。1924年，任心远大学教授。其后历任广东省政府秘书、上海淞沪警备司令部办公厅主任、江西省政府参事等等。1949年随国民党去台湾地区后历任"立法委员"、大专院校教授及中文系主任、中华学术院诗学研究所副所长等。工书法，擅绘画，精诗赋词章之学。曾在南昌与画家熊腾、陈伯年等结"无声诗社"，取"画为无声之诗"之意。书法学习二王，中小楷尤其精妙；画以山水为主，写意居多，布局绵密，飘逸灵秀。1996年，台湾地区曾举办"彭醇士先生百年诞辰书画展"。

《江西省志人物志》《中国近现代书画家辞典》《中国历代书法家人名大辞典》

彭沛民（1894—1975）

【近现代】湖南长沙人，晚寓南昌。宣统二年（1910），考入长沙雅礼大学预科。1914年留学英国，1917年入伦敦大学政治经济学院，两年后转入爱丁堡美术学院。1924年回国后，曾在上海美术专科学校、国立北京美术专门学校、国立北平大学艺术学院等院校执教。中华人民共和国成立后，任江西师范学院教授。曾为中国美术家协会理事、中国美术家协会江西分会主席、江西省文学艺术界联合会副主席等。1974年逝世于南昌。其作品前期多画人像，后期多画风景静物。擅长素描和油画，对艺术理论也深有研究，曾多次深入江西瑞金、井冈山、庐山等地进行创作。代表作品有《井冈山茨坪》《鱼米之乡》《八一大桥》等。

《中国美术家人名辞典》《江西省文化艺术志》《长沙市志》

彭新骅

【近现代】字心化，安福人。徐悲鸿弟子。工画，中西兼擅。曾任江西立风艺校教授兼训导主任、江西省立师范劳作美术科主任。

《中国近现代书画家辞典》《民国书画家汇传》

彭友善（1911—1997）

【近现代】字至斋，号超真，别号虎癖居士，余干人。1925 年，考入江西私立玉亭初级中学，师从张振仍先生学传统诗、画国画。1931 年，与大哥友仁合作丈二宣之《难民行》，徐悲鸿先生在画上题诗。同年就读于南京中央大学艺术系，师从徐悲鸿先生学习西洋画。1932 年转学至武昌艺术专科学校绘画系学习。1934 年毕业回江西，任为江西教育厅图画指导员。1935 年，作《大同世界》《华清池》《英雄与美人》。1936 年，创作八尺巨幅《同舟共济图》。同年兼任江西美术事业委员会主任委员，负责教育部第二次全国美术展览会江西美术作品的征集工作。1937 年，作品《恶梦》《大同世界》《华清池》《伴侣》入选第二次全国美展。七七事变后，创作大量抗日宣传画，如《逃亡图》《后羿射日》《最后胜利图》《苏武牧羊图》。1941 年，任第三战区文化设计委员会第二组艺术专员，撰写《现代绘画十法》《建设三民主义的艺术》等。1943 年，与潘天寿、俞剑华、谢海燕在建阳举办联谊画展。1944 年，任第三战区文化运动委员会艺术组长，作大幅虎图 50 幅，在上饶举办"百虎画展"。1945 年，作《全民雀跃庆和平》《驺虞图》《精忠报国图》。1946 年，在牯岭"协和礼堂"举办个展，结识美国总统特使马歇尔，通过他将《全民雀跃庆和平》图转赠杜鲁门总统，以《驺虞图》赠马歇尔。1949 年由马璧介绍拜齐白石老人为师，作《白石老人像》一幅赠齐师。1950 年，调景德镇陶业专科学校任副教导主任兼教授及景德镇市文联副主席，景德镇市美协主席等。1951 年，调江西省画报社工作。1952 年，作《方志敏攻打漆工镇》。1954 年，为中苏友好馆创作《伟大的友谊》。1956 年，当选第一届江西省政协委员、江西省美协理事，创作《彭黄平江起义图》。1957 年，《永生》《彭黄平江起义图》相继完成。1961 年，借调革命烈士纪念堂，作《毛主席代表来到瑞金》《高虎脑战斗》等。1962 年，回江西师范学院，恢复教学，任教素描、美术欣赏、国画等课。1973 年，借调江西革命烈士纪念堂，恢复油画《永生》。1977 年，当选省美协副主席。1979 年，作《雄鸡报晓》《雄鹰展翅》等。1980 年作《夕钓》《斗鸡图》《深山古寺》《猫菊》等，被批准为中国美术家协会会员。1981年退休。1982年在景德镇市举办瓷画展一次；在杭州市举办个展一次。1984年，在北京中央美术学院陈列馆举办个展。同年应邀参加"赣南中秋书画会"。1985年，在南京举办个展，为庆祝抗日战争胜利40周年复制《全民雀跃庆和平图》及《大同世界》等。1987年，在广州美术馆举办个展。1988年，撰写《画虎艺术》一书，由江西人民出版社出版。1989年，在香港文化会堂举办"彭友善画展"。1993年，荣获国务院颁发有突出贡献专家证书。1997年8月16日，因心脏病突发逝世。

《中国美术家人名辞典》《中国近现代书画家辞典》《彭友善国画技法》《彭友善绘画研究》

彭友贤（1906—1949）

【近现代】号冶真，字时郫，余干人。彭友善之兄。自幼酷爱美术，能诗会画。1922年考入上海美专，跟随刘海粟、汪声远、潘天寿等学习国画。1928年考入杭州国立艺术院国画系，继续师从潘天寿。1930年赴法国留学，入巴黎国立美术院，攻读图案及装饰美术。1932年学成回国，先后在武昌艺专和北平艺专任教，举办过多次画展。在绘画方面，彭友贤善于吸收古代绘画与西方现代绘画及图案中的可取因素，融会贯通，自成一体。抗日战争胜利后，彭友贤又回到景德镇，集资创办了中国瓷厂，矢志不渝地进行瓷业改良。期间，在南昌探亲之际，被南昌市政委员会聘为技正（总工程师），领导设计并建造了赣江第一桥——中正桥（今八一桥）。

《中国美术家人名辞典》《上海美专名人传略》

齐宪模（1915—1987）

【近现代】南昌进贤人。1937年毕业于国立杭州艺专。中华人民共和国成立后，历任中小学、艺专、中专美术教员。1978年，任南昌职业技术师范学院工艺美术系教授。1962年，创作《红色故都——瑞金》系列组画参加全国美展。1969年，作品《尼罗河罗非鱼在中国安家》参加全国美展，并获科技画奖。1987年，21幅国画作品被送去美国南达科他州格斯特娜美术学院展出。其作品细腻清新,深受美术爱好者喜爱。晚年编有《图案基础》教材和《装潢美术》教材等。曾是南昌市文联委员、美术部副部长、南昌市美术家协会副主席、中国美术家协会会员、南昌工艺美术学会顾问等等。

《进贤县志》《中国美术家大辞典》

饶惠元(1907—1983)

【近现代】字一真,樟树人。1931年,毕业于上海新华艺术专科学校,曾在樟树中学、樟树农校任教。对国画、油画、书法、治印、金石文字的研究均有较深的造诣,尤精通江南地区新石器时期考古学。1952年应聘参加湖北荆江分洪和长沙古墓的发掘。并多次向中国科学院郭沫若院长请教,深得赏识,1955年调去中国科学院考古研究所工作。1956年秋,江西首次发掘清江营盘里遗址。1976年秋,发掘清江卫城遗址,他皆于现场指导。著有《江西清江新石器时代遗址》《清江遗址的文化分析》《关于有段石锛的分型》《略论长方形有孔石刀》等。

《江西省文化艺术志》

邵祖平(1898—1969)

【近现代】字潭秋,别号钟陵老隐、培风老人,室名无尽藏斋、培风楼,南昌人。古典文学家,肄业于江西高等学堂。年少博览群书,以诗著名,师从国学大师章太炎。曾任《学衡》杂志编辑、国学研究会讲习,执教东南、之江、浙江等大学,退休后寓居杭州。著有《培风楼诗》《中国观人论》《文字学概论》《国学导读》等。

《赣文化通典·书画卷》

施文起(1924—1972)

【近现代】笔名谷雨、施工。浙江省东阳市人,寓居南昌。1948年毕业于国立杭州艺专。1945年曾在杭州举办父子彩墨画展。后专攻工艺美术,对建筑艺术亦有一定研究。先后在上海电影制片厂工作、上海科教电影制片厂、江西省电影制片厂、江西省文艺学院、江西省第二轻工业厅等单位任美术设计师、教授等职,负责过不少影片美术布景设计以及大型展览会的总体设计。此外,在工艺品造型设计、商品装潢设计方面也做了不少工作。作品有《翠冈红旗》《金银滩》等。

舒同(1905—1998)

【近现代】字文藻,又名宜禄,东乡人。舒氏自幼喜爱书法,5岁学书,14岁即有乡誉,被誉为"神童""东乡才子"。曾系统地临过古代碑帖,师法颜真卿、柳公权、何绍基等名家,其师古而不泥古,尊法而求新变,并注意取其精华,大胆尝试,逐渐形成自己的书法风格,创立了著名的"舒体",备受海内外推崇。历任中共山东省委第一书记,陕西省委书记,中国人民解放军军事科学院副院长,中共中央顾问委员会委员。舒同是新中国书法事业的继承和开拓者,中国书法家协会的创始人和第一届主席,被称为"红军书法家""党内一支笔"。出版《舒同字帖》(分楷、行、草三本)、《舒同书法》、《舒同书法艺术》等。

《中国历代书法家人名大辞典》《中国近现代书画家辞典》

帅础坚(1892—1963)

【近现代】名建基,字础坚,广西桂林人,原籍江西吉安。1919年考入上海美术专科学校,毕业后回广西,是西画传入广西的开拓者之一。20年代初期创办"桂林研美画室",结交画友,与徐悲鸿、张安治、沈越、马万里、张家瑶等人过从甚密。1958年起在广西艺术专科学校、广西艺术学校任国画教师。其擅山水、人物、花鸟,画风朴实,中西技法并用,笔墨苍劲,意趣隽永。代表作《林则徐禁烟图》《芙蓉》《兴坪雨渡》。

《赣文化通典·书画卷》

孙常粲（1916—1998）

【近现代】泰和人。毕业于江西私立立风艺术专科学校绘画系，毕业后任南昌私立心远中学美术教师。中国美协江西分会会员。擅长写意花鸟。1985年聘为江西省文史馆馆员。

《江西省文史研究馆书画作品选》

孙诗谱（1911—1989）

【近现代】曾用名孝可，字钝庵，九江人。擅长书法，尤长章草。曾在中国人民银行青岛分行工作。为中国书法家协会会员、青岛书法家协会顾问。

《中国美术家大辞典》

谭组云（1876—1949）

【近现代】名德钟、孝先，号高谭，皈依印光大师后，法名德备，晚号海陵老人。祖居江西南昌，后迁江苏海安镇，至其为11世。民国时期蜚声海上书坛，为我国近代杰出书法大家之一。1917年遍游长江沿岸，远至京师粤闽，后定居上海鬻书。历与康有为、吴昌硕、高邕之、李叔同、李瑞清、沈曾植、曾熙、于右任等谈论艺事，彼此引为知己。与谭延闿（组安）齐名，世称"南北谭"。谭组云曾将他与石涛、彭玉麟、吴俊卿、李梅庵、李叔同、王一亭及其哲嗣少云、小云、长媳韩佩芬的书画合版《十人书画集》一册。与少云、小云合办"三谭书画展"，出版《三谭书画集》，父子三人在美术界有"三谭"之称。

陶博吾（1900—1996）

【近现代】原名陶文，字博吾，别署白湖散人，彭泽人。中国诗、书、画艺术大家，书法方面成就尤高，被列为20世纪100年间最杰出的20位中国书法家之一。陶氏先后入南京美术专科学校、上海昌明美术专科学校，从黄宾虹、王一亭、潘天寿、诸闻韵、贺天健等先生学习书画，从曹拙巢先生学习诗文。其人淡泊名利，不求闻达。题画写字，一向不写前人旧句，必独出心杼。其绘画与张朋、黄秋园、陈子庄并称"四大在野画家"。真、草、隶、篆四书皆精，然以大篆、行书成就最为突出。他的行书，全然不顾技巧、章法，凭感觉直书，随意而为，特别到晚年，更是纯真自然，无拘无束，使笔下作品有一种不假雕饰、稚拙天真的古典原始味道，读后令人既感陌生，又觉新鲜。篆书，主要集中在散氏盘和石鼓文方面，最初受吴昌硕影响较深，但由于先生个性使然，凭自己的功底和胆识，对吴昌硕有取有舍，终于自成面目。中华人民共和国成立后，陶博吾居南昌，一度为葆灵女子中学（现南昌十中）教员。晚年创作甚丰，有《石鼓文集联》《陶博吾书画集》《习篆一径》等传世。

《中国近现代书画家辞典》《赣文化通典·书画卷》《新建县历史人物选》

田鹤仙（1894—1952）

【近现代】名青，原名田世青，字鹤仙，号梅华主人、荒园老梅，画室名古石斋，浙江绍兴人。少年时寄居在江西抚州岳父家中。为景德镇绘瓷艺人，民国初年（1912）曾任景德镇税务局职员，后任江西省瓷业公司夜校任教。自幼喜爱绘画，在抚州曾从施雪江学画山水，任职景德镇后业余习画，结识景德镇瓷画艺术家徐钟南，中年潜心瓷画，后专事画瓷。田鹤仙擅长画粉彩折枝梅树和梅花，枝干虬曲苍劲，梅花浓淡相生，所绘"梅花弄影"，迥然一格，引人入胜。为"珠山八友"之一。

《景德镇陶瓷史稿》《中国美术家人名辞典》

万昊（1912—2008）

【近现代】九江人。1935年毕业于苏州美专高中艺术科。曾在桂林美专、初阳美术学院等校任教，并于1945年在柳州创办南华艺专，1948年创办白鹿洞艺术学院。中华人民共和国成立后陆续任教于江西陶专、江西师范学院、华中师范学院、湖北艺术学院、江西文化艺术学校、江西景德镇陶瓷学院。是江西省美协副主席、顾问，江西油画学会首届会长，中国美术家协会会员,江西省第三、四、五届政协委员。专长油画,画风受印象派影响,唯形象光色并重,喜画黄昏曙色,追求诗意词境的自然美。万昊将油画的境界从对自然的写照转换成为中国文人画特有的借物喻胸臆的特殊表达方式,将民族的审美心理与民族的趣味渗透到自己的油画作品中。

汪大沧(1899—1953)

【近现代】字沧生,号一粟,别号桃源老人、甫艺。浮梁人,一说安徽黟县人。民国时期的著名绘瓷名家,"珠山八友"之一。六岁时随伯父汪藩学艺谋生。毕业于浮梁乙种工业窑业学校饰瓷科,并在该校任教。曾得名师潘匋宇指点,又师从毕伯涛学习诗词。1924年参加汪晓棠、王大凡创办的"瓷业美术研究社"。擅长画浅绛彩和粉彩,更擅长以秃笔绘画粉彩山水,技法娴熟,用笔简练,豪放浑厚,专以细笔精描取胜。其笔墨独树一帜,在20世纪40年代享有盛名。

《中国陶瓷辞典》《景德镇陶瓷史稿》《中国美术家人名辞典》

汪琨(1877—1946)

【近现代】字仲山,婺源人。居上海,为近代海派重要画家之一。自幼善弄笔墨,每见古今名人真迹,辄刻意模仿,款识图章亦勾出。山水学四王一路,几可乱真。又工花卉,并能人物。宣统元年(1909),他曾参与发起成立以书画艺术补益于社会的"豫园书画善会",还开创了书画团体参与社会慈善活动和会员经济互助的先河。抗战结束后,汪琨一度任该会会长之职。1909年他还加入了上海的"宛米山房书画会",1910年又成为上海书画研究会会员,同年作品曾代表江苏省参加南洋劝业会组织的展览,其绘画作品获优等奖。曾执教于东南高等专科师范学校、南洋女师范、上海城东女学、上海美专、上海新华艺术大学等。

《海上书画名家年鉴》《中国美术家人名辞典》《中国近现代书画家辞典》《艺史芳尘》

汪辟疆（1887—1966）

【近现代】原名国垣，号辟疆，晚号方湖，别号展庵，彭泽人。出生书香世家，宣统元年（1909）入北京京师大学堂，为陈宝琛所赏识，攻中国文史。1912年毕业，1918年任江西心远大学教授。1927年起在南京第四中山大学、中央大学、南京大学任教授。其间曾任监察院委员、国史馆纂修。他在国立中央大学等校执教近50年，在当时众多学者中颇有书名。汪专经学、文学、目录学，主要致力于唐代传奇、中国诗歌史的研究。著有《光宣诗坛点将录》《近代诗人述评》，均为近代诗学的重要著作。汪氏书法源出晋唐，潇洒蕴藉又不失法度，清新雅致又富有诗意。

《民国书法史》《赣文化通典·书画卷》《民国珍档·民国名人户籍》

汪晓棠（1885—1924）

【近现代】又名棣华，字晓棠，号龙山樵子，婺源人。景德镇绘瓷艺人，中国陶瓷美术大师。少时在杭州以绘制纸扇、绢扇为生。光绪、宣统之际，因妻投水自尽，避祸景德镇自学彩瓷，不到数年即声名远播。1922年，浮梁县县长徐仲亭雅好艺事，遂建"瓷业美术研究社"，汪晓棠当选副社长。其擅粉彩人物，尤善画仕女，具改琦、费丹旭风味，其所画仕女，造型精美，体态轻盈，衣褶如行云流水，设色淡雅而又精细。

《景德镇陶瓷史稿》《中国美术家人名辞典》《中国陶瓷辞典》《民国瓷鉴赏》

汪义中（1926—？）

【近代】婺源人。著名学者、书画家汪英宾之子。自幼承家学，工书画，尤精于人物、仕女，设色恬雅，而不入时人俗套。

《上饶历代书画集》

汪野亭（1884—1942）

【近现代】名平，号元鉴、平生、评山、老平、垂钓子、传芳居士，斋名平山草堂。乐平人。景德镇绘瓷艺人，"珠山八友"之一。1906年就读于波阳江西省立窑业学校饰瓷科，先从潘匋宇、张晓耕学绘花鸟，后改山水。25岁到景德镇，初画浅绛彩，后画粉彩山水，曾不遗余力地研习清初"四王"的青绿山水，把自己的领悟、感言、体会尽付诸笔端。一度受聘为景德镇陶瓷职业学校教师。传世作品较多。早期用线细密，具浅绛彩风格；中期构图严谨，线条流畅洒脱；晚年用线粗犷老辣，色彩明快，苍古奔放。首创墨彩山水瓷画，用油料调以水粉敷色，烟云满幅，类似泼墨笔法。作品《粉彩瀑布云山图瓷板》。

《景德镇陶瓷史稿》《中国美术家人名辞典》《中国陶瓷辞典》《瓷艺丹青》

汪英宾（1897—1971）

【近代】字省齐，婺源人。近代著名报人、新闻学者、书画家。吴昌硕弟子。毕业于上海圣约翰大学政治学系。后任申报馆协理，受派往美国密苏里大学新闻学院、哥伦比亚大学新闻学院进修，获硕士学位。回国后与戈公振创办上海南方大学报学系与报学专修科，任系主任，兼任光华大学、沪江大学商学院报学系教授。并担任《时事新报》编辑主任、总经理，上海《大公报》设计委员。中华人民共和国成立后任圣约翰大学新闻系教授，复旦大学新闻系教授。工书画，擅篆书及行草，颇类乃师吴昌硕；山水雄浑华美，得元人逸趣。

《上饶历代书画集》

汪岳云（1891—1967）

【近现代】原名炳麟，改名岳云，别号钟奇，万载人。陈师曾弟子。毕业于北京大学中文系，后又毕业上海新华艺大。曾任上海中华书局编辑、儿童书局编辑、南京国立编译馆编审、暨南大学副教授等职。中华人民共和国成立后，开始任北京人民教育出版社编辑，后受聘至西安西北大学、兰州艺术学院等校任教。善山水、花鸟，兼作人物。雄鹰、鸽子、八哥等尤精，作画笔法苍劲，生趣盎然。代表画作有《昂首天末》《长空万里》《海棠八哥》《万水千山》。

《中国美术家人名辞典》《中国近现代书画家辞典》

王步（1898—1968）

【近现代】字仁元，号竹溪、竹溪道人，晚年称陶青老人，斋名"愿闻吾过之斋"，丰城人。其父名秀青，系清同治、光绪间青花画手。王步自幼习画，9岁来景德镇学绘青花。曾拜许友生为师，后受吴霭生聘请，入瓷业美术社制仿古瓷。其瓷器绘画不拘泥于古，能自由创作。所画盘子，青花水草，釉里红鳜鱼，生动飞凡。图案紧凑匀称，不蔓不枝，极为成功。作品常有浑厚、苍老之气，在青花渲染方面尤多独创。晚年作大片荷叶，能用青料从浓到淡一次染成，不见细碎笔记，极似高手泼墨，因此被人们尊称"青花大王"。

《现代陶瓷工艺》《景德镇陶瓷工艺史稿》《中国美术家人名辞典》《中国陶瓷辞典》

王梦石（1915—1993）

【近现代】祖籍江苏南京，无党派人士。曾任江西省政协第五届政协委员、南昌市清真寺管委会副主席。在南昌工艺美术厂工作，擅长微雕、金石等。参加过全国第一、二届工艺美术展览会，获得1957年全国工艺美术代表大会"老艺人"称号。1992年聘为江西省文史研究馆馆员。

《江西省文史研究馆书画作品选》

王琦（1884—1937）

【近现代】号碧珍，别号陶迷、陶迷道人、陶迷散人，室名陶陶斋，新建人。原擅捏面人，后至景德镇画瓷。初画写意人物，继而画瓷像颇有名。又运用绘像方法绘一般瓷器之人物头面（俗称西法头子），仿黄瘿瓢（慎）写意法画衣纹，颇称新奇。与邓碧珊等八人时相过从，品评画理，

"珠山八友"之一，一般以王琦为"八友"之首。他在汪晓棠和潘宇等人的影响下，先与王大凡等人发起和组织"景德镇陶瓷研究社"，后又于1928年与王大凡等人组成艺术团体——"月圆会"，借此抒发胸志，以瓷会友。王琦传世之作较多，主要是人物画。1928年以前，其人物画的风貌中可以看出学钱慧安的影子；后来学黄慎的笔墨技法，并逐渐脱离前人窠臼形成自己的风格。

《中国陶瓷艺术大典》《景德镇文史资料·第1辑》

王琦（1921—1992）

【近现代】女，浙江杭州人。毕业于上海美专，擅长色粉画。随丈夫燕鸣在临川师范艺术专修班任教，后任江西师范学院美术系副教授。中国美术家协会会员。

王易（1889—1956）

【近现代】原名朝综，字晓湘，号简庵，南昌人。清末入京师大学堂肄业。20世纪20年代初，执教于心远大学。后远游，先后执教于北京师范大学、中央大学、中正大学等。多才博学，工宋诗，其诗源自黄山谷、陈简斋。书法初学《灵飞经》，后改习钟、王，兼善褚楷。又善音乐，古琴品箫，无不尽善。篆刻则得黄牧甫（士陵）之传，造诣颇深。著作有《国学概论》《词典史》《乐府通论》等。

《宝凤阁随笔》《中国美术家人名辞典》

王云（1888—1934）

【近现代】字梦白，号破斋主人，又号乡道人、乡溪渔隐，丰城人。初在上海钱庄学徒，画花鸟初学任颐，后拜吴昌硕为师。继至北京司法部录事，陈师曾（衡恪）极力为之揄扬，并劝改画李鱓、华岩，艺大进，并引为北京美专教授。喜至动物园写生，常看有野兽电影，对动物画尤佳。间作小诗亦清新。性怪僻，喜骂座，同道皆恶而避之。一度游日本，生活潦倒，穷死于天津。年仅四十七。印有《王梦白画选集》。

《榆图画志》《中国美术家人名辞典》

魏瑞和（1892—1949）

【近现代】又名观孙，字祯祥，星子县（今庐山市）蓼花乡人。魏瑞和九岁始赴星子横塘拜师学青石雕刻，苦钻技艺，三年学成，不但掌握了石雕技艺，尤善于雕刻星子著名特产金星米石砚。清末民初，星子县成立劝学所，开办学堂，砚池销路甚广，魏瑞和苦学文化，勤学技艺，雕刻石砚，精益求精。他亲临产地精选砚料，看石下刀，构思奇妙，独具匠心，创作了不少新颖佳作，如二龙戏珠、梅兰竹菊以及瓦砚、扇砚等。作品曾获全国与国际奖项。

《江西省文化艺术志》

吴霭生（1886—1926）

【近现代】广东南海人。南洋华侨。叔父为走南洋瓷商，随叔父到景德镇办货，始而经营，继而造作。在镇十七年，创作颇多，但处于瓷业中衰时代，以致亏蚀过甚，身后萧条，同乡为之棺殓。所作造型匀称安定，独出新意，其改良釉，尤风靡一时，引起普遍仿效。配制之精良，驾乎雍、乾之上。擅长粉彩花鸟瓷画，用笔自然，花叶构图具有动感。

《景德镇陶瓷史稿》《中国美术家人名辞典》

吴爱棠（1880—1942）

【近现代】字棣云，新建大喜村人，原籍浙江。宣统元年（1909）己酉拔贡生，授陆军部七品小京官，改学部。归省，历任江西法政及中医专门学校国文、医学史等教席。善书画，加入"无声诗社"。好博览典籍，所藏经史子集明清善本凡万余卷。

《新建文艺志》《新建金石略》《新建科第表》《观变斋文存》

吴承燕（1898—1968）

【近现代】号翼予，自署"爱吾庐主"，井冈山宁冈县（今井冈山市）人。1925年上海美术专门学校毕业。曾任教于吉安中学、重庆国立艺专。1948年去台湾，定居于台北。他一生酷爱诗书画，书涉篆、隶、正、行、草各体，尤喜贞卜文；画则偏好山、水、松、石四君子之作，被于右任称为"诗书画三奇"。曾在国内外举办个人诗书画展。1965年在台湾地区诗人大会上，被评为"念慈诗人"。其著作有《文天祥正气歌字帖》《爱吾庐主诗稿》《吴承燕诗书画集》《中国画作》等。

吴禹门

【近现代】南丰人，官四川彭县令。书法雄伟。

《益州书画录附录》《中国美术家人名辞典》《中国近现代书画家辞典》

吴振邦（1925—1995）

【近现代】南昌人。擅长中国画。1946年立风艺术专科学校毕业。历任文化馆馆长，南昌"书画之家"经理，八大山人纪念馆馆长。中国美术家协会会员。

《中国美术家大辞典》

夏承冕

【近现代】新建人，夏敬颐子。曾任光绪末年（1908）华容县县长，北京审计院简任审计官。善山水草虫，工诗，与杨昀谷相唱和。

《新建文献五种》

夏敬观（1875—1953）

【近现代】字剑丞，一字鉴丞，又字盥人、缄斋，晚号映庵，别署玄修、牛邻叟。新建厚田桐岗人，晚侨上海。光绪元年（1875）生于湖南长沙。少聪秀，通训诂经文，二十年甲午（1894）恩科举人。后入江宁布政使李芍原幕,时年二十七。洋务派张之洞为两江总督,提倡兴办书院和各种实业学堂,以"法外国教养之实政",遂请敬观创办"三江师范学堂",在我国教育史上夏敬观可谓首办新学者之一。光绪三十三年(1907)曾担任"复旦公学"和"中国公学"监督。"复旦公学"为上海教会学校"震旦学院"部分爱国师生脱离原校而自办的学校。1917年"复旦公学"改称"复旦大学",抗战时迁重庆,改为国立,是我国著名的文理科综合大学。夏敬观为该校一位开创者,有其筚路蓝缕之功。民国早期曾任浙江省教育厅厅长,创办浙江卷烟税,后弃官居上海,有楼名"忍古"。晚年专攻山水,兼及花卉,与汤定之往还最密,但各有面目。年七十,西游华山,凡遇景物,当即模记,归沪后,艺事益精,气清而质朴,骨苍而神腴。年七十四左臂偏枯仍耽著述。有《忍古楼文》4卷、诗20卷、《诗话》1卷、《词话》1卷,另有《映庵词》《缀芬阁诗》《缀芬阁词》行世。

《枫园画友录》《中国美术家人名辞典》《中国近现代书画家辞典》《新建县历史人物选》

萧惠祥(1933—1993)

【近现代】女,新建松湖萧村人,终生未嫁。早岁从父母居湖南长沙,经营金银首饰业,遂客居于外。性聪敏,好绘画,毕业于长沙中学。1954年,萧惠祥考入中央美术学院版画系,四年后毕业,应中央工艺美术学院之聘,任特艺系教职。绘画作品颇多,主要有首都机场壁画《科学的春天》,肯尼亚内罗毕卡隆那尼体育馆唐三彩壁画《呵!肯尼亚!》,银川汽车站唐三彩壁画《天下黄河富宁夏》等,为世所重。著有《萧惠祥人体画》1册,四川美术出版社出版发行。

《新建县历史人物选》

谢康(1910—1994)

【近现代】字尧衢,新建太平人,明状元谢一夔之后。入江西私立南州国学专修院肄业,工读古典诗文,善古琴、书画,受业于新建李凝、熊腾、邹学庵诸名宿之门，后考入上海美术专科学校肄业，得名师刘海粟之教。1975年退休家居，潜心研究七弦琴、国画、诗词、古文。著有《九洲游草》《绿饮楼诗钞》《绿饮楼文存》诸书行世。

《新建文献五种》

谢远涵（1875—1950）

【近现代】字敬虚，一说为镜虚，兴国人。光绪甲午科进士，次年选为翰林。光绪二十一年（1895），谢在北京参加康有为联合十八省来京会试举人"公车上书"，并在策试中针对时弊，力主"变通"，受到翁同龢赏识。宣统元年（1909），任四川道监察御史。后隐居上海、南昌、兴国，鬻字为生，1950年冬，谢远涵病逝于赣州寓所。工书法，书法仿效王羲之，草书尤显功力。

《中国美术家大辞典》

熊典淦（1914—1941）

【近现代】字子涵，新建樵舍人。长小篆，善书画，尤工山水，得其伯父熊腾家法。长大至上海就读，毕业于美术专科学校，任助教，遍游吴越皖鄂名山大川。1931年，伯父熊腾与颇负盛名的浙、赣、湘、闽等地一些诗友结"无声诗社"于南昌，年长者谭震青70余岁，典淦17岁最年少，见者叹服，谓为天授。所作山水画，并时老宿题咏成册。1941年病逝。著有《丹青尚友录》《卧游简》《题画杂钞》。

《新建县历史人物选》

熊纶（1905—1989）

【近现代】名典纶，字子理，新建人，生于世代书香家庭。能诗文，尤工书法，有家法传统，亦好藏历代碑帖及历代名人手札、山水人物画册，多属精品。抗战14年，散失殆尽。1952年携家人赴杭州就养，整日与杭州大学教授及金石书画名家、诗词专家相研讨，引以为乐。著有少数诗文稿藏于家。

《新建文献五种》

熊胜（1881—1949）

【近现代】字问樵，新建人，生于世代书香家庭。时废科举，遂绝意进取，家居授徒，习字绘画，与伯兄熊腾相研讨。抗战中南昌沦陷，创办图书馆于南昌鼎记印刷所内，时旧家图书多所散出，尽为所得，故收藏甚富。著有《问樵诗文稿》及书画稿，少数藏于新风楼。

《新建文献五种》

熊腾（1874—1944）

【近现代】字粟海，号万松，晚号兀翁，新建樵舍小淇人。清光绪二十九年（1903）癸卯科举人，不久，废科举以赀郎刑曹观政，擢任法部主事。宣统元年（1909）署理北京内城地方审判厅推事，值改颁新律，请辞职。清亡后居南昌老贡院，专致于画，与安义魏鹤年等数十人结无声诗社，任社长，研讨"六法"。江西省立师范聘其为美术教员，后因意外受伤，去职。日军占南昌时闻其名，具币索画，许以伪职，被严词拒绝。为范金铺作《心香室画册跋》，著有《补前斋诗文稿》等。

《新建县历史人物选》《江西地方文献索引》

熊尧昌（1913—1990）

【近现代】南昌人。南昌市肖像画学习所结业，擅长书法。曾任江西永修县文化馆馆员，兼江西省文史研究馆特约馆员，为中国书法家协会会员。自幼喜爱书法，从颜、柳入门，兼涉数家，每日坚持早起晚睡练字。在临写时，将读帖、背临、意临相结合，并注重掺入自我笔意。

《中国美术家大辞典》《中国书法大辞典》《中国书法全集》

徐仲南（1872—1953）

【近现代】名陔，字仲南，号竹里老人，斋名栖碧山馆，南昌人，"珠山八友"之一。少时在南昌瓷店学彩绘。1918年受聘于江西瓷业公司，至景德镇管理瓷业美术工作。工于粉彩松竹、山水，淡雅诗意，自成家法。作品受清代画家戴熙影响较深，其构图、用笔、设色与戴熙如出一辙。其青年时期以画人物为主，中年则改习山水，晚年画松竹、花鸟。作品如粉彩瓷瓶《竹林》。他擅长画粉彩松竹山水，他绘的松竹挺拔潇洒，又显清润秀丽，充满着勃勃生机。

《景德镇陶瓷史稿》《中国美术家人名辞典》《中国近现代书画家辞典》《珠山八友》《瓷艺丹青》《民国瓷鉴赏》

徐作哲（1877—1964）

【近现代】字复初，别号南州一叟，瑞昌人。自幼勤奋读书，19岁考取秀才，21岁中举，遂赴两江优级师范学堂深造。毕业后，又攻修图工专科，卓有成就。民国初年（1912），任国立北京美术专科学校校长时，其美术作品《双鹅》，被选送巴黎国际第一届美展会，引起与会者的注目，许多人愿以重金购买此画，他坚拒不允。在国内一次雕塑展览会上，他的一具石膏雕像获得重奖。在北京国立高等师范学校任教8年，获得当时大总统徐世昌的"劳绩卓著"勋章。中华人民共和国成立后，应聘回江西省文献委员会（后改文史研究馆）任职。直到1964年逝世，终年86岁。

《历代画史汇传补录》《姜丹书稿》《中国美术家人名辞典》《中国近现代书画家辞典》《中国西画五十年》《紫阳县志》

许德珩（1890—1990）

【近现代】原名许础，字楚生、楚僧，堂号进取书屋，九江人。早年加入同盟会，任《国民》杂志主编，参加辛亥革命及讨袁运动。毕业于北京大学、法国巴黎大学。抗战期间，任国民参政会参政员，创建九三学社。解放战争期间，任北京大学教授。为了民主与科学，一生曾4次投笔从戎、4次被解聘、2次被捕，在4所大学上过学、在11所大学教过书，参加或参与发起成立了14个社团。中华人民共和国成立后出任全国人大常委会副委员长，九三学社中央委员会主席、九三学社中央名誉主席。著有《社会学概论》《社会方法论》《中日关系及其现状》。擅长书法，中国书法家协会名誉主席。出版《许德珩书法作品选》。

《中国美术家大辞典》《中国近现代高等教育人物辞典》《红色人物印记》

许世笏（1876—1938）

【近现代】字子晋，晚号止静，彭泽人。光绪三十年（1904）进士及第，授翰林院编修。其父许振祥为同治年间翰林，故邑人称为"父子翰林"。1908年，许世笏东渡日本留学，就读于东京早稻田大学，毕业后回国。他淡泊名利，隐居故里，信奉佛教，潜心研究佛典，成绩斐然。所著《二十四史感应篇》《观音感应颂》二书，成为佛教界之经典，流传甚广。许世笏致力于慈善事业，每年青黄不接之际，他开仓放赈，接济乡里贫民，成为年例，乡民称之为"许翰林义仓"。工书法，尤精楷、隶。晚年仍泼墨挥毫临池不倦，曾手书《金刚经》《弥陀经》小楷2册，被视为珍品。

《江西省文化艺术志》

鄢儒珍（1867—?）

【近现代】清末民初景德镇窑户，对瓷器制作，极能钻研，在彩色瓷的制作上颇有建树。1915年袁世凯派郭葆昌到镇，仿造珐琅彩瓷一百件，即由儒珍承制。其制作的瓷器胎质纯白，画工极精，施彩艳丽，纹饰绚美，俗称"洪宪瓷"，属近百年来名贵作品。

《景德镇陶瓷史稿》《中国美术家人名辞典》《中华鄢氏通谱》《景德镇文史资料》《中国陶瓷艺术大典》

杨厚兴（1915—1992）

【近现代】笔名旭东，黎川县峰镇下桥人。小学毕业后，师从瓷画家吴月仙学艺，后以画瓷画谋生。擅长于画肖像、人物舞蹈和古代传统画。20世纪30年代，为美国好莱坞拍的英文版《王宝钏》画过剧照，并参与美国芝加哥博览会，受到好评。1948年，在南昌开设"最明轩画庄"，成为南昌市权威瓷像画庄之一。他的作品多次参加全国工艺美术展览，多次到广交会出场表演，均获得好评。深受外宾和海外侨胞欢迎。作品远销美国、日本、苏联、泰国、新加坡，以及我国的港澳地区，既有中国画传神的特点，又将摄影、油画、粉画、水彩等技艺应用于瓷画，为瓷板画的创新作了大胆尝试。在白玉片上，将瓷用颜料绘成油画和国画效果的人物、风景，用传统的线描加彩的方法画《木兰从军》《仕女图》等小台屏，借鉴苏州双面台屏《热带鱼》《金鱼》等均获得其他画种所不能达到的艺术效果。他从事瓷板画像艺术创作60年，开创瓷板画在南昌发展的先河。为我国瓷板画的艺术发展作出了重要贡献。1979年，国家轻工部首次授予杨厚兴等34人为"中国工艺美术家"（1988年改称中国工艺美术大师）称号。全国工艺美术学会理事、中国美术家协会会员、江西美协理事、江西政协委员。

《中国美术家大辞典》《抚州人物》《中国当代陶瓷美术家辞典》《江西省文化艺术志》《历代工艺名家》《中国艺术家辞典》

杨觉非（1889—1952）

【近现代】名劭，以字行，号觉厂，晚号朱霞山人，新建人，名进士诗人杨昀谷次子。毕业于法政专门学校。通经史，工诗文，善书法。1947年始复员返里，遂与弟墨农闲居朱霞岭曼陀楼中，以吟咏自娱，积稿盈箧，并临书《三希堂法帖》，抄录《金刚经》，求书者盈门。著有《觉厂吟草》稿2卷藏于家，未刊，今佚。

《新建文献五种》

杨铨（1893—1933）

【近现代】字杏佛，樟树人。经济管理学家，社会活动家。少年时就读于上海吴淞中国公学。宣统三年（1911）八月进河北唐山路矿学堂预科六班，加入同盟会。武昌起义爆发，学校停课，他毅然去武汉参加革命。1912年1月，孙中山在南京就任临时大总统，杨往任总统府秘书。3月赴美留学，入美国康奈尔大学攻读机械工程专业。毕业后，转入哈佛大学攻读工商管理、经济学和统计学。其间，发起创办《科学》杂志和组织"中国科学社"（中国第一个综合性科学学术团体）。1918年《科学》杂志迁归国内，他翻译《爱因斯坦相对说》一文，是中国最早介绍爱因斯坦相对论的文章。北伐开始后，国民党上海特别市党部执行委员会秘密成立，杨杏佛当选为执行委员，主持策应北伐军的工作。1927年春，周恩来在上海发动工人起义。他作为国民党特别市党部代表参加国共联席会议，支持上海工人武装起义。起义胜利后，当选为上海市临时政府常务委员。"四一二"政变后，杨铨以中国济难会的名义，通过各种途径接济和营救被捕的革命者。九一八事变后，杨铨为营救被非法逮捕和监禁的爱国人士，与宋庆龄、蔡元培等著名人士于1932年12月在上海发起组织中国民权保障同盟，当选为总干事。1933年6月18日，他携长子杨小佛乘车外出时，遭特务伏击，身中数弹而逝世。杨铨善书法，风格秀健疏放。著有《杨杏佛文存》《杨杏佛演讲集》。杨杏佛书法墨迹有《为上海美专同学题词》，行书，笔画清劲秀润，结体略显修长，笔势灵动，格调清雅。著有《杨杏佛演讲集》《杨杏佛文存》和《日记》。

《江西省人物传》《赣文化通典·书画卷》《中国近现代书法家辞典》《中国近现代高等教育人物辞典》《红色名人印迹》

余塞（1919—1995）

【近现代】又名余任重，进贤人。1942年毕业于国立艺术专科学校，中华人民共和国成立前为桂林初阳美术学院教授，中华人民共和国成立后在江西陶业专科学校、江西师范学院任教。曾任全国高等师范学校《应用美术》教材编写组主编。系中国美术家协会会员，江西省美协副主席、顾问，中国工艺美术学会会员，江西分会副理事长、顾问，江西书画院特约画师，江西省工艺美术系列高级专业职务评审委员会副主任委员，江西省文联委员。擅长实用美术、油画、水彩、水墨画等。代表作有1961年全国美展作品风景油画《洛崖》、1962年全国公社风光画展作品风景油画《晨》、国画《山村》，并参与1965年井冈山纪念章设计，全国应征第一名。主要论文著作有《基础图案学》《色彩论》《美术字法则》《应用美术设计的几个问题》。他认为色彩与笔墨最能表情达意，抒发其诗化的艺术语境，最能捕捉艺术的瞬间感受和描绘心灵的真实。他利用寒暑假走遍天南地北，以自然为造化，采风写生，颂扬美好河山。曾与著名画家胡一川、黎雄才、关山月、杨秋人等在江西景区、农村实地创作。与吴冠中、万昊尤其交好，他创作了一批颇有地方特色的风景油画和水墨山水，如《井冈山》《三清山》《庐山风光》等。

《中国美术家大辞典》《余塞画集》《当代江西学人略传》《艺苑神游》

曾龙升（1900—1964）

【近现代】字龙生，丰城人。父祖辈在乡间从事木雕为生，家境清寒，龙升幼年即至景德镇为徒工，从师学陶瓷雕塑。后艰苦磨炼，技艺大进，闻名乡里。早年创作《西藏佛》《十八罗汉》《济公和尚》等作品，深受群众喜爱，20世纪30年代，应旅美华侨之请，创制孙中山先生的大型瓷雕《孙中山》，展出美国，并在巴拿马国际博览会上获得金奖。艺名由此不胫而走，遍传各地。1957年在全省第二届美术展览会上，其参赛作品获得甲等奖。1959年为装饰人民大会堂，他创作了一批人物瓷雕，有《天女散花》《屈原》《文天祥》《陶渊明》《王羲之》等作品，形象生动，细腻传神，衣纹繁复，获得很大成功。其中，尤以《天女散花》构思巧妙，让天女站在凌云飘逸的花篮之上，有着浓厚的浪漫主义色彩，给人以美的感受，艺术效果极佳。以他为首创作的瓷质大龙船是一件稀世之作，龙船高56厘米、长120厘米、宽30厘米，运用捏、镂、镶、塑综合技法，浑然一体，清新宜人，船上塑造了150多个现代各族人物形象，个个身高不过2—3厘米，却人人眉清目秀、表情各异、栩栩如生，这一名作不仅歌颂了各族人民大团结，也充分体现了曾氏瓷雕的高超技艺，龙船陈列在景德镇陶瓷馆，令人叹为观止。曾担任江西省美术家协会副主席、景德镇市美术工作者协会主席职务。

《中国美术家人名辞典》《雕塑艺术与欣赏》《江西省文化艺术志》《中国轻工业陶瓷研究所陶瓷艺术作品集》

曾兆芹（1898—1988）

【近现代】字彩生，号柴僧。宁都人。1919年考入上海美术专科学校，甚得刘海粟、吕秋逸先生器重。因家贫，学校给予其免费生待遇。1923年美专毕业后，经刘海粟介绍入河南安阳中学任教，后又历任上饶师范、江西第九中学、宁都师范、宁都中学美术教师。改革开放后，历任中国美术家协会江西分会会员、赣州地区美协名誉主席、宁都县政协常委。画工山水，楷行书亦佳，艺术造诣很深。在上海美专时期，他就先从西洋画入手，融会中西艺术，刻苦学习。后在创作实践中又在对中国画优秀传统的研究和继承中大胆融会西法，为他独特的艺术风格打下坚实的基础。

《宁都县文史资料》《中国美术家人名辞典》

张恩溥（1904—1969）

【近现代】字鹤琴，号瑞龄，贵溪人。民国十三年（1924）嗣教为正一派第六十三代天师。幼读四书五经，诵习道教经典，并习道教之斋醮、符箓。民国三十五年（1946）冬，在上海倡议成立上海市道教会，以"研究玄学，阐扬教义，刷新教务，联络道友感情，发展宗教事业"为宗旨。后随国民党渡台，创立台湾地区道教会。工书法，行楷书端庄秀逸，颇有庙堂之气。

《上饶历代书画集》

张景江（1878—1969）

【近代】字镜海，弋阳人。光绪三十四年（1908）进入北京京师大学堂优级师范科学习，后转入京师大学堂农科系学习。毕生致力于家乡教育。先后任教于江西上饶信江中学、江西高等师范学校、江西省立第四师范。工书法，各体均擅，著有《琅琊吟》等。

《上饶历代书画集》

张渭芳

【近代】字香楼，号南屏老龛子，广丰人。工诗，善嘱联，亦精鉴赏，富收藏，所交皆一时名流。精于书法，行楷书得力于颜平原《裴将军诗帖》，雄浑苍劲；篆书则宗李阳冰，恬雅秀逸。

《上饶历代书画集》

张肇源

【近代】字云生，鄱阳人。工书画，擅人物、山水、花鸟；山水师法文征明，花鸟则宗华新罗，设色艳而不俗。亦工绘瓷，是晚清著名的浅绛彩瓷画家，在鄱阳开有"云林画室"，名噪一时。

《上饶历代书画集》

张中原（1913—1997）

【近现代】原名忠元，别署樾荫轩主、文翁、昌叟、拂云居士。原籍浙江，生于上海，早年毕业于圣芳济学院，随倪曙州习经史之学。家庭富有，承先世从事木器业，为张万利木器号总经理。并曾任上海油漆木器同业工会主席，上海参议院参议员。好书画、京剧，为京剧大师周信芳之婿，师从江寒汀等海派大家。致力于推动海派艺术发展，在上海南京西路和黄陂北路口创立了"上海书法研究社""大观艺圃"和"大观雅集"，成为当时上海规模最大的书画团体。张中原曾为开展各类艺术交流活动和解决艺术家生存发展需求慷慨解囊，深得信赖和拥戴。此举被业内赞誉为"发扬国粹文化，颇著功绩"。1959年，张中原因言获罪发配至江西，先后在新建、南昌生活近20年。为江西画坛带来了一股海派遗风。1984年定居美国。张中原画兰花别创新格，花鸟画和书法也有很高造诣，享有"兰竹纵横天下，花鸟传神人间"之誉。

《新建县历史人物选》

章毅然（1904—1999）

【近现代】字适园。余干人，擅长中国画。早年留学日本，东京美术学校绘画系毕业，归国后与高希舜共同创办南京美专及北京京华美术学院，与齐白石、徐悲鸿、于右任、高希舜、吴作人、陈之佛、陈树仁等人共同发起成立中国美术会（现中国美术家协会），任历届理事。1958年章毅然和白石老人、高希舜合作的国画《和平幸福，万寿无疆》被中南海藏画馆所珍藏。

《中国美术家人名辞典》

周寿祺（1872—1940）

【近现代】字鹤年，又字鹤巢，别署梅隐，吉安人。清末曾仕宦湖南。善画花卉，工笔秀逸，亦擅长诗词。书法笔画清劲，字体修长，富有灵秀之气。《枫园画友录》载其"工诗词，写工笔花卉，极秀逸。女周炼霞，工诗词、书、画，能承其学"。

《枫园画友录》《中国美术家人名辞典》《中国近现代书画家辞典》《赣文化通典·书画卷》

周树滋

【近现代】字润轩，号听泉外史，室名松柏堂。南城人。光绪拔贡，乡试经魁，官内阁中书，善诗文书法，工绘事，尤善工笔花鸟，宗宋人写生法，设色艳丽而不落俗套，慈禧皇太后万寿圣典，北洋大臣李鸿章倩其作《八百遐龄图》进呈，后见之大悦，按例引见，加三级，记名一次，外授蓟县知县；民国后居津门，鬻画鬻文，为津门一时之名士。

《花随人圣庵摭忆》

周小松

【近现代】名鼎，又名筱松，四川人。民国时期景德镇绘瓷艺人。擅长人物绘画，构图细腻清秀，高雅脱俗，与汪晓棠、潘陶宇、王琦一起，被誉为景德镇现代粉彩的奠基人。擅画神佛，如钟馗、罗汉之类。

《景德镇陶瓷史稿》《中国美术家人名辞典》《民国瓷鉴赏》

朱嘉（1895—1961）

【近现代】字文侯，以字行，浙江乍浦（一作平湖）人，原籍江西婺源。其父清末在乍浦任右营守备，遂定居乍浦。1915年，专习国画，以卖画为生，1934年，寓居上海。历任上海美术专科学校、新华美术专科学校教授，桃李满天下。中华人民共和国成立后为上海中国画院画师，上海市文史馆员，中国美术家协会会员。擅画花鸟走兽，于狮、虎、猴、豹、鹿、象等致力尤深。虎画传神，称名一时。花鸟画由北宋双钩入门，参以新罗山人笔法，工写兼备，着色大胆。书法善摹郑板桥体。上海博物馆、上海美术馆多有收藏。出版《朱文侯画集》。

《中国美术家大辞典》《中国现代艺术家像传》《平湖县志》《海上画派》

朱子慕（1918—1991）

【近现代】余干人。擅长工艺美术。中国美术家协会会员、江西美术家协会理事、江西工艺美术常务理事。1941年毕业于杭州国立艺专工艺美术系。曾在国立中央大学医学院教解剖制图课，在中央工艺试验所窑业厂任工程师，后应聘为国立女子师范学院教授，教室内装饰课。1947年回到江西，在景德镇陶瓷专科学校任教。1952年调江西师范学院艺术系任教。1960年调江西文艺学院从事基础图案、水彩、透视课教学。作品有《和平图》《陶瓷餐具》《庐山别墅》《雪景》，编著有《透视学·色彩学》等。

《江西艺术职业学院师生作品赏析》